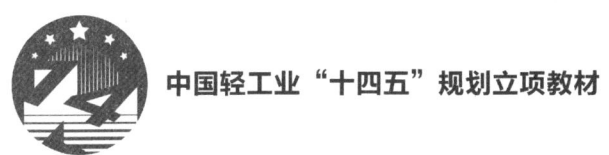中国轻工业"十四五"规划立项教材

区块链
财会应用

主　编　黄道平　黄堪敬
副主编　石　娜　郑建红
　　　　陈秀秀
参　编　郑伟俊　王厚喜

扫码申请更多资源

南京大学出版社

图书在版编目(CIP)数据

区块链财会应用 / 黄道平,黄堪敬主编. ——南京：南京大学出版社,2024.1
ISBN 978-7-305-25988-3

Ⅰ.①区… Ⅱ.①黄… ②黄… Ⅲ.①区块链技术—应用—财务会计 Ⅳ.①F234.4-39

中国版本图书馆 CIP 数据核字(2022)第134978号

出版发行	南京大学出版社		
社　　址	南京市汉口路22号	邮　编	210093

书　　名 区块链财会应用
QUKUAILIAN CAIKUAI YINGYONG
主　　编　黄道平　黄堪敬
责任编辑　武　坦　　　　　　　　编辑热线　025-83592315
照　　排　南京开卷文化传媒有限公司
印　　刷　丹阳兴华印务有限公司
开　　本　787 mm×1092 mm　1/16　印张 16　字数 389 千
版　　次　2024年1月第1版　2024年1月第1次印刷
ISBN 978-7-305-25988-3
定　　价　46.00元
网　　址：http://www.njupco.com
官方微博：http://weibo.com/njupco
微信服务号：njuyuexue
销售咨询热线：(025)83594756

＊版权所有，侵权必究
＊凡购买南大版图书,如有印装质量问题,请与所购图书销售部门联系调换

内容提要

本书选择够用适当的区块链技术基础、供应链金融、电子票据、会计、财税理论知识，配合丰富的企业应用案例，在专门开发的软件设置的具体应用场景中，体验区块链在财务金融中的应用。建设课程和编制本书过程中紧密对接产业升级和技术变革趋势，将新技术、新工艺、新规范、典型生产案例及时纳入教学内容。并自研了区块链财会应用教学平台以及与合作企业合作开发了实战任务16个，以供学习者实训实战。具体包括以下内容：

区块链在财务金融领域最前沿的应用；

区块链供应链金融、区块链票据、区块链会计审计、区块链系统设计与应用等多个应用场景；

15个互联网实战任务在线操作；

12＋思政小课堂；

19个典型和企业鲜活区块链案例。

本书内容具有创新性，理实结合，既可作为本科院校、职业院校相关专业区块链新技术在财务金融领域最新应用的教材，也可供广大会计、财管、金融专业研究人员和从业人员学习和参考。

前　言

在区块链等新一代信息技术创新的新形势下,为践行科技强国的教学理念和立德树人的根本任务,加强产学研合作,推动自主创新,促进财会专业人才培养,推动区块链为重点的新技术在财会中应用的教学改革,我们开发了区块链财会应用教学平台——智慧职链,并由合作企业提供了部分任务实战内容,编写了本书。本书是教育部科技发展中心《基于区块链的财会教学改革》课题的成果之一,创新创业导师工作室实践教学的成果之一,与企业进行工学结合的成果之一。

本书编写特色

(1) 互联网新形式:任务实战主要来源本书编者主导开发具有软件著作权的智慧职链以及由新道教育科技股份有限公司提供的区块链大会计中的部分实战内容,这两部分内容都在云平台上,方便读者随时练习。

(2) 将思政改革和创新创业融入区块链财会应用场景中,提升数字素养和技能。

(3) 在选择内容及难易程度时始终明确目标和重点:了解新技术在财会应用的场景,能够操作使用,了解设计思路和方案,但本书重点不是应用新技术进行财会场景开发。

(4) 理实结合的课程教学及教材,理论部分和任务实战部分可以分开学习和练习,推荐理实一体边学边练。

(5) 配备具有著作权的专门开发的软件、微课、教学标准、PPT。

本书编写组织

本书的编写过程是个学习、实践、研究和创新的过程。本书由广东轻工职业技术学院黄道平老师,新道科技股份有限公司华南区总经理、广东分公司总经理黄堪敬任主编,广东轻工职业技术学院石娜老师和郑建红老师、江苏财经职业技术学院陈秀秀任副主编,郑伟俊老师和王厚喜老师参编。北京以利天诚公司合作进行软件开发,新道教育科技股份有限公司提供了部分资料和任务实战内容,广东投盟科技有限公司、广州蚁比特区块链科技有限公司叶亚芳提供了该公司的两个案例。对上述为本书提供了帮助的公司和人员致以衷心的感谢。同时本书的编写参考了大量同仁的文献,在此对相关作者表示衷心的感谢!

尽管我们在编写过程中力求准确、完善,但书中疏漏与不足之处难免,恳请广大读者批评指正,在此深表谢意!

编 者

2023 年 9 月

目 录

项目一　数字经济的发展和区块链的兴起 ·· 001
　　任务一　数字经济发展 ··· 002
　　任务二　区块链技术的发展与挑战 ·· 015

项目二　区块链技术基础 ·· 029
　　任务一　区块链概述 ··· 030
　　任务二　区块链技术基础 ·· 037
　　任务三　区块链特征及区块链技术"不可能三角"原理 ······································ 059
　　任务四　区块链技术应用场景 ··· 066

项目三　区块链供应链金融应用 ··· 074
　　任务一　初识供应链金融 ·· 075
　　任务二　供应链结构、信用与融资 ··· 088
　　任务三　供应链金融发展存在的问题与趋势前景 ·· 101
　　任务四　区块链解决供应链金融应用基础 ··· 108

项目四　区块链电子票据 ·· 119
　　任务一　区块链发票概述及优势 ··· 120
　　任务二　区块链发票系统基础架构及网络模型基础 ·· 125
　　任务三　区块链发票应用现状及趋势 ··· 130
　　任务四　区块链财政电子票据 ··· 137

项目五　区块链在会计中的应用 ··· 141
　　任务一　区块链会计变革 ·· 142

任务二	区块链差旅费报销模式设计与应用	164
任务三	区块链＋应收账款质押应用	168
任务四	区块链审计变革	175

项目六 区块链设计和建链 ········ 187

任务一	联盟链构建	188
任务二	区块链供应链融资设计	204
任务三	搭建一条以太坊私有链	214

附录1 智慧职链实验 ········ 223

任务一	系统注册和数字签名	224
任务二	区块链发票管理系统操作	229
任务三	区块链供应链金融系统操作	236

附录2 区块链应用操作员职业资格简介 ········ 245

参考文献 ········ 247

项目一　数字经济的发展和区块链的兴起

项目导入

2023年7月5日,"2023全球数字经济大会"在北京开幕。会上,中国信息通信研究院发布《全球数字经济白皮书(2023)》显示,数字经济规模首次突破50万亿元。2022年,我国数字经济发展活力持续释放,数字经济规模达到50.2万亿元,同比增加4.68万亿元,数字经济在国民经济中的地位更加稳固,数字经济占GDP比重进一步提升,占比达到41.5%。这一比重相当于第二产业占国民经济的比重。(2022年,我国第二产业占GDP比重为39.9%)

项目分析

- 了解数字经济的发展;
- 掌握数字经济的概念、规律、特点、应用场景;
- 掌握区块链在数字经济发展中的作用和应用场景。

思政要点

(1) 加快数字化发展。发展数字经济,推进数字产业化和产业数字化,推动数字经济和实体经济深度融合,打造具有国际竞争力的数字产业集群。加强数字社会、数字政府建设,提升公共服务、社会治理等数字化智能化水平。

(2) 提升数字素养与技能,培养区块链思维。在数字经济时代,保护个人的数据权利和数字信用。培养经济安全、网络安全、数据安全、货币主权意识和观念。

(3) 理解新数字经济产生的条件和发展现状,意识到新技术的利与弊。任何事情都有两面性,用好了就是利,用不好就是弊。掌握专业知识,和个人品德实现同频共振,相互促进。此外,在实际学习工作中,正确合理地利用新技术的优势,最大限度地避免采用新技术造成的不利结果。

数字素养

提升数字素养与技能,培养互联网思维和区块链思维。

互联网思维,就是在(移动)互联网+、大数据、云计算、区块链等科技不断发展的背景下,对市场、用户、产品、企业价值链乃至对整个商业生态进行重新审视的思考方式。互联网思维主要包括专注(标签思维、No.1思维、简约思维)、极致(产品思维、痛点思维、尖叫思维)、快(迭代思维、流量思维、整合思维)、口碑(粉丝思维、爆点思维等)。

有效合理使用互联网思维可以带来企业快速发展,提高市场效率,为社会创造财富。滥用互联网思维,可能导致利用垄断损害他人利益,转嫁风险,商业模式重大缺陷,造假,涉嫌重大欺诈。

本项目重点培养区块链思维:创新效果-价值互联思维。

* 区块链基于互联网,但区块链思维≠互联网思维,后者更关注"信息连接",前者更关注"价值流动";

* 体现数字经济时代的"数据生产要素"的"数据资产"的价值流动;实现"一数一源"+"一数多用"的数据商用;

* 互联网上大量闲置独占的"数据"的价值将会流动起来,包括政务数据、金融数据、社交数据等;

* 体现现实资产的数字化表达的"数字资产"的价值流动;

* 价值互联和价值流动,需要建立在完备的业务规则(法律法规)和技术规则基础之上,规则不配套、不支持则不能做。

任务一 数字经济发展

一、技术迭代所引发的数字经济发展

计算机网络诞生后,产生了一个新的世界:数字世界。物理世界、意识世界和数字世界构成我们人类三大世界。数字世界的意义在于,通过物理世界与数字世界的相互映射、实时交互、高效协同,在比特的世界中构建物质世界的运行框架和体系,构建人类社会大规模协作新体系。未来十年全球数字经济最重要的主题之一是数字基础设施的重构、切换与迁徙,以及基于新型数字基础设施的商业生态再造。以物联网、云计算、边缘计算、人工智能、移动化、数字孪生等为代表的智能技术群落,在不断融合、叠加和迭代升级中,为未来经济发展提供高经济性、高可用性、高可靠性的技术底座。新一代信息技术发展将推动人类社会进入一个全面感知、可靠传输、智能处理、精准决策的万物智联(Intelligence of Everything)时代。

数字经济体将成为中国对信息时代的"文明级贡献",未来最大的数字经济体将出现在中国。数字经济已经成为全球性共识,而数字经济体则是数字经济浪潮中的关键力量。全球互联网普及率已达到48.8%,领先的互联网公司已超越传统企业范畴,在产业、组织和价值观上完成重构,成为"数字经济体"。党的十八大以来,党中央高度重视发展数字经济,将其上升为国家战略。近年来,我国网络购物、移动支付、共享经济等数字经济新业态新模式蓬勃发展,走在了世界前列。数据要素是数字经济深入发展的核心引擎。随着信息技术和人类生产生活交汇融合,互联网快速普及,全球数据呈现爆发增长、海量集聚的特点,蕴藏着巨大的经济社会价值。党的十九届四中全会《决定》增列"数据"作为生产要素,反映了随着经济活动数字化转型加快,数据对提高生产效率的作用日益凸显。在数据要素的推动下,我国数字经济规模已经连续多年位居世界第二,成为引领全球数字经济创新的重要策源地。

(一) 数字经济是全球未来的发展方向

数字经济、数字化转型、智慧城市等是我国新发展理念和新发展阶段的重要内容,也是为中央确定的双循环发展新格局打造新动能、新模式、新业态、新产业、新市场。中共中央政治局在2021年10月18日下午就推动我国数字经济健康发展进行第三十四次集体学习。习近平总书记在主持学习时强调,近年来,互联网、大数据、云计算、人工智能、区块链等技术加速创新,日益融入经济社会发展各领域全过程,数字经济发展速度之快、辐射范围之广、影响程度之深前所未有,正在成为重组全球要素资源、重塑全球经济结构、改变全球竞争格局的关键力量。习近平总书记明确指出,要站在统筹中华民族伟大复兴战略全局和世界百年未有之大变局的高度,统筹国内国际两个大局、发展安全两件大事,充分发挥海量数据和丰富应用场景优势,促进数字技术与实体经济深度融合,赋能传统产业转型升级,催生新产业新业态新模式,不断做强做优做大我国数字经济。

(二) "新基建"是数字经济发展的关键基础

加快发展新型基础设施是数字化转型和数字经济发展的重大牵引力。新型基础设施建设的主要内容,大家都知道得比较多了,这里不重复了。如果说传统基础设施建设主要解决了我国交通运输、生活出行、物流送达、城市建设等基本生产生活问题,那么新型基础设施建设主要是为数字化转型、数字经济发展以及智能制造、智能治理,推动经济社会向智慧化、智能化方向发展奠定基础。再深入理解,也可以说以数字技术为基础的新型基础设施是我国经济动能转换,实现传统基础设施和新型基础设施双轨发展的新模式、新阶段,最终将形成以数字经济为主的融合发展轨道。

(三) 工业互联网是制造企业数字化转型的重要平台

工业互联网是七大"新基建"之一,其核心是建立网络、平台、安全三大体系。工业互联网能够为企业提供四类应用模式:

一是智能化生产。把原有企业通过数字化、网络化、智能化改造,实现生产车间、工厂等成为智能化工厂,提高生产效率。

二是网络化协同。不同企业之间,不同的生产链和供应链之间,进行协同,打造全球和国内不同领域资源的最佳配置。

三是规模化定制。包括to B和to C,工业互联网通过数据的精细化和易获得,让用户和企业直接面对面进行定制,减少企业库存,而且能够按照用户的需求进行生产。

四是服务化延伸。由于技术发展和产业发展,工厂企业卖出的设备都安装了通信模块,因此企业不仅是卖设备,同时通过收集信息,实现故障监测、在线维护等。现在,制造业的服务化已经成为趋势,为企业带来了额外的价值。

目前,已有相当多的企业在为本企业两化深度融合、智能化制造、数字化车间、智能工厂的建设中形成积累了相关的经验和技术,在此基础上加以固化、形成规范、制订标准,为同类企业提供相应服务。取得成效后,又进一步扩展延伸,成为有影响的工业互联网平台。

虽然我国工业互联网产值规模已经超过了一万亿,但工业互联网不像消费互联网这样成熟,工业互联网的发展和应用目前还处于起步阶段,还有许多工作需要不断探索完善。

(四)云网融合与云存储服务:电信运营商开展政企行业的敲门砖

在toC领域,互联网公司抓住了移动互联网的巨大商机和社区需求,形成了垄断型的互联网生态,而电信运营商错失了重要的转型时间窗口;而在toB及toG领域,云网融合为电信运营商提供了重要的切入点。中国电信认为云网融合包含4层含义——网是基础,云为核心,网随云动,云网一体;中国移动面向toB市场重构了云网架构,持续打造云网边行业专网,结合N+31+X移动云布局提出了"一朵云、一张网、一体化服务"的云网一体化策略;中国联通推出了包括云联网、云组网、云专线、云宽带、联通云盾、视频智能精品网、金融精品网等在内的七大产品。云网融合是未来发展大趋势,且将从IaaS/PaaS/SaaS逐步升级,市场价值也逐步提高,因此未来5年,电信运营商云网融合将往SaaS方向发展,电信运营商基于云网融合的政企业务未来将有较大市场空间,而且相对于互联网公司在网络方面具备无可比拟的优势。

随着移动互联网社交平台的深入推进,社交软件正逐步从toC向toB延伸,企业组织架构的社交化也改变着移动互联网新的生态,email邮箱的使用率正在下降,很多普通的文件来往正在从邮箱向社交软件迁移。随之而来的是手机存储的瓶颈问题,5年前手机存储的主流是64G,当前是256G。未来5年,手机成本正在上升,催生移动互联网、社交软件与个人及企业云存储市场的爆发。

(五)通信标准从5G到6G跨越:出现通用人工智能的萌芽

未来5年,中国5G将慢慢从导入期进入规模发展期。各行业从4G向5G迁移的边际效益不明显,VR、工业互联网、8K高清、云桌面等各种应用的普及将拉动5G网络的需求。5G还有一个超大型的市场就是车联网。2020年年底,全球汽车保留量已经超过15亿辆,其中,中国为2.7亿辆。未来车联网的根本是在汽车生产制造过程中,提高车辆的数字化程度,使车辆在静态和行驶中的各项数据能够通过车联网实现车路协同、车车协同,而不再单纯依靠基于手机移动的互联网。车联网要发展需要摆脱对手机移动互联网和物联网的依赖,把汽车数字化、道路数字化,把汽车作为一个移动的物联网终端,让车联网终端成为汽车出厂的标配,从而推动车联网的快速发展。

6G相对于5G将不仅是容量、带宽、时延大幅度的提升,而是更紧密地与物理世界融合、与生产融合、与生活融合。6G将是太赫兹波时代,其兼具微波通信以及光波通信的优点,即传输速率高、容量大、方向性强、安全性高及穿透性强等。逐步实现万物互联,即将人、流程、数据和事物结合,使得网络连接变得更加相关,更有价值,地面基站与卫星通信集成从而真正做到覆盖全球。6G更近一步,网络将无处不在、无时不有,物就是网,网就是物,这就是物网融合的新时代。

就像从工业经济迈入数字经济一样,数字经济之后的阶段是智能经济。如同工业经济时代已经有了数字经济的萌芽,数字经济时代已经有了专用人工智能技术,比如人脸识别、图像识别、智能语音识别、L4级的无人驾驶等,而将这些专用人工智能3个及以上融合在一起就是通用人工智能。未来5年,在一些技术成熟领域将出现通用人工智能的萌芽。

总之,技术的发展动力来源于打破经济瓶颈,技术的发展进一步推动经济发展,如此循环往复,分析其关键本质对于认知数字经济、把握历史机遇期非常重要。

二、数字经济发展现状

(一)数字经济的发展背景

党的十八大以来,中央推出一系列前瞻性的数字基础设施建设政策,特别是网络强国战略的全面实施,成功地将我国超大规模市场和人口红利转化为数据红利,探索出适合新兴市场发展环境、不同于西方发达国家的数字经济发展模式。2021年,我国数字经济规模位居世界第二,逼近5.4万亿美元;从增速看,中国数字经济同比增长9.6%,已高居全球第一;我国数字经济核心产业增加值占国内生产总值的比重达到7.8%。在新型冠状病毒感染疫情防控中,数字经济在支持抗击疫情、复工复产、保障居民生活等方面发挥了重要作用。数字经济的蓬勃发展,极大地促进了我国消费端统一大市场的形成和零售业的现代化。我国已成为世界上最大的电子商务市场,社会消费品零售总额位居世界前列。这为构建以国内大循环为主体、国内国际双循环相互促进的新发展格局奠定了坚实基础。

(二)中国数字经济发展现状

北京立志于建设全球数字经济标杆城市——北京引领数字贸易和消费新趋势,2021年,北京数字经济增加值规模达到1.6万亿元,同比增长13.1%,占全市GDP比重40.4%;2022年第一季度数字经济核心产业实现增加值8 918.1亿元,同比增长16.4%,占全市GDP比重22.1%。全市数字经济实现增加值3 873.6亿元,同比增长7.2%,占全市GDP比重41.2%,同比提高0.5个百分点,其中核心产业增加值增长8.7%,占数字经济比重接近60%。近3年,数字经济核心产业新设企业年均增加1万家,全市数字经济核心产业规模以上企业8 060家。2021年,全市数字经济核心产业企业发明专利授权量达到4.3万件,占全市发明专利授权量比重54.2%。

北京在实施大数据行动计划,累计汇聚56个市级部门349亿余条数据,支撑领导疫情防控、社会信用、一网通办等市区155项重点业务应用。通过"京通""京办""京智"终端加速推进。"京通"上线多项便民服务,推出长者专版,解决老年人"数字鸿沟"问题;足不出户即可办理出生医学证明申领服务,完成"出生一件事"办理;电子证照服务支撑东城、西城200家酒店"无证"办理入住;推出婚育、中高考、企业服务专区,实现针对特定人群的定向服务。"京办"是面向全市政务工作场景,覆盖市、区、街、居四级的统一基础协同办公平台,是政务办公的统一入口,聚焦实现政务场景中上传下达更畅通、业务应用协同更高效。"京办"自2021年4月开始推广,已覆盖全市"16+1"区,65个市级部门,注册人数超过33万,进一步搭建了全市防疫一体化信息平台,实现"自上而下"市、区、街、居四级涉疫数据贯通。"京智"已为49个部门开通服务,辅助支撑领导决策。截至2021年12月底,已接入459个信息系统、772类数据和3 893个城市运行监测指标,已为49个部门、149个用户开通用户服务,累计上线14个支撑领导决策专题应用,为疫苗接种指挥调度等提供强有力支撑。

宁波在培育数字经济核心产业上全面开花,先后培育了软件和信息服务业、云计算和大数据产业、数字内容服务业等。目前,一批5G、北斗导航、人工智能、虚拟现实、区块链、量子计算、信息安全等领域的技术创新与产品开发,成为推动宁波经济增长的新引擎。在发展数字经济高端产业的同时,宁波在改造传统产业向数字化转型的道路上更是不遗余力。截至2019年,宁波累计实施工业技改项目近7 000个,其中自动化、智能化改造项目4 843个,推广应用机器人3 800余台,实施42个数字化车间、智能工厂示范项目。全市已有12个项目列入了国家智能制造试点示范或专项。宁波工业互联网研究院、智能制造技术研究院等一批工业互联网重大平台落地,支撑产业数字化。

2020世界数字经济大会暨第十届智慧城市与智能经济博览会于2020年9月11日至13日在浙江省宁波市举行。大会围绕推动"数字产业化、产业数字化、城市智慧化"的目标,以线上为主、线上线下联动的方式,交流分享以人工智能、城市大脑、未来工厂、数字化改革、数字新基建等为重点的数字经济发展趋势、前沿技术和成功经验,集中展示数字经济新技术、新产品、新成果,开展项目对接合作,会议亮点集中在紧密关注"十四五"新时期数字化发展的总体要求,紧扣"数字化改革"和数字经济发展的前瞻性议题;同时注重服务国家重大战略部署,积极探索数智化赋能"双碳"战略实施等议题。

(三)广东数字经济发展概况

以习近平新时代中国特色社会主义思想为指导,深刻把握数字化发展带来的生产方式转型、经济结构重构、生活方式变迁和治理方式变革的历史大势,在数字时代构建广东发展新优势,抓住建设粤港澳大湾区和深圳建设中国特色社会主义先行示范区的机遇,围绕数字经济、数字社会、数字政府等数字化发展重点领域,聚焦数字技术创新、新型基础设施体系构建、数据要素高效配置、核心产业发展、产业数字化转型等关键环节,系统谋划推进、统筹资源要素、创新体制机制,着力提升数字化发展能力,全方位赋能经济社会转型升级,把广东建设成为全球领先的数字化发展高地。

广东省政府印发《广东省建设国家数字经济创新发展试验区工作方案》(下称《方案》)。《方案》提出,通过3年左右的探索实践,国家数字经济创新发展试验区建设取得明显成效,把粤港澳大湾区打造成为全球数字经济发展高地。数字经济发展规模继续领先全国,2022年,全省数字经济经济规模实现6.41万亿元,占GDP比重超过50%。《方案》提出了广东建设国家数字经济创新发展试验区的3年"路线图"。2022年,广东电子信息制造业营业收入实现4.4万亿元,软件和信息服务业收入超过1.74万亿元,5G基站、窄带物联网基站规模保持全国第一、全省一体化、智能化、绿色化数据中心集群初步建成。

建设数字经济新型基础设施全国标杆。该任务包括加速形成高速、泛在、融合的基础网络设施,打造协同高效的计算存储设施集群,推动传统基础设施数字化、智能化升级等内容。到2022年,全省要累计建成5G基站达22万个,建成珠三角5G宽带城市群,实现粤东粤西粤北城市、县城及中心镇镇区5G网络覆盖。

率先形成数据要素高效配置机制。广东将围绕培育建立数据要素市场、推动公共数据资源开发利用、推进政府数据开放共享、打造数据要素流通顺畅的数字大湾区等方面发力,2022年建立5个主题库和7个专题库,汇聚数据超过200亿条。打造数字经济创新高地。广东要构建高水平创新基础设施体系,加强重点领域核心技术攻关,加快建设人工智能、区块链等新一代通用信息技术生态体系,提升关键基础产业发展水平,促进平台经济规范健康发展,到2022年全省数字经济领域有效发明专利拥有量超16万件。

特色引领推动重点领域数字化转型。广东将强化智能制造高端供给,推动制造业数字化转型,推动5万家以上工业企业运用工业互联网实施软硬一体的数字化改造。

高质量推动"智慧广东"建设。"数字政府"、大湾区新型智慧城市群、智慧农业、智慧医疗、智慧教育等,都是广东重点发力方向。

打造数字经济开放合作先导示范区。广东省将推出系列举措,促进创新要素国际高效流动,进一步壮大数字贸易,将广东打造成数字丝绸之路的核心战略枢纽。

另据中国信通院广州分院发布《粤港澳大湾区数字经济发展与就业报告(2020年)》(下称"数字经济发展与就业报告")和《粤港澳大湾区人工智能发展报告(2020年)》(下称"人工智能报告")两项重要研究报告,中国工程院院士邬贺铨表示5G的网络技术在于:云化、虚拟化、软件定义、网络切片。5G是无限传输通道,也是联结云计算、大数据、人工智能、物联网、区块链与工业互联网的纽带,打通了数据从采集、存储、传送、分析到决策的全过程,发挥数据作为生产要素的作用。机器视觉在工业互联网中总被提起,有了5G,制造业可以实现5G+AR眼镜机器视觉质检,并通过激光扫描零件视频5G的传送。超宽带为工人减轻视觉损伤,实现制造业的标准化生产。

尽管腾讯2022年财报显示,微信已经达到13.13亿账号月活量、QQ月活量也达到了5.72亿,但互联网不再是消费互联网的事情。新的互联网风口即将出现在产业端,工业互联网是传统企业与新兴产业之前的连接器。2020年是中国工业互联网创新发展三年行动收官之年。"人们对工业互联网的探索已经不再强调其概念和意义,而是注重其应用效果和推广效果。"在产业端,互联并不是最终目的,重点是要数据分析和实现跨平台数据流通,以及围绕数据建模,是企业内部如何实现数字化转型,是产业链的协同、跨厂域之间的协同。

今年广东省两会期间,数字经济成为政协委员和人大代表热议的焦点。作为电子信息、互联网产业和应用大省,广东近年来在推动数字经济与实体经济深度融合方面做出了诸多探索,在5G、工业互联网、人工智能等方面着墨颇多。综合中国信通院广州分院发布的相关报告显示,2019年,广东省数字经济规模达4.9万亿元,占GDP比重达45.3%,年增速达13.3%,超过GDP同期增速约7个百分点。根据中国信息更新通信研究院测算,2022年广东省数字经济规模为6.41万亿元,占GDP比重近50%。

三、数字经济概念、载体、维度、规律及特征

(一) 数字经济概念

数字经济一词首次出现,是在美国学者唐·泰普斯科特(Don Tapscott)于1996年

所著的《数字经济:网络智能时代的前景与风险》(*The Digital Economy: Promise and Peril in the Age of Networked Intelligence*)中。不过,在这部专著中,泰普斯科特只是用"数字经济"来泛指互联网兴起后的各种新生产关系,并没有对其概念进行精确的界定。2000年之后,新技术猛进,物联网、移动互联、云计算、大数据、人工智能、区块链等新型数字技术你方唱罢我登场。单纯的"互联网经济"已经难以涵盖"数字经济"的全部内容。

目前比较主流的定义:数字经济是以数字化的知识和信息作为关键生产要素,以数字技术为核心驱动力,以现代信息网络为重要载体,通过数字技术与实体经济深度融合,不断提高数字化、网络化、智能化水平,加速重构经济发展与治理模式的新型经济形态。

从结构上来看,数字经济包括数字产业化和产业数字化两大部分。数字产业化,也称为数字经济基础部分,即信息产业,具体业态包括电子信息制造业、电信业、软件和信息技术服务业、互联网行业等;产业数字化,也称为数字经济融合部分,即传统产业由于应用数字技术所带来的生产数量和生产效率提升,其新增产出构成数字经济的重要组成部分。

(二)数字经济载体

其中,数字经济以现代信息网络为重要载体,随着网络通信技术的不断升级、优化,数字经济能够得到更长足的发展。目前,5G通信技术正在加快建设中,随着5G技术在数字经济中的深入融合,数字经济将迎来发展新态势。2020年是5G发展的关键年份,作为一种新型基础设施建设,5G对经济的影响不可忽视。5G基站的选址建设,是保证5G商用信号覆盖的基础,所以,5G基站建设是5G产业布局的第一步。2020年,5G迎来大规模建设,5G基站目标不断刷新。通信运营商将正式开启5G大规模集采,带动产业链。从5G基站产业链来看,主要涉及上游规划设计、中游建设/运维以及下游应用三大环节。其中,在中游环节涉及产业较多,包括基站设备、小基站、光通信设备、网络工程建设、无线设备、传输设备以及网络优化与运维等。产业链下游端,5G应用领域广泛,涉及物联网、智能装备、手机/移动终端等。

(三)数字经济维度

数字经济既涉及技术条件又涉及经济关系,因此要全面理解它是十分困难的。不过,由三个维度入手或许可以对认识它起到一定的帮助。这三个维度是构成数字经济技术基础的数字技术、作为数字经济条件下重要生产要素的数据以及数字经济条件下的重要组织形式的互联网平台。其中,前两个维度构成了数字经济的生产力层面,最后一个维度则构成了数字经济的生产关系层面。

1. 数字技术

构成数字经济的第一个维度是作为技术基础的数字技术。相比于传统的技术,数字技术有很多特征,例如,它们的演进十分迅速,其发展会呈现出"摩尔定律"或类似的规律;又如,它们都具有很强的规模经济、网络经济特征,在发展突破一定临界点后,增长速度将会极为迅猛。数字技术有很强的"通用目的技术"(General Purpose Technology,简称

GPT)属性。所谓"通用目的技术",是相对于"专用目的技术"而言的。通俗来讲,它指的是,能够同时应用到多个部门的技术。这种属性带来了两个重要后果:第一,数字技术研发工作具有很强的"正外部性",它所产生的收益可能远高于其可以给研发者带来的回报,这导致了在市场条件下,研发者的投入可能会低于社会最优的水平;第二,作为"通用目的技术",数字技术功用的发挥需要具体部门的技术和组织进行配套,这使得数字经济部门的发展和经济整体的发展可能是不同步的。经济学上有一个著名的"索洛悖论",即数字技术发展对 GDP 的影响并不显著。这种现象,在很大程度上就是由数字技术的"通用目的技术"导致的。

2. 数据

作为数字经济时代的关键生产要素,数据在性质上和资本、劳动力等传统的生产要素存在着很多的不同。首先,从属性上看,数据具有一定的公共品属性。从使用环节看,数据具有很强的"非竞争性",一个人使用了某样数据,并不影响其他人对它的使用;而从生产环节看,数据具有很强的"非排他性",不同的搜集者可以对同一数据源进行数据搜集,互不干扰。其次,数据具有很强的规模效应和范围效应。在现有的技术条件下,规模太小,或者维度太少的数据对于分析是没有意义的。随着数据规模的增大、维度的增加,可能从数据中挖掘出的价值将会呈现出几何级数的上升。再次,数据具有较强的可再生性和可替代性。不同于石油等传统的生产要素,数据不会因为使用而消失,反而可能因为使用而不断增加。与此同时,数据也不像石油那样绝对不可或缺。事实上,为了达成相同的分析目标,我们可以采用完全不同的数据集合。

3. 平台

在数字经济条件下,平台开始日益成为一种重要的经济组织形式。这种组织形式的兴起一方面让生产力获得了巨大的释放,并且给人们的生活带来巨大的便利,另一方面也对人们的认知提出了很多新挑战。平台同时具有企业与市场的特征。一方面,所有的平台都有员工、有资产、有层级结构,对内会用命令来进行资源配置,对外需要参与市场竞争,这些都是和传统的企业类似的。另一方面,平台并不像传统的企业一样直接生产或销售商品,它们要做的更多是匹配供需。除了本质属性上与传统企业的差别之外,平台还具有很多传统企业所没有的特点,其中最重要的就是所谓的"跨边网络外部性"。所谓"跨边网络外部性",指的是平台一侧的用户会关注平台另一侧(或数侧)的用户数量。由于有了这种跨边网络外部性,平台就有机会通过首先撬动一侧的市场来启动"鸡生蛋、蛋生鸡"式的回振,获得迅速的成长。需要指出的是,在平台竞争的条件下,先发的平台通常会具有更强的网络外部性,从而对客户产生更大的吸引,后来进入的平台则很难吸引到足够的客户。这样,竞争的结果就很有可能产生客户向先发平台的集中,最终产生一家独大的格局。

(四)数字经济规律

数字经济受到三大定律的支配。第一个定律是梅特卡夫法则:网络的价值等于其节点数的平方。所以网络上联网的计算机越多,每台电脑的价值就越大,"增值"以指数关系不断变大。

第二个定律是摩尔定律：计算机硅芯片的处理能力每 18 个月就翻一番，而价格以减半数下降。不过，硅芯片处理能力已逐步接近物理处理极限，摩尔定律有失效的可能。

第三个定律是达维多定律：进入市场的第一代产品能够自动获得 50% 的市场份额，所以任何企业在本产业中必须第一个淘汰自己的产品。实际上达维多定律体现的是网络经济中的马太效应。

（五）数字经济主要特征

1. 快捷性

首先，互联网突破了传统的国家、地区界限，被网络连为一体，使整个世界紧密联系起来，把地球变成一个"村落"。

其次，突破了时间的约束，使人们的信息传输、经济往来可以在更小的时间跨度上进行。

再次，数字经济是一种速度型经济。现代信息网络可用光速传输信息，数字经济以接近于实时的速度收集、处理和应用信息，节奏大大加快了。

2. 高渗透性

迅速发展的信息技术、网络技术，具有极高的渗透性功能，使得信息服务业迅速地向第一、第二产业扩张，使三大产业之间的界限模糊，出现了第一、第二和第三产业相互融合的趋势。

3. 自我膨胀性

数字经济的价值等于网络节点数的平方，这说明网络产生和带来的效益将随着网络用户的增加而呈指数形式增长。在数字经济中，由于人们的心理反应和行为惯性，在一定条件下，优势或劣势一旦出现并达到一定程度，就会导致不断加剧而自行强化，出现"强者更强，弱者更弱"的"赢家通吃"的垄断局面。

4. 边际效益递增性

主要表现为：一是数字经济边际成本递减；二是数字经济具有累积增值性。

5. 可持续性

数字经济在很大程度上能有效杜绝因传统工业生产对有形资源、能源的过度消耗而造成的环境污染、生态恶化等危害，实现社会经济的可持续发展。

6. 直接性

由于网络的发展，经济组织结构趋向扁平化，处于网络端点的生产者与消费者可直接联系，从而降低了传统的中间商层次存在的必要性，进而显著降低了交易成本，提高了经济效益。

四、推动数字经济发展重点方向及应用场景

2015 年《国务院关于印发促进大数据发展行动纲要的通知》（国发〔2015〕50 号）第三部分主要任务中提出推动产业创新发展，培育新兴业态，助力经济转型，发展工业大数据。

推动大数据在工业研发设计、生产制造、经营管理、市场营销、售后服务等产品全生命周期、产业链全流程各环节的应用,分析感知用户需求,提升产品附加价值,打造智能工厂。建立面向不同行业、不同环节的工业大数据资源聚合和分析应用平台。抓住互联网跨界融合机遇,促进大数据、物联网、云计算和三维(3D)打印技术、个性化定制等在制造业全产业链集成运用,推动制造模式变革和工业转型升级,同时发展新兴产业大数据。大力培育互联网金融、数据服务、数据探矿、数据化学、数据材料、数据制药等新业态,提升相关产业大数据资源的采集获取和分析利用能力,充分发掘数据资源支撑创新的潜力,带动技术研发体系创新、管理方式变革、商业模式创新和产业价值链体系重构,推动跨领域、跨行业的数据融合和协同创新,促进战略性新兴产业发展、服务业创新发展和信息消费扩大,探索形成协同发展的新业态、新模式,培育新的经济增长点,拉开了数字经济发展的序幕。

为贯彻落实《国务院关于印发促进大数据发展行动纲要的通知》(国发〔2015〕50号,以下简称《大数据纲要》),统筹协调大数据发展重大问题和年度重点工作,全面推进落实《大数据纲要》各项任务,2017年5月5日,促进大数据发展部际联席会议第二次会议在北京召开。会议通过了《促进大数据发展2017年工作要点》《政务信息资源目录编制指南》和《国家大数据专家咨询委员会设置方案》等文件,听取了国家数据共享交换平台与共享网站的建设、运行和应用情况。会议强调,全面落实《大数据纲要》,应重点做好"三个围绕"精准发力:一要围绕深化供给侧结构性改革这条主线,促进提高全要素生产率和资源配置效率;二要围绕培育壮大经济发展新动能,做大做强数字经济;三要围绕服务"放管服"改革,提升社会治理水平,推动实现基于数据的科学决策,助力国家治理体系和治理能力现代化。

当前和今后一段时期,是全球数字经济发展的重大战略机遇期。以习近平新时代中国特色社会主义思想为指导,坚持新发展理念,把握高质量发展要求,坚持以供给侧结构性改革为主线,紧紧围绕构建现代化经济体系,立足制造强国和网络强国建设全局,加快数字经济发展步伐。

党的十九届五中全会通过的《中共中央关于制定国民经济和社会发展第十四个五年规划和二〇三五年远景目标的建议》第四部分提出加快发展现代产业体系,推动经济体系优化升级,更是针对"加快数字化发展"做出全面部署,要求"推进数字产业化和产业数字化,推动数字经济和实体经济深度融合,打造具有国际竞争力的数字产业集群。加强数字社会、数字政府建设,提升公共服务、社会治理等数字化智能化水平。建立数据资源产权、交易流通、跨境传输和安全保护等基础制度和标准规范,推动数据资源开发利用。扩大基础公共信息数据有序开放,建设国家数据统一共享开放平台。保障国家数据安全,加强个人信息保护。提升全民数字技能,实现信息服务全覆盖。积极参与数字领域国际规则和标准制定。"具体的着落点在以下几点。

(一)加速数据要素价值化进程

推进数据采集、标注、存储、传输、管理、应用等全生命周期价值管理,打通不同主体之间的数据壁垒,实现传感、控制、管理、运营等多源数据一体化集成。构建不同主体的数据采集、共享机制，推动落实不同领域数据标注与管理应用。

建设国家数据采集标注平台和数据资源平台，实现多源异构数据的融合和存储。建立数据质量管理机制，制定规范的数据质量评估监督、响应问责和流程改善方案，积极应用先进质量管理工具，形成数据质量管理闭环。加快完善数字经济市场体系，推动形成数据要素市场，研究制定数据流通交易规则，引导培育数据要素交易市场，依法合规开展数据交易，支持各类所有制企业参与数据要素交易平台建设。

（二）推进实体经济数字化转型

加强企业数字化改造，引导实体经济企业加快生产装备的数字化升级，深化生产制造、经营管理、市场服务等环节的数字化应用，加速业务数据集成共享。加快行业数字化升级，面向钢铁、石化、机械、电子信息等重点行业，制定数字化转型路线图，形成一批可复制、可推广的行业数字化转型系统解决方案。打造区域制造业数字化集群，加快重点区域制造业集群基础设施数字化改造，推动智慧物流网络、能源管控系统等新型基础设施共建共享。

（三）着力提升产业基础能力

突破核心关键技术，强化基础研究，提升原始创新能力，努力走在理论最前沿、占据创新制高点、取得产业新优势。坚持应用牵引、体系推进，加快突破信息领域核心关键技术，提升数字技术供给能力和工程化水平。补齐产业基础能力短板，聚焦集成电路、基础软件、重大装备等重点领域，加快补齐产业链条上基础零部件、关键基础材料、先进基础工艺、产业技术基础等短板。提升产业链现代化水平，支持产业链上下游企业加强产品协同和技术合作攻关，增强产业链韧性。推进先进制造业集群建设，支持建设共性技术平台和公共服务平台。

（四）强化数字经济治理能力

建立健全法律法规，完善数据开放共享、数据交易、知识产权保护、隐私保护、安全保障等法律法规，修订相关管理规章，更好发挥行业公约等对法律法规体系的有效补充作用。加强政策和标准引导，持续完善数字经济发展的战略举措，加强政策间相互协同、相互配套，推动形成支持发展的长效机制。推动建立融合标准体系，加快数字化共性标准、关键技术标准的制定和推广。

目前对"十四五"规划中数字化相关的任务进行梳理，国家将数字化作为推动经济社会发展的重要战略手段，第一次将数字化作为专篇进行重点部署，第一次明确数字经济体系内容，第一次将场景作为发展数字经济的重要抓手，第一次明确强调数据要素的重要作用……数字化将是"十四五"时期国家和地方实现创新驱动发展的重要工作抓手。

在五年规划中第一次把数字化作为专篇进行论述，"加快数字化发展，建设数字中国"位列规划第五篇，前四篇分别是，总体思路、创新驱动、现代产业体系和国内大市场，这足以说明数字化在"十四五"国家发展战略中的重要地位。其次，数字经济比重列为"十四五"时期经济社会发展主要指标之一，"十四五"规划提出数字经济核心产业增加值占GDP的比重，要从2020年的7.5%，提升到5年之后的10%。关于如何加快数字化的发展，"规划"

认为,关键点在于激活数据要素的潜能,同时要从三个方面加快数字化的发展,分别是数字经济建设、社会建设和数字政府。国家希望通过数字化的转型,抓住数字时代的新机遇,整体驱动生产、生活和治理方式的转变。

"规划"围绕数字化发展提出4项主要任务(3+1),分别是:打造数字经济新优势、加快数字社会建设步伐、提高数字政府建设水平、营造良好数字生态。从整个篇章的架构布局上来看,"规划"首次明确了数字经济体系的内容,即三大数字经济领域(技术、数字产业、产业数字化),三大数字社会领域(公共服务、智慧城市和数字乡村、数字生活),三大数字政府领域(数据开放共享、政务信息化、数字化政务服务),以及四大数字生态(数据要素市场、数字治理政策、网络安全、网络空间命运共同体)。

"数字经济"部署了三项任务,分别是数字技术创新、数字产业化以及产业数字化转型。量子计算、量子通信、神经芯片、DNA存储等前沿技术被列为关键的数字技术予以加强;在数字产业化任务中,人工智能、区块链、网络安全、5G等新兴业态作为发展数字产业化的重点;在产业数字化转型任务中,要建设若干高水平的工业互联网平台和数字化转型促进中心,重点聚焦在数据与行业跨界融合的新业态培育上。

"数字社会"列出了三项任务。第1项任务是要建设智慧便捷的公共服务,提出要实现教育、医疗、养老等公共服务领域的数字化普惠服务,同时重点提出了鼓励社会力量参与"互联网+公共服务",创新提供服务模式和产品;第2项任务是要建设智慧城市和数字乡村,其中重点提出,要构建城市的数据资源体系、推进城市数据大脑的建设,并且要探索数字孪生的城市,城市数据大脑、数字孪生等新兴概念第一次出现在5年规划中;第3项任务是构筑美好数字生活新图景,提出要围绕居民的购物、居家、生活等各类场景,实现数字化,同时以智慧社区为核心,提供一系列的数字化便民服务和公共服务。

"数字政府"提出了三项任务。第1项任务是要加强公共数据开放共享,提出要健全国家公共数据资源体系,是对"十三五""政府数据开放共享"的深化与延续,其中,比较创新的举措是提出"开展政府的数据授权运营试点,鼓励第三方深化对公共数据的挖掘和利用",这标志着政府对政务数据的治理将从数据汇聚与内部共享迈向价值深度挖掘新阶段;第2项任务是推动政务信息化共建共用,主要的工作思路还是继续加强信息化建设的统筹力度,推动系统继续上云;第3项任务是提高数字化政务服务效能,其中最重要的工作是,深化"互联网+政务服务",提升全流程一体化在线服务平台功能。

规划中特别提出了数字化应用场景建设的专栏,其中提出了要重点建设的10类数字化应用场景,包括智能交通、智慧能源、智能制造、智慧农业及水利、智慧教育、智慧医疗、智慧文旅、智慧社区、智慧家居和智慧政务。"十四五"国家重点数字化应用场景的部署紧密围绕城市、产业、政务和公共服务等数据资源丰富且能发挥重要价值的领域,详见表1-1。

表1-1 "十四五"规划数字化应用场景一览表

智慧医疗	完善	电子健康档案和病历	智慧家居	发展	智能家电
		电子处方			智能照明
	推广	远程医疗			智能安防监控
	推进	医学影像辅助判读			智能音箱
		临床辅助诊断			新型穿戴设备
	提升	医疗机构监管能力			服务机器人
		医疗行为监管能力		技术手段	感应控制
智慧政务	健全	政务服务"好差评"评价体系			语音控制
		电子证照			远程控制
	推广	电子合同	智慧能源	实现	源网荷储互动
		电子签章			多能协同互补
		电子发票			用能需求智能调控
		电子档案		开展	用能信息广泛采集
	推进	政务服务一网通			能效在线分析
智慧教育	发展	场景式学习		智能化升级	煤矿
		体验式学习			油气田
		智能化教育管理评价			电厂
	推动	在线课程纳入公共教学体系		出行服务	自动驾驶
	推进	优质教育在线资源服务薄弱学校			车路协同
智慧文旅	发展	沉浸式体验	智能交通	智慧出行	智慧铁路
		虚拟展厅			智慧民航
		高清直播			智慧港口
	建设	景区检测设施和大数据平台			数字航道
	推动	景区、博物馆数字化体验			智慧停车场
智慧社区	发展	智能预警		通行控制	公路智能管理
		应急救援救护			交通信号联动
		智慧养老			公交优先通行控制
	建立	无人机物流配送体系	智能农业及水利	推动	设施园艺智能化应用
	推动	政务服务、社区感知和家庭终端联通			畜牧水产养殖智能化应用
智能制造与机器人技术	促进	设备联网		推广	大田作物精准播种
		生产环节数字化连接			精准施肥施药
		供应链协同响应			精准收获
	推进	生产数据贯通化		提升	水情测报能力
		制造柔性化			智慧调度能力
		产品个性化		构建	智慧水利系统
		管理智能化			

任务二　区块链技术的发展与挑战

一、数字经济与区块链

计算信用时代的到来,社会生活、社交关系和商业运营快速切换到虚拟世界中,个体、机构、智能手机与网络联结成为一个不可分割的大世界,现实与网络之间、真实与虚拟之间的高频互动和交融,是互联网、数字技术和在线计算在主导这个变化。互联网通过改变交易场所、拓展交易时间、缩短交易链条、去中介化等特质。

随着互联网商业模式与智能手机的普及,现实世界的交易流程正在快速地转换到虚拟世界中。虚拟世界中的交易具有不见面、快速、频繁的特点,第三方信用模式难以解决虚拟环境下商品交易中的诸多问题,法律在虚拟环境中的约束力也大为减弱。在"人—网络—人"的交易中,信息的真实性、安全性,以及恶意篡改等基本问题,一直是虚拟世界的最大问题。

区块链的技术出现及发展开始逐步解决以上问题,主体在价值创造的过程中拥有分享更多利益的博弈手段,主体交易的真实性与表征信用的数据,由主体自己来存证、分发与共享,这种信用自证的模式强化主体在社会和经济层面中的谈判地位,未来将出现更多以平等、协作方式构建新型商业模式。区块链技术让人们首次发现在虚拟世界中也可以产生不可篡改的真实性,虚拟世界具有与现实世界相对应的客观存在,使得第三方作为信用中介的重要性开始下降。而虚拟世界的真实可信和弱化中心的交易架构形成的信用链,基于这两类底层规则而构建的交易关系是一种新型的制度安排。

数字经济的痛点是信用(如信息的真实性、可篡改性、对称性等)不足而导致的秩序的缺失。数字技术的构建目标应包括价值的传递能像信息传递一样,以低成本、高效率的方式进行,区块链技术所包含的数据加密、共享账本、共识等机制,分开来看都不属于原创性技术,但发明者(中本聪)将一个机制融合、创造"比特币"实验,其初衷也许不在于解决互联网的痛点问题,但点亮了虚拟世界信用建制的灯塔,人们迅速从数据的不可篡改联想到信用机制,以分布式来弥补中心化的不足。

区块链技术展示了没有第三方参与,机器之间确实可以安全地达成交易,而依靠的就是机器本身的计算能力。机器的优点可以弥补人类社会的弱点,对人类数千年来的信用机制产生颠覆式、瓦解式的影响。今天的商业与社会架构中,第三方信用产生巨额的使用成本,对这个成本的逐步消解是技术创造人类的新价值。

二、区块链技术的发展

(一)区块链发展现状

2008年,中本聪第一次提出了区块链的概念。在随后的几年中,区块链成了电子货币比特币的核心组成部分:作为所有交易的公共账簿。通过利用点对点网络和分布式时间戳服务器，区块链数据库能够进行自主管理。为比特币而发明的区块链使它成为第一个解决重复消费问题的数字货币。区块链本质上是一个分布式的公共账本，将各个区块连成一个链条，实际上是一种点对点的记账系统（一个总账本），每一个点都可以在上面记账（记录信息）。

所有的系统背后都有一个数据库，你可以把数据库看成一个大账本。那么，谁来记这个账本就变得很重要。在区块链系统中，系统中的每个人都有机会参与记账。在一定时间段内如果有任何数据变化，系统中每个人都可以来进行记账，系统会评判这段时间内记账最快最好的人，把他记录的内容写到账本上，并将这段时间内账本内容发给系统内所有的其他人进行备份。这样系统中的每个人都了一本完整的账本。这种方式我们就称它为区块链技术。

自2009年诞生至今，区块链技术在短短十年内取得了长足的发展，在金融、供应链、物联网、知识产权保护、房地产、奢侈品以及食品药品追溯等行业领域小试牛刀。从区块链平台的发展来看，目前已经有比特币、以太坊、EOS、HyperLedger等多个公共区块链开发与应用平台，它们为快速开发与部署区块链提供了一个方便与快捷的基础。截止到2023年11月在以太坊应用平台上，已经具有4 379个应用（DApps），BNB Chain应用平台上，有5 071个应用（DApps），已经构筑了一个强大的区块链分布式应用生态体系。形成这些领域：去中心化应用、数字资产、跨链交易和交易所的广泛应用。

基于区块链的"自治"特性，区块链衍生出各类自主分布式管理属性，被广泛地应用到新组织结构管理、身份管理与隐私管理等领域。名噪一时的"The DAO"通过区块链构建了一个网络上的分布式自治组织，它在不到1个月的时间就筹集到来自1万多名用户价值1.5亿美元的资金，成为历史上最大的一个众筹项目。尽管由于一个安全漏洞导致"The DAO"最终失败，然而它所开创的分布式组织模式仍然具有很好的参考价值。Sovrin是一个自治身份（Self-sovereign Identity）管理平台，它旨在不依赖任何中心机构的前提下，用户可以用一种安全隐私的方式提供可验证的身份凭证。通过Sovrin，用户可以尽最大可能地保护自我隐私，实现"我的数据，我做主"。

基于区块链的"可信"特性，区块链在奢侈品销售、食品与药品追溯以及供应链管理等领域大展拳脚。法国巴黎的一家企业BlockPharma，用区块链技术进行药品追溯和防伪造，制药企业在发布产品信息和QR码的时候，嵌入医药企业信息系统中的BlockPharma模块便将相关信息记录到区块链上，从而为每一个药物产品提供一个身份信息，并进行追踪。

此外，还有不少研究人员正在基于区块链探索未来网络基础设施的架构。通过区块链技术，实现未来网络中人、设备、服务统一身份认证和管理，实现人与机器、机器与机器之间可信通信，实现基于智能合约的多智能体实时交易，这些将成为融合互联网、工业互联网乃至卫星通信网络的下一代未来网络的核心与关键。

（二）区块链自身技术的发展趋势

趋势1：自研底层区块链引擎比例增加

随着区块链在各行业应用中的不断发展，基于开源架构的区块链平台逐渐遇到性能、规模、安全性的瓶颈,限制了其在更广泛的业务场景中的落地。为了满足更高的性能要求,覆盖更多的业务场景,各大区块链供应商纷纷搭建自研区块链引擎。截至 2020 年 10 月 30 日,国家互联网信息办公室已发布 4 批境内区块链信息服务备案清单,累计 965 个区块链信息服务名称及备案编号。各科技公司对区块链技术和商业应用的持续探索,也加速了区块链的技术发展和业务落地,区块链应用目前也在金融、政务等各领域应用中遍地开花。

趋势 2:性能持续突破天花板

对于单个联盟区块链网络来说,通常会采用拜占庭容错的共识算法,但随着共识节点数量的增多,节点之间需要交换的信息显著增加,使得系统和网络通信量增大,造成联盟链整体性能下降,因此,通常单个联盟链网络的规模都不大。业界在联盟链的性能提升方面进行了多个方向的研究,包括创新的交易机制、分片并行扩展、高性能的共识算法、高效的智能合约引擎,以及软硬件的协同优化。在面对业务并发诉求越来越大的压力下,单个区块链的性能通过分片、多链等方式可以在部分场景中大幅提高交易的并发能力。在不同的业务中,需要考虑选用适合于业务的分片策略,减少跨片的交易数量,避免跨片交易带来的性能损失。在联盟链高吞吐量的情况下,存储面临的压力也会更加凸显。假设每笔交易实际承载的内容为 200 B,加上交易的签名、数字证书等其他数据,按 20 000 TPS 的交易平均吞吐量计算,每秒将产生 20 MB 以上的数据量,一天就会累积达到 1.7 TB,一年将达到 630 TB。如此庞大的数据量对于各联盟链组织来说,将会带来很大的负担,因此通过账本数据的分布式存储、数据归档和老化、轻节点等方式减少数据量,将成为应对存储压力的主要方向。

趋势 3:安全和隐私保护的重要性愈加突出

区块链应用离不开数据的支撑,在监管机构对数据权属与治理意识不断增强的背景下,安全要求会不断强化,如何确保区块链信息系统的安全性,保护用户在链上数据不被非法访问,将会越来越重要。在密码学方面,国密算法逐渐成为联盟链的标准配置,各大区块链平台厂商都适配了国密证书、国密传输协议等技术方案,结合国内品牌的硬件和操作系统,以此提升系统的安全可控能力。对于链上数据的隐私保护,越来越多的联盟链平台通过提供同态加密、群环签名、零知识证明、安全多方计算等技术能力,实现交易参与方的身份匿名和交易内容的隐私保护。但单纯密码学的隐私保护方案面临性能不足的问题,因此也有部分平台厂商通过软硬件结合方式,利用可信执行环境对交易敏感信息进行保护,在可信执行环境内部对数据进行明文运算,从而大幅提升隐私交易的性能。但另一方面,在保证链上数据隐私的情况下,如何解决可监管的问题,仍是行业不断研究的方向。

趋势 4:链外协同和互操作打通"数据孤岛"

当前各区块链平台厂商主推的区块链产品在基础框架层及协议层各不相同,同时出于一些商业利益的考虑,也存在同一个业务由不同层级的主体在分别建设,随之带来了区块链时代的"数据孤岛"。随着区块链覆盖范围的拓展,数据交换、共享力度的加大,同一业务不同主体的数据打通,不同业务之间的数据协同,未来不同区块链业务平台间的互操作性必不可少。支持多云部署、跨链能力、提高兼容性会是未来区块链技术逐步推广后的主要诉求。高效通用的跨链技术是实现万链互联的关键,跨链技术能够连通分散的区块链生态,成为区块链时代的 Internet。业界在跨链领域已经有大量的探索和积累,跨链技术正成为业界技术发展的热点方向。另一方面,传统信息系统与区块链系统之间的数据交互诉求也会越来越突出。区块链系统需要通过链下系统扩展计算和存储能力,链下系统需要与区块链对接以解决信息可信、防篡改等问题。

趋势 5:学习成本大幅降低,用户体验更加友好

随着联盟链核心技术逐步过渡到相对成熟稳定的阶段,行业着力对区块链的部署运维体验进行优化,BaaS 平台厂商基于云基础设施搭建区块链平台框架,提供统一的应用程序编程接口、多语言软件开发工具包,便捷的区块链创建、管理、资源使用监控、运维等功能,保证了区块链系统稳定可靠,服务可用。考虑到企业、政府、金融机构客户已有的 IT 信息系统的对接和集成,提供底层关系型数据库的支撑能力,并在编程接口层提供易用的 SQL API,使得用户可以无须感知底层技术的变化,仍然像使用数据库一样使用区块链。为了更进一步降低用户的学习成本,也有部分厂商开始考虑提供可视化编程能力,通过拖拽等方式,实现区块链智能合约的功能开发、验证、调试、上线等能力。

三、区块链面临的挑战

(一)可扩展性问题

历经十载锤炼,区块链正在不断渗透到各行各业中,已经展现出良好的发展态势。然而,要想真正发挥区块链的价值,还面临巨大的挑战,这些挑战有科学与技术方面的,也有政策与法律方面的。正所谓"成也萧何,败也萧何",在区块链的重重挑战中,最为关键的仍然与区块链的"自治"与"可信"特性相关。要想真正实现区块链的"可信",就必须做到整个网络的共识,而要在全网范围内达成共识势必影响到交易吞吐量。因此,这导致了区块链面临的一个重大挑战:可扩展性问题。在区块链领域,一直都存在一个所谓的"不可能三角",即在一个区块链系统中,可扩展性、无中心和安全性三者最多只能取其二。要想在一个区块链系统中完全获得这三种属性几乎是不可能的,而这三种属性又恰恰是一个理想的区块链系统所应具备的。因此,任何一个区块链系统的架构策略都会包含这三者的折中与权衡。目前区块链的交易吞吐量都较低,比特币每 10 分钟打包一个区块,而以太坊每一秒也只能处理大概 15 笔交易。这个数据和淘宝每秒百万以上的交易吞吐相比,是小巫见大巫。在确保可信的前提下,克服可扩展性问题的挑战对于区块链技术研究而言,还有一段较长的路要走。

(二)互操作性问题

要想真正实现区块链的"可信",区块链网络的规模必须足够大。一个规模不大的网络采用区块链本质上是没有意义的。然而,从现状而言,许多组织和机构都在小规模范围内尝试使用区块链,导致区块链技术和平台多样化。在全球最大开源代码托管平台 GitHub 上,有超过 6 500 个活跃区块链项目,这些项目使用不同的平台、不同的开发语言、不同的协议、共识机制和隐私保护方案。那么,要实现区块链的可信特性,就必然要将这些异构的区块链架接起来。这就导致了区块链面临的另一个重大挑战:互操作性问题。在互联网时代,我们已经饱受"信息孤岛、异构数据融合与异构协议互操作"之苦,不同区块链的跨链挑战将有过之而无不及。

(三) 监管问题

区块链面临的第三个大的挑战:监管问题。区块链技术诞生于一群称为"网络朋克"的无政府主义者之中。区块链最早、最成功的应用是比特币,而比特币的诞生从某种意义上而言是带有"原罪"的。不可否认,比特币被广泛地应用在"暗网"中,被作为洗钱和非法交易的途径,也被作为资助恐怖分子和反叛者的工具。基于区块链的 ICO(首次代币发行,Initial Coin Offering)被人恶意利用,成为金融欺诈的一个手段。从这个视角而言,在保持区块链的"自治"优势的前提下,融入现实世界的监管体系中是区块链取得广泛应用的必经之路。

 案例

投盟链:产业投资联盟生态链

投盟链是国内第一条以投资机构为主体的自主研发、自主可控的投资联盟链。2019 年 8 月,广东投盟科技有限公司设立并正式宣布落户广东金融高新区。其通过构建以投资机构、投资经理等为主体,相互平等、自发组织、自愿加入、分布式部署、联合管理,利用公开投票机制、区块链技术和共识机制运行,以投资机构、项目信息等上链的形式,实现各机构之间资源共享、项目互通、人才联动、项目联投、风险共担、收益共享的分布式、共管型投资联盟的数字化平台应用的区块链系统。投盟链上现已形成壹启投盟、乡产投盟、粤创投盟以及佛山千灯湖创投小镇私募基金管理服务系统等四大组群节点。基于全自主研发的区块链底层技术,投盟链生态模式不断向多方产业延伸,开拓不同产业应用及落地实践,已经形成联盟链生态雏形。

1. 创投行业发展问题和痛点

(1) 当前资本市场存在短板,改革发展的任务依然艰巨。

我国资本市场 30 年来改革发展成就巨大,多层次市场体系初步形成,服务实体经济的能力不断提升。但当前资本市场仍存在短板,改革发展的任务依然艰巨。一是尚未建立完善的企业信用评估和监测体系,信息披露的真实性、准确性、完整性有待提升,特别是欺诈发行、内幕交易等违法行为对投资者造成的损失非常惨重。二是从资本市场定价机制来看,基于充分的信息披露和市场博弈形成公允价格的市场化机制尚未形成。三是证券发行等投行业务链条较长,不同参与方信息分散,系统化程度和运行效率有待提升。资本市场外部环境发生深刻变化,宏观经济增速放缓,传统金融机构与互联网公司竞争加剧,创投行业整体发展面临瓶颈。

(2) 产业投融资业务需求匹配效率低、流程长。

从资本市场产业投融资需求出发,目前存在诸多业务难点与痛点,大量中小微企业融资难、融资贵、渠道单一等问题长期困扰着企业家,而我国未来经济发展的核心动力来源于民营小微企业。只有初创企业的基本投融资需求得到满足,企业才会得到良性发展,资本也将得到充分利用,从而为国内经济稳定增长提供动力。从监管层面出发,中小企业信

息不对称、信息披露不足、数据不透明的现象尤为严重,不同行业数据基本集中于少数企业或机构,形成数据孤岛,并未得到充分合理的使用,种种现状限制了资本的高效率流通与匹配,同时导致资金方合法权益无法保障。

(3)产业融资地域性较强,供需方匹配效率较低。

产业融资体现出较强的地域性特征,不同地区之间供需方匹配效率较低,同时资金方在项目的获取上存在精准度和数量上两难问题,导致手上有大量项目却无项目可投的尴尬境地。

2. 解决方案

投盟链为解决投融资产业信任成本高的问题,基于区块链将业务系统的数据以链上形式存储和流转,通过数据平台使得用户积累的数据和第三方数据形成合力变成数据资产,再通过挖掘数据价值使得数据资产能够创造有效的收益。基于投盟链的应用平台,主要实现面向中小企业融资前的专业项目指导,融资时的精准有效对接,融资后的项目成长跟踪;面向投资机构实现高效精准的项目推介和触达。用数据说话,甄选、积累、沉淀优质的股权投融资市场优质资源。具体解决方案如下:

(1)为特定产业/垂直领域提供投融资对接系统等解决方案,实现项目方与资本方供需匹配。

(2)构建投资联盟平台,实现各产业风投集群、项目共投、人才共享。

(3)构建区块链底层平台,让数据从生产时即在链上,不可篡改,让数据价值得以确权,信任得以在链上流转。

(4)充分收集和使用平台内、外部数据,构建个人与企业可信数据档案,帮助用户实现数据资产积累。建设数据反哺系统,将可信数据反哺给联盟平台和行业投融资系统,以提升用户信任资产,降低投融资双方交易成本。

(5)构建统一信用和价值链权体系,即挖掘数据关系,让数据资产变成平台通证,使得数据创造者同时享有数据的利益分配权,在保证可信的基础上形成高效的激励生态。

(6)通过认证且多方确权,保证私募股权融资平台投融双方信息以及项目信息的真实性。通过平台,根据投资偏好推荐项目,投资人可以精准获取大量的项目。

3. "四三三"平台整体构建(见图1)

(1)四大基础能力:基于可信基础设施联盟区块链技术,保证所有数据上链即存证,不可被篡改。同时基础能力还包括提供基础数据平台,采集业务系统数据进行开发和治理,并最终反哺给应用端数据服务。建立统一信用体系,为用户提供关系图谱、诚信指数、身份认证、诚信档案服务。通过价值链权分配形成联盟激励体系,以促进联盟用户对数据进行确权。

(2)三大能力组件:包括支付、盟聊、邀约、财务交易组件,投资机构、投资经理、创业项目、孵化园区资源共享组件,活动发布、活动报名、活动通知的活动赛事组件。

(3)三个解决方案:为产业提供投资融资股权交易解决方案,为孵化园区扶持提供解决方案,为投融资赛事活动提供解决方案。

图 1　平台业务整体架构

4. 价值实现

投盟链着眼产业解决方案,去发现投融资过程中存在的实际问题,包括数据缺失问题、数据不可信问题、数据孤岛问题、信任不可传递问题、用户没有原动力问题等。采取区块链结合股权投资的平台化发展思路,解决传统股权风险投资操作方面的诸多弊端,并凭借多中心化、溯源存证、公平共建等区块链核心理念的坚持运用,使投盟链生态平台用户得到了良好的服务与保障,从而为平台及各方产业带来了优质的发展。主要期望实现以下价值:

(1) 助力资本市场应对发展瓶颈。

有利于资本市场机构跳出同质化竞争的"红海",实现差异化发展。建立数字化生态圈,通过分布式账本打破机构壁垒,扩大业务半径。建立跨企业的共享服务中心和平台,有效提升各机构/企业的运营效率,降低运营成本。

(2) 重新定位资本市场机构的职能。

重塑资本市场参与主体职责,更侧重于提供平台服务,真正实现融投双方责任自负。资本市场产品的发行投资从线下向线上转移,是投融资"脱媒"的开端。客户不再被动接受产品和服务,而是主动定制和形成需求,供需双方进行充分的市场博弈,实现更高效率的资源配置。

(3) 塑造数字经济新形态。

随着区块链技术的普及,未来所有实物资产、金融资产和无形资产都可以在区块链上实现"通证化",使过去无法分割、流动性差的资产在链上高效流转交易,中小机构乃至个人可以更加便捷地获取融资支持。这是最广意义的资产证券化,将引发资本市场乃至整个金融市场竞争格局的深刻变化,塑造新型数字经济形态。

5. 发展模式:以单点切入、多点辐射,产业集群发展

基于投盟链的壹启投盟为产业应用切入点,快速推广应用、全面辐射,落地粤创投盟、乡产投盟、千灯湖创投小镇私募股权基金管理服务系统等 4 个应用场景,并已逐步形成投资产业集群的生态联动。

"壹启投盟"作为投盟生态系统的基础，为各产业"分盟"提供了基础框架，各产业联盟之间通过多中心化的投盟生态平台，充分做到了业务联动、数据互通、资源共享、交易确权、链上存证等。不但让产业内的各主体之间增强了彼此间的互信互赖，更加打破了不同产业间现有壁垒，开拓了不同产业间多样性合作的可能。各产业平台通过多中心化打造以投资机构、孵化园、产业方为主要客户群体，同时以智能合约、链上存证、大数据等技术手段为各方提供精准的需求匹配服务。

6. 发展效果

经过多年开发和运营，目前基于投盟链的产业投盟应用快速落地，并已逐步形成投资产业集群的生态联动。壹启投盟、千灯湖创投小镇私募股权基金管理服务系统、粤创投盟、乡产投盟等运营良好，已经形成一定的经济和社会效益。

（1）壹启投盟。

壹启投盟是目前广东省内唯一仅凭自身链上集聚整合的资源优势就能够提供"资源共享＋供需匹配＋赛事承接＋风险投资＋人才共享＋产业孵化＋技术赋能＋存证确权＋权益流通"9维服务的创新运营平台。平台以"找点创、早点投"为目标，以服务投资机构、共享投资经理、创业者、孵化园等活跃主体为目的，依托区块链技术与投盟规则公约，重构信任机制和分配制，实现各主体之间资源共享、供需匹配、项目互通、人才联动、项目联投、风险共担、收益共享，并致力于打造全国多个区域分布式节点和投资联盟生态（见图2）。

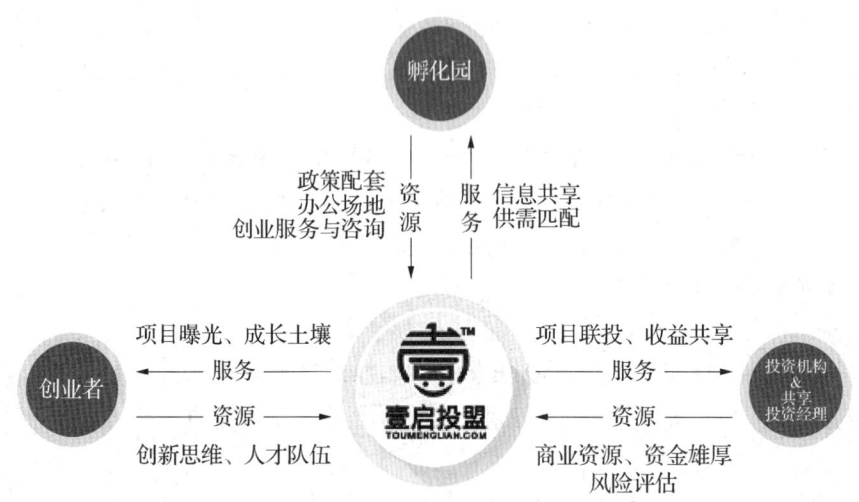

图2　成员关系图

壹启投盟是在投盟链上的首个创新应用，并首创联盟自治理组织模式，提出链权、关系图谱、6个上链等。现平台机构超过80家，共享投资经理180名，入驻投资机构的管理基金总规模超过200亿元。

（2）广东金融高新区千灯湖创投小镇私募基金管理服务平台系统。

千灯湖创投特色小镇总结了3年以来对私募基金行业招商、服务、管理、风控等实际运营经验，组织开发了数字化千灯湖创投特色小镇私募基金管理服务平台（见图3）。平台基于投盟链分别构建了机构端、运营端和监管端，在链上实现一键入驻、一键审批、多方监管、风险预警、数据统计等功能;实现了便捷规范的入驻流程和全面线上化,为吸引优质机构搭建绿色平台、探索创新全国线上入驻模式打下基础;平台还创设了"三步走"的风险监控实施体系,在交互验证数据上,打通基金管理机构、工商、司法等单位,实现多维监控、实时提醒,链上合约执行并生成报告,不可篡改。平台涵盖同省市地区数据,可对比近5年行业数据变化、优质私募基金管理人排名、高风险私募基金管理排名、投资标的公司行业分布及所属资本市场分布等精准的私募大数据并实现可视化,形成小镇特有的数据资源库,有效为基金产业链赋能。

图3 数字化千灯湖创投特色小镇私募基金管理服务平台

该平台于2022年3月9日正式发布,并启动全面运行。平台已打通了多个主管部门数据,通过链上存证确权、多方验证,可以动态追踪基金投资过的所有项目的情况、基金风险披露以及千灯湖创投小镇入驻的1 100多家基金统计数据等情况。

(3) 粤创投盟。

粤创投盟以服务中小企业股权融资为核心业务,可实现与股权交易中心数据和信息对接的数字化创投生态平台。平台于2022年6月24日至26日在第11届中国国际金融交易·博览会(以下简称金交会)上举行国家区块链创新应用试点项目发布会暨金融科技沙龙活动上正式发布,是广东股权交易中心国家区块链应用试点项目的重要组成部分。

基于投盟链上构建的"粤创投盟"平台旨在推动投资机构与中小企业投融资信任度、便利度的创新型数字化平台,是全国首家省级以上基于区块链、可实现于股交中心挂牌中小企业与风投机构对接的数字化投资机构联盟平台。平台依托区块链技术与链上投盟规则公约,重构信任机制,实现各主体(投资机构/投资人、项目方、事务所等其他第三方)之间资源共享、供需匹配、项目互通、人才联动、项目联投、联合风控等,从而形成信任穿透。

(4) 广东乡村产业投资联盟。

该应用是投盟链上的第一个省级细分领域垂直投盟。2022年7月7日,在中共广东省委、省人民政府、省农业农村厅、省地方金融监督管理局、证监局等单位领导的见证下,广东省乡村产业投资联盟正式成立;广东省乡村产业投资联盟数字化平台同时发布并启动运行(小程序:乡产投盟)。

"乡产投盟"数字化平台是广东省乡村产业投资联盟的数字化载体系统,也是基于自主研发、自主可控的投盟链构建的全国首个省级层面的数字化乡村产业投资对接平台。平台创新性地利用区块链构建数字化信用机制,采用数字身份和智能合约互相确权、数据可验不可见、可溯源、不可篡改等技术特征和方法。在全国数字乡村建设上,以数字化驱动创新管理和互动模式,实现了链上信息共享、供需匹配;项目互通、征信共管;成果共孵、资源互动;项目联投、风险共担。这将以更有效率、更高信用、更可靠的方式,开启资本助力,多层面扩大农业农村的有效投资,驱动产业、资本的快速融合,创新数字乡村建设的新维度,也是投融资模式创新应用和新尝试。

平台已确权并入驻投资机构38家,共享投资经理55位;基金管理资金规模达数百亿元人民币;农业龙头企业180家。并从原投资机构和注册企业推荐项目注册,发展到由21个地级市分布式节点推荐和审批,现在正在全省范围内以季度为单位,长期、长效进行项目入库筛选中,并同时开展农业产业投融资对接活动,目前已有各地市入库和推荐项目113个。

以"壹启投盟"平台为载体,以市、区为单位集群式链接孵化器,通过线上线下路演活动相结合,在项目汇集、风投集群、落地孵化方面具有独特的优势,推动产孵投融通发展,在粤投资行业影响力显著。已成功举办过上百场路演活动,多个创业项目获得投资机构的联合投资。主要参与组织、协办的大型活动有广东金融高新区"灯湖论剑""智瞰未来"系列论坛。

通过创业大赛+孵化+投资+产业落地多手段结合的产孵投融通发展方式,3年来为广东金融高新区吸引了上百家金融科技创新团队进驻,企业涵盖智能零售、供应链管理、区块链安全监测、知识产权保护等应用场景。

从联合投资的角度,成立以来,壹启投盟已联合多家投资机构,完成了多个项目的联合投资,项目包括但不限于杰创智能、宏景科技、必贝特、科通技术、博智安全、鑫茂新能源、星舆科技等。未来,壹启投盟将协同更多的投资机构,通过与地方政府联动,为更多优质的企业资金、资源、政策赋能,并与政府招商服务联动。

7. 案例创新点

本案例是区块链与股权投融资结合服务数字经济发展的典型案例,在产业升级、模式创新和技术融合上具有多项创新。

(1) 首次创新构建了"6个上链"。

① 集群式创投机构上链。投资机构共同通过联合宣言达成共识,共建平台,资惠产业。

② 共享式创投经理上链。项目方可以直接点对点找到投资机构,投资经理;投资人也可联合调研,共同助力项目发展。

③ 联投式项目加密上链。联盟致力于在保护数据隐私情况下,共同投资、孵化优

质项目。

④ 共管式信用溯源上链。通过邀请、确权构建信任关系网，并进行关系图谱链上存证。

⑤ 分布式合约确权上链。联盟通过智能合约，联合确权，共同管理和提升项目的信用。

⑥ 共建式产投成果上链。通过投资联盟和产业方的共同努力，培育、投资、推动产业公司飞跃发展，共植成果。

（2）平台首创"六个确权"。

平台通过将投融资业务流程与区块链底层技术的结合，首次提出了"六个确权"，即见证确权、关系图谱、价值确权、投票确权、联盟共识与违约代价确权。通过多维确权的方式，平台上各角色之间形成了信息互信、交易互认、价值互通、违约互知等共识、共管机制，解决了传统投融资业务流程中基础信任问题。

（3）平台实现"六个交易"，打通多交易形态模式。

平台除了提供核心的股权融资要素合约的基础交易外，同时提供多种其他形式的合约交易。在传统业务流中，信用资产、价值数据等交易互通往往存在信任问题，双方普遍缺少制约机制。投盟平台通过区块链确权机制，使信用资产、人力资本等非实物化的合约交易成为可能。

（4）首创信任指数和价值链权。

通过参与平台活动、交易，积累信任，并通过多维度数据模型构建主体间信用评价体系。平台创设"价值链权"概念及规则维护方法。逐步由联盟成员共建规则机制，形成联盟公约，依据联盟公约执行节点行为与价值链权的奖惩关系，并将价值链权变动事件存证。使用区块链技术实现参与主体信用记录与识别，以激励主体更加注重自身的信用水平，营建健康的产业链环境。

任务实战

数字人民币（e-CNY）实操

任务描述

通过模拟"数字人民币申请""数字人民币 App 注册""数字人民币购物"流程，体验数字人民币的中签、设置以及购物的全流程。

操作步骤

第一步：按流程预约数字人民币；

第二步：按流程进行数字人民币 App 注册；

第三步：登录数字人民币 App，进行子钱包推送；

第四步：使用数字人民币购物；

第五步：登录数字人民币 App 查看购物历史。

操作指引

【进入课程-训练计划】(https://cloud.seentao.com/，联系编者获取账号和课程码)

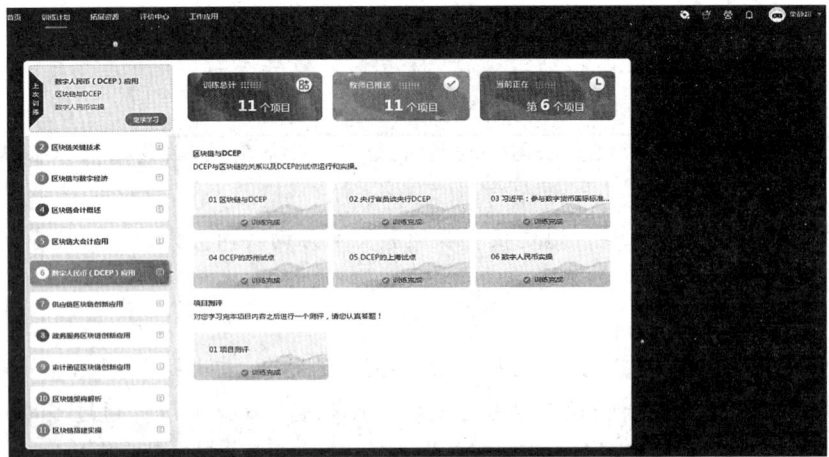

【区块链与 DCEP-案例实操】

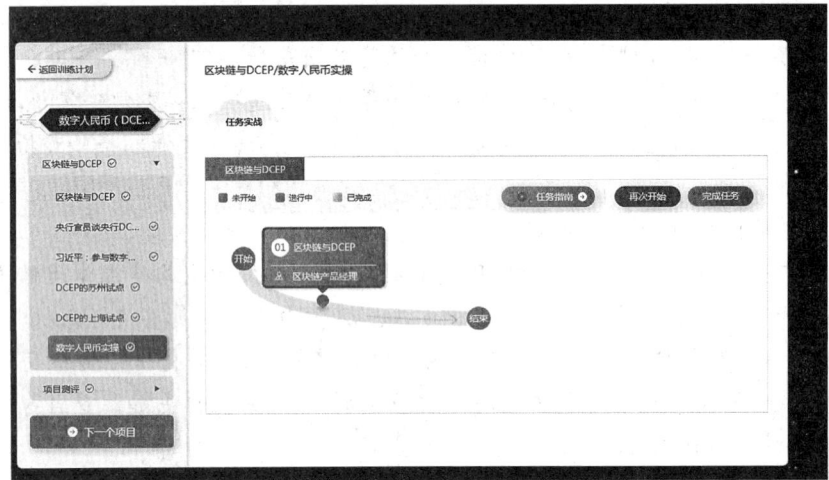

【开始任务】

(1) 按流程预约数字人民币。

（2）按流程进行数字人民币 App 注册。

（3）登录数字人民币 App，进行子钱包推送。

（4）使用数字人民币购物。

（5）登录数字人民币 App 查看购物历史。

区块链财会应用

【任务完成】

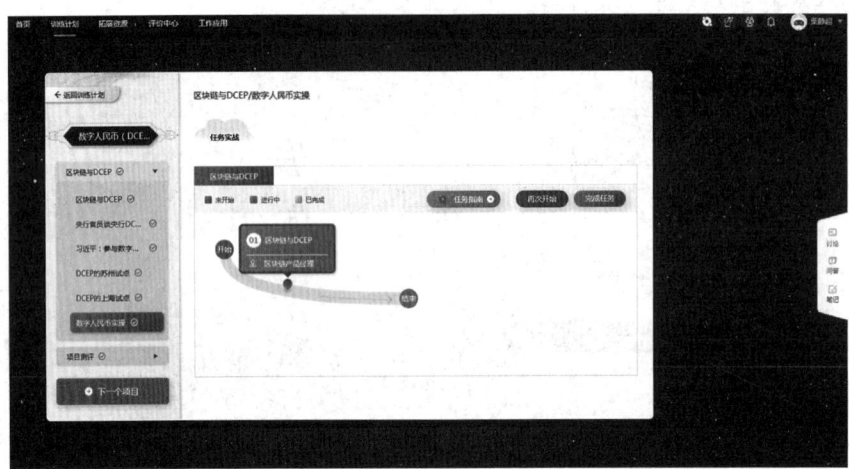

项目二 区块链技术基础

项目导入

互联网上的贸易,几乎都需要借助可资信赖的第三方信用机构来处理电子支付信息。这类系统仍然内生性地受制于"基于信用的模式"。区块链技术是区块链网络与交易信息加密传输的基础技术。它基于密码学原理而不基于信用,使得任何达成一致的双方直接支付,从而不需要第三方中介的参与。国际权威杂志《经济学人》《哈佛商业周刊》《福布斯杂志》等相继报道区块链技术将影响世界。创业公司 R3 联合全球 42 家顶级银行成立区块链联盟,包括摩根大通、美国银行、汇丰银行、花旗银行、富国银行、三菱 UFJ 金融集团、巴克莱银行、高盛、德意志银行等。国家及相关部门就区块链技术发展制订了政策,做出重要部署。

项目分析

- 了解区块链技术的发展;
- 掌握区块链技术特点;
- 掌握区块链去中心化、共识机制、信用机制等基础技术原理;
- 能根据区块链技术原理掌握区块链技术应用场景。

思政要点

加强自主创新战略、强化基础研究、原始创新、突破关键核心技术;关键核心技术必须牢牢掌握在自己手中,从国际竞争和中华民族伟大复兴角度,努力让我国在区块链这个新兴领域走在理论最前沿、占据科技技术制高点、取得产业新优势;培养科技创新能力、创新创造的意识,为国家重大技术发展做出贡献。

数字素养

培养数字素养、互联网思维和区块链思维。

本项目重点培养区块链思维:技术路线-智能合约思维。

* 是彰显"代码即法律,代码即信任"的要点,代码部署在区块链上,满足触发条件就自动执行;

* 是通过技术手段来实现业务风险的防范和控制(如金融 IT 系统的运行安全、数据安全风险等);

* 对于多个业务方之间的业务往来,可以通过"可信数据"进行编程实现,前提是标准化;

＊体现规范化思维,多方均遵守达成共识的业务游戏规则(合同、协议、制度、法规等);

＊智能合约中体现规则的代码是公开的,各个参与方都能看到;

＊智能合约的应用体现了多方协同中流程效率的提升、流程成本的降低、流程质量的保证;

＊智能合约"把权力关进制度的笼子",体现为达成共识的规则的强制执行,不受执行者的意志左右;

＊智能合约将原来由人干预判断的事情进行了自动处理,实现了"机器换人"。

任务一 区块链概述

一、区块链技术来源及发展

传统的信用系统都需要借助可信赖的第三方信用媒介,这类系统仍受制于信用模式创新,区块链技术的发展应用能很好地解决信用问题。

(一)区块链技术的来源

区块链起源于比特币,2008年11月1日,一位自称中本聪(Satoshi Nakamoto)的人发表了《比特币:一种点对点的电子现金系统》创世论文,阐述了基于P2P网络技术、加密技术、时间戳技术、区块链技术等的电子现金系统的构架理念,这标志着比特币的诞生。两个月后理论步入实践,2009年1月3日第一个序号为0的创世区块诞生。几天后,2009年1月9日出现序号为1的区块,并与序号为0的创世区块相连接形成了链,标志着区块链的诞生。

近年来,世界对比特币的态度起起落落,但作为比特币底层技术之一的区块链技术日益受到重视。在比特币形成过程中,区块是一个一个的存储单元,记录了一定时间内各个区块节点全部的交流信息。各个区块之间通过随机散列(也称哈希算法)实现链接,后一个区块包含前一个区块的哈希值,随着信息交流的扩大,一个区块与一个区块相继接续,形成的结果就叫区块链。

(二)区块链发展历程

2008年,由中本聪第一次提出了区块链的概念,在随后的几年中,区块链成了电子货币比特币的核心组成部分:作为所有交易的公共账簿。通过利用点对点网络和分布式时间戳服务器,区块链数据库能够进行自主管理。为比特币而发明的区块链使它成为第一个解决重复消费问题的数字货币。比特币的设计已经成为其他应用程序的灵感来源。

2014年,"区块链2.0"成为一个关于去中心化区块链数据库的术语。对这个第二代可编程区块链,经济学家们认为它是一种编程语言,可以允许用户写出更精密和智能的协议。因此,当利润达到一定程度的时候,就能够从完成的货运订单或者共享证书的分红中获得收益。区块链2.0技术跳过了交易和"价值交换中担任金钱和信息仲裁的中介机构"。它们被用来使人们远离全球化经济,使隐私得到保护,使人们"将掌握的信息兑换成货币",并且有能力保证知识产权的所有者得到收益。第二代区块链技术使存储个人的"永久数字ID和形象"成为可能,并且对"潜在的社会财富分配"不平等提供解决方案。

2016年1月20日,中国人民银行数字货币研讨会宣布对数字货币研究取得阶段性成果。会议肯定了数字货币在降低传统货币发行等方面的价值,并表示央行在探索发行数字货币。中国人民银行数字货币研讨会的表达大大增强了数字货币行业信心。这是继2013年12月5日央行五部委发布关于防范比特币风险的通知之后,第一次对数字货币表示明确的态度。2016年12月20日,数字货币联盟——中国FinTech数字货币联盟及FinTech研究院正式筹建。中国人民银行正在进行数字人民币(e-CNY)试点测试。

如今,比特币仍是数字货币的绝对主流,数字货币呈现了百花齐放的状态,常见的有bitcoin、litecoin、dogecoin、dashcoin,除了货币的应用之外,还有各种衍生应用,如以太坊Ethereum、Asch等底层应用开发平台以及NXT、SIA、MaidSafe、Ripple等行业应用。

 思政小课堂

中共中央政治局"1024"会议

新华社北京10月25日电　中共中央政治局2019年10月24日下午就区块链技术发展现状和趋势进行第十八次集体学习。中共中央总书记习近平在主持学习时强调,区块链技术的集成应用在新的技术革新和产业变革中起着重要作用。我们要把区块链作为核心技术自主创新的重要突破口,明确主攻方向,加大投入力度,着力攻克一批关键核心技术,加快推动区块链技术和产业创新发展。浙江大学教授、中国工程院院士陈纯就这个问题作了讲解,并谈了意见和建议。中共中央政治局各位同志认真听取了讲解,并进行了讨论。

中共中央总书记习近平在主持学习时发表了讲话。他指出,区块链技术应用已延伸到数字金融、物联网、智能制造、供应链管理、数字资产交易等多个领域。目前,全球主要国家都在加快布局区块链技术发展。我国在区块链领域拥有良好基础,要加快推动区块链技术和产业创新发展,积极推进区块链和经济社会融合发展。

二、区块链概念

区块链是一个信息技术领域的术语。从本质上讲,它是一个共享数据库。

什么是区块链?从科技层面来看,区块链涉及数学、密码学、互联网和计算机编程等很多科学技术问题,这些技术以新的结构组合在一起,形成了一种新的数据记录、存储和表达的方式。从应用视角来看,简单来说,区块链是一个分布式的共享账本和数据库,具有去中心化、不可篡改、全程留痕、可以追溯、集体维护、公开透明等特点。这些特点保证了区块链的"诚实"与"透明",为区块链创造信任奠定基础。而区块链丰富的应用场景,基本上都基于区块链能够解决信息不对称问题,实现多个主体之间的协作信任与一致行动。

区块链是分布式数据存储、点对点传输、共识机制、加密算法等计算机技术的新型应用模式。区块链是一个分布式账本,一种通过去中心化、去信任的方式集体维护一个可靠数据库的技术方案。区块链,是比特币的一个重要概念,它本质上是一个去中心化的数据库,同时作为比特币的底层技术,是一串使用密码学方法相关联产生的数据块,每一个数据块中包含了一批次比特币网络交易的信息,用于验证其信息的有效性(防伪)和生成下一个区块。

根据国家标准《区块链和分布式记账技术参考架构(GB/T 42752—2023)》,区块链是使用密码技术链接将共识确认过的区块按顺序追加形成的分布式账本。区块:一种包含区块链元数据和交易数据的数据结构。共识:在分布式节点间达到区块数据一致性认可的结果。分布式账本:在分布式节点间共享并使用共识机制实现具备一致性的账本。

三、区块链结构与分类

区块链是由多个部分组成的一个链式结构,按目前应用情况可分成公有链、联盟链、私有链三大类。

(一)区块链结构

区块链以区块为单位组织数据。全网所有的交易记录都以交易单的形式存储在全网唯一的区块链中,区块是一种记录交易的数据结构。每个区块由区块头和区块主体组成,区块主体只负责记录前一段时间内的所有交易信息,区块链的大部分功能都由区块头实现。如图2-1所示。

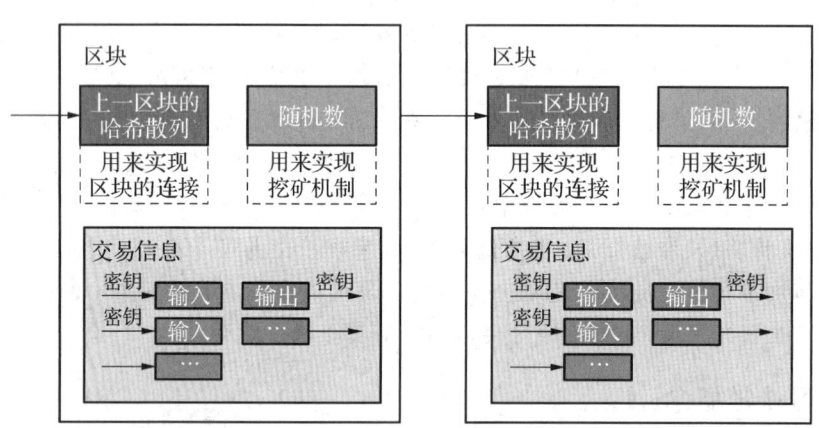

图2-1 区块链结构图

(1)区块头结构包括以下几个部分:

① 版本号,标示软件及协议的相关版本信息。

② 父区块哈希值,引用的区块链中父区块头的哈希值,通过这个值每个区块才首尾相连组成了区块链,并且这个值对区块链的安全性起到了至关重要的作用。

③ 本区块哈希值。

④ Merkle根,这个值是由区块主体中所有交易的哈希值再逐级两两哈希计算出来的一个数值,主要用于检验一笔交易是否在这个区块中存在。

⑤ 时间戳，记录该区块产生的时间，精确到秒及更精确的时间。

⑥ 难度值，该区块相关数学题的难度目标。

⑦ 随机数（Nonce），记录解密该区块相关数学题的答案的值。如图2-2所示。

```
块高度：390608                块高度：390609                块高度：390610
头哈希：00000000005e1…e25    头哈希：00000000003f2…f1d    头哈希：00000000002c8…ae5

父哈希：000000000079f…e4d    父哈希：00000000005e1…e25    父哈希：00000000003f2…f1d
Merkle根2e11abce579…e12a    Merkle根c59e2d8242…ef1c     Merkle根c8572119112…456d
时间戳：2015-12-28 14:28:13  时间戳：2015-12-28 14:30:02  时间戳：2015-12-28 14:40:13
难度值：93448670796.32380676 难度值：93448670796.32380676 难度值：93448670796.32380676
Nonce：2181060612            Nonce：4005489007            Nonce：1779633802

区块主体                     区块主体                     区块主体
此区块中的所有交易信息         此区块中的所有交易信息         此区块中的所有交易信息
```

图2-2 随机数示意图

（2）区块链形成的过程：

① 在当前区块加入区块链后，所有矿工就立即开始下一个区块的生成工作。

② 把在本地内存中的交易信息记录到区块主体中，在区块主体中生成此区块中所有交易信息。

③ 把上一个刚刚生成区块的区块头的数据通过SHA256算法生成一个哈希值。

④ 难度值字段会根据之前一段时间区块的平均生成时间进行调整以应对整个网络不断变化的整体计算总量。

（二）区块链分类

根据网络范围及参考节点特征，区块链可被划分为公有链、联盟链、私有链三大类。

1. 公有链

公有链是指任何人都可以参与区块链数据的维护和读取，不受任何单个中央机构的控制，数据完全开放透明。

公有链的典型案例是比特币系统。使用比特币系统，只需要下载相应的客户端。创建钱包地址、转账交易、参与挖矿，这些功能都是免费开放的。比特币开创了去中心化加密数字货币的先河，并充分验证了区块链技术的可行性和安全性。比特币本质上是一个分布式账本加上一套记账协议，但比特币尚有不足，在比特币体系中只能使用比特币一种符号，很难通过扩展用户自定义信息结构来表达更多信息，比如资产、身份、股权等，从而导致扩展性不足。

公有链系统完全没有中心机构管理，依靠事先约定的规则运作，并通过这些规则在不可信的网络环境中构建信任的网络系统。需要最大限度保证数据公开透明的系统，都适合选用公有链，如数字货币系统、众筹系统等。

公有链环境中，节点数量不确定，节点实际身份未知无法控制，也有可能被一个蓄意破坏系统者控制。在这种情况下，如何保证系统可靠性？在公有链环境下，主要通过共识算法、激励或惩罚机制、对等网络的数据同步保证最终一致性。

公有链也存在很多不足，比如说效率问题、隐私问题、最终确定性问题、激励问题等。

(1) 效率问题。

现有的各类 Po∗ 共识,如典型的公有链比特币的 PoW 及以太坊推出的 PoS 共识算法,都具有一个很严重的问题:产生区块的效率较低。由于在公有链中,区块链的传递需要时间,为了保证系统的可靠性,大多数公有链系统通过提高一个区块的产生时间来保证产生的区块能够尽可能广泛地扩散到所有节点处,从而降低系统分叉的可能性。因此,在公有链中,区块的高生成速度与整个系统的低分叉可能性是矛盾的,必须牺牲其中一个方面来提高另一个方面的性能。同时,由于潜在的分叉情况,可能会导致一些刚生成的区块回滚。在公有链中,每个区块需要等待若干个基于它的后续区块的生成,才能够以可接受的概率认为该区块是安全的。比特币中的区块在有 6 个基于它的后续区块生成后才能被认为是足够安全的,而这大概需要一个小时。

(2) 隐私问题。

目前公有链上传输和存储的数据都是公开可见的,仅用"地址匿名"的方式对交易双方进行一定的隐私保护,相关参与方完全可以通过对交易记录进行分析从而获取某些信息。这对于某些涉及大量商业机密和利益的业务场景来说是不可接受的。另外,在现实世界的业务中,很多业务都有实名制的要求,因此在实名制的情况下当前公有链系统的隐私保护存在安全问题。

(3) 最终确定性问题。

交易的最终确定性指特定的某笔交易是否会最终包含进区块链中,PoW 等公有链共识算法无法提供实时确定性,即使看到交易写入区块链也可能后续再被回滚,只能保证一定概率的收敛。

(4) 激励问题。

为促进参与节点提供资源,自发维护网络,公有链一般会设计激励机制,以保证系统健康运行。

2. 联盟链

联盟链通常应用在多个相互已知身份的组织之间构建,比如多个银行之间的支付结算、多个企业之间的物流供应链管理、政府部门之间的数据共享等。因此,联盟链系统一般都需要严格的身份认证和权限管理,节点的数量在一定时间段内也是确定的,适合处理组织间需要达成共识的业务。

联盟链的特点:

(1) 效率有所提升。联盟链参与方之间身份可知,支持完整的成员服务管理机制,成员服务模块提供成员管理的框架,定义了参与者身份及验证管理规则;在一定时间内参与方个数确定且节点数量远远小于公有链、对于要共同实现的业务在线下已经达成一致理解,因此联盟链共识算法比 PoW 算法约束更少,共识算法运行效率更高,如 PBFT、Raft 等算法。

(2) 安全隐私保护性更好。数据仅在联盟成员内开放,非联盟成员无法访问联盟链内的数据,对交易信息进行加密,通过零知识证明,对交易参与方身份进行保护等。

(3) 不需要激励机制。联盟链中参与方为了共同的业务收益而共同配合,因此有各自贡献算力、存储、网络的动力,一般不需要激励手段。

联盟链的核心架构是基于多方协作以及共识信任原则的共享账本机制,因此更适用多方业务协作的社会级应用。联盟链技术将业务系统之间并联结构,通过点对点传输和加密技术,业务协作各方将数据读写到已达成共识的统一分布式账本中,从而使数据不可篡改,不可删除,并公平共享。

3. 私有链

私有链与公有链是相对的概率,所谓私有就是不对外开放,仅仅在组织内部使用。私有链是联盟链的一种特殊形态,即联盟链只有一个成员。私有链通常具备完善的权限管理体系,要求使用者提交身份认证。在私有链中,参与方的数量和节点状态通常是确定的、可控的且节点数目要远小于公有链。

私有链的特点:

(1) 效率更高。私有链规模一般较小,同一个组织内已经有一定的信任机制,即不需要对付可能捣乱的坏人,可以采用一些非拜占庭容错类、对区块进行即时确认的共识算法,如Paxos、Raft等,因此确认时延和写入频率较公有链和联盟链都有很大的提高,甚至与中心化数据库的性能相当。

(2) 安全隐私保护更强。私有链在一个组织内部可以充分利用现有的企业信息安全防护机制,同时信息系统也是组织内部信息系统,相比传统的数据库系统,私有链的最好优势是加密审计和自证清白的能力,没有人可以轻易地篡改数据,即使发生篡改也可以追溯到责任方。

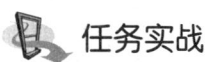任务实战

区块链钱包应用

任务描述

通过使用区块链钱包了解账户的生成、账户的发起、交易的过程、交易的广播、交易的验证和记录过程。

操作步骤

第一步:填写账户名,生成账户;

第二步:向特定地址发起转账交易;

第三步:输入私钥,交易上链,转账完成;

第四步:广播交易,初始化成功。

操作指引

(1) 账户的生成:填写账户名称后点击"生成账户"。

(2)交易的发起:生成一笔交易,首先需要发起一笔转账,点击"转账"。

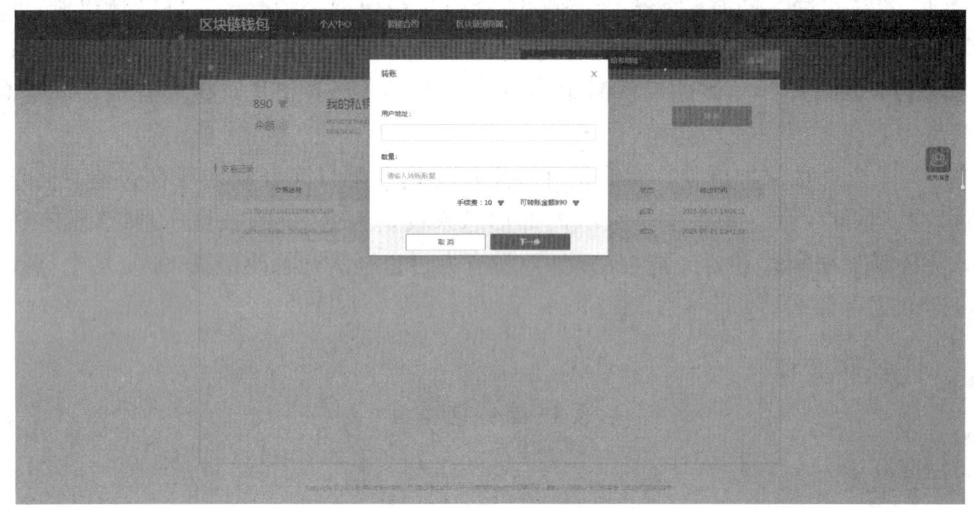

(3)交易的过程:输入所转账的用户地址及转账的数量(每次转账会扣除手续费)点击"下一步"。

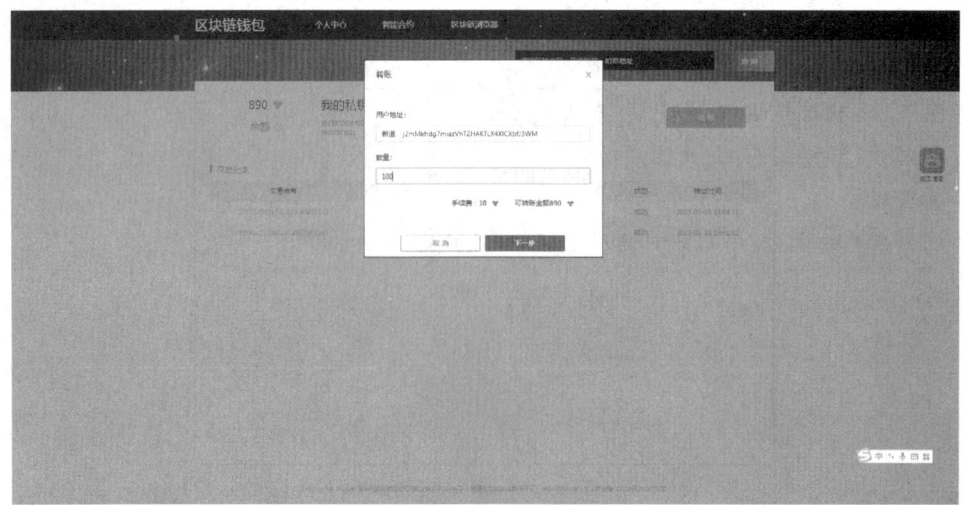

（4）交易上链：输入当前账户私钥，点击"提交"，交易完成。

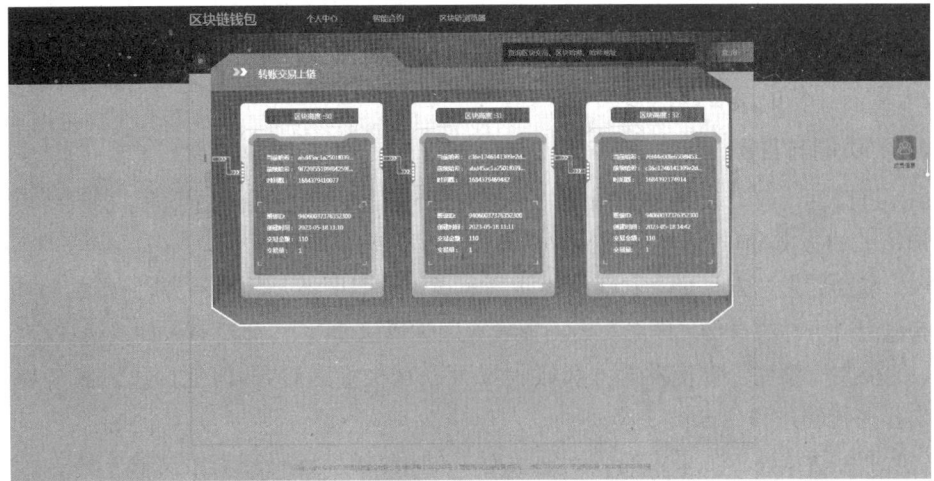

（5）初始化成功：交易已广播，初始化完成。

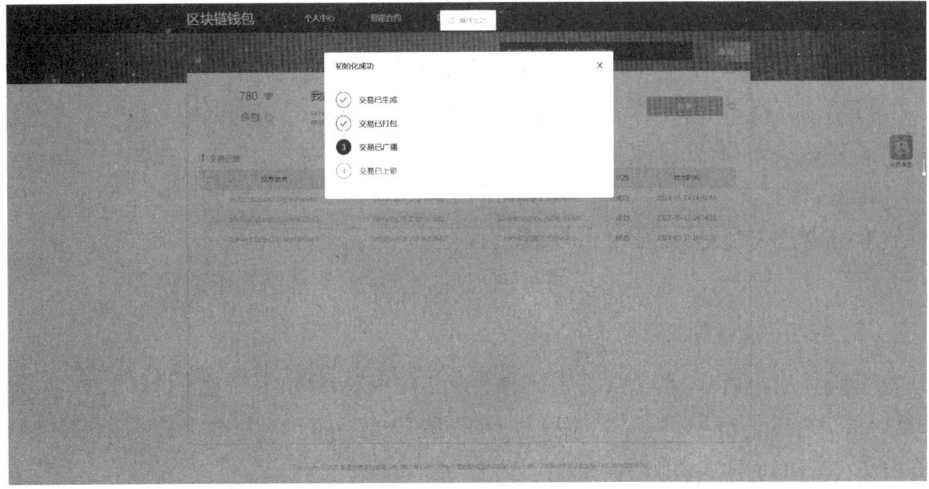

【课后作业】
1. 区块链的结构是什么？
2. 区块链有哪些分类？
3. 国内外有哪些主要区块链平台？

任务二　区块链技术基础

区块链技术是分布式数据存储、密码技术、点对点传输、共识机制、智能合约、跨链等计算机技术在互联网时代的融合创新。区块链技术用于支撑和实现区块链功能。

一、密码技术

密码学是研究如何保护信息安全性的一门科学，涉及数学、物理、计算机、信息论、编码学、通信技术等学科,已经在生活中得到广泛应用。

密码学分为编码学和密码分析学。密码编码学主要研究对信息进行编码,实现信息的隐藏。密码分析学主要研究加密消息的破译或消息的伪造。二者相互独立,又相互依存,在矛盾与斗争中发展,对立统一。

(一) 功能与目标

(1) 机密性。仅有发送方和指定的接收方能够理解传输的报文内容。窃听者可以截取到加密了的报文,但不能还原出原来的信息,即不能得到报文内容。

(2) 鉴别。发送方和接收方都应该能证实通信过程所涉及的另一方,通信的另一方确实具有他们所声称的身份。即第三者不能冒充跟你通信的对方,能对对方的身份进行鉴别。

(3) 报文完整性。即使发送方和接收方可以互相鉴别对方,但他们还需要确保其通信的内容在传输过程中未被改变。

(4) 不可否认性。如果人们收到通信对方的报文后,还要证实报文确实来自所宣称的发送方,发送方也不能在发送报文以后否认自己发送过报文。

(二) 密码体制

在理解密码体制之前,需要先了解以下专业术语:

(1) 明文:能直接代表原文含义的信息。

(2) 密文:经过加密处理之后,隐藏原文含义的信息。

(3) 加密:将明文转换成密文的实施过程。

(4) 解密:将密文转换成明文的实施过程。

(5) 密钥:控制加密或解密过程的可变参数,分为加密密钥和解密密钥。

(三) 对称密码(私钥密码)

对称密码体制也称单钥或私钥密码体制,其加密密钥和解密密钥相同,或实质上等同,即从一个易于推出另一个。对称加密算法中常用的算法有 DES、3DES、TDEA、Blowfish、RC2、RC4、RC5、IDEA、SKIPJACK 等。

优点:保密性高,加密速度快,适合加密大量数据,易于通过硬件实现。

缺点:密钥必须通过安全可靠的途径传输,秘钥的分发是保证安全的关键因素。

(四) 非对称密码(公钥密码)

非对称密码体制又称双钥或公钥密码体制,其加密密钥和解密密钥不同,从一个很难推出另一个。其中的加密密钥可以公开,称为公开密钥,简称公钥;解密密钥必须保密,称为私有密钥,简称私钥。

优点:密钥交换可通过公开信道进行,无须保密。既可用于加密也可用于签名。

缺点:加密速度不如对称密码,不适合对大量数据加密,加密操作难以通过硬件实现。

非对称密码体制不但赋予了通信的保密性,还提供了消息的认证性,无须实现交换秘钥就可通过不安全信道安全地传递信息,简化了密钥管理的工作量,适应了通信网的需要,为保密学技术应用于商业领域开辟了广阔的前景。

常见的非对称密码算法有 RSA(基于大整数质因子分解难题)、ECC(基于椭圆曲线离散对数难题)、ElGamal算法(基于离散对数问题的非对称加密算法)、SHA-256(Secure Hash Algorithm 2-256位)等。SHA-256算法被广泛用于比特币中数据加密和签名验证。它是一种哈希函数,能够将任意长度的数据转换成长度为256位的固定输出。

对非对称密码的误解。非对称密码比对称密码更安全吗?任何一种算法的安全都依赖于秘钥的长度、破译密码的工作量,从抗分析的角度看,没有哪一方更优越。

非对称密码使对称密码成为过时技术?公钥算法很慢,一般用于密钥管理和数字签名。对称密码将长期存在,实际工程中采用对称密码与非对称密码相结合。

(五)量子密码

由于量子计算技术取得了出人意料的快速发展,大量仅能抵御经典计算机暴力破解的密码算法面临被提前淘汰的困境。

非对称密码系统有效解决了对称密码面临的安全密钥交换问题,因而广泛应用于公钥基础设施、数字签名、联合授权、公共信道密钥交换、安全电子邮件、虚拟专用网以及安全套接层等大量网络通信活动之中。不幸的是,随着量子计算的发展,包括RSA密码、ECC密码以及DH密钥交换技术等非对称密码算法已经从理论上被证明彻底丧失了安全性。相对于对称密码系统还可以采取升级措施应对量子威胁,非对称密码系统必须采取全新方法进行重建。

量子密码是以量子力学和密码学为基础,利用量子物理学中的原理实现密码体制的一种新型密码体制。与当前大多使用的经典密码体制不一样的是,量子密码利用信息载体量子的量子叠加和量子纠缠等物理属性实现。目前,量子密码用于承载信息的载体包括光子、压缩态光信号、相干态光信号等。

由于量子密码体制的理论基础是量子物理定理,而物理定理是物理学家经过多年的研究与论证得出的结论,有可靠的理论依据,且不论在何时都是不会改变的,因此,理论上,依赖于这些物理定理的量子密码也是不可攻破的,量子密码体制是一种无条件安全的密码体制。

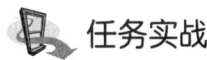

任务实战

在线加解密

选择一个在线加解密的网站(如 https://try8.cn/tool/cipher)进行操作。

二、哈希函数

哈希函数:Hash(原始信息)=摘要信息。原始信息可以是任意的信息,hash之后会得到一个简短的摘要信息。

(一)哈希函数特点和作用

哈希函数有以下几个特点:
(1)同样的原始信息用同一个哈希函数总能得到相同的摘要信息;
(2)原始信息任何微小的变化都会哈希出面目全非的摘要信息;
(3)从摘要信息无法逆向推算出原始信息。

哈希函数有如下4个作用:

(1) 简化信息。哈希处理后的信息变短了。

(2) 标志信息。可以使用 AC4635D34DEF 来标志原始信息,摘要信息也称为原始信息的 id。

(3) 隐匿信息。账本是 AC4635D34DEF 这样一条记录,原始信息被隐匿。

(4) 验证信息。假如李四在还款时欺骗说,张三只借给李四 10 万元,双方可以用 AC4635D34DEF 来验证原始信息。

(二) 哈希函数应用

区块链记账方法:

假设有一个账页序号为 0 的账页交易记录如下:

账号 入账 出账 余额 备注说明

王二 100 190 收到×××货款

张三 100 30 ××××

李四 120 90 170 ××××

记账时间为:2017-10-22 10:22:02

区块链在记账时会把账页信息(包含序号、记账时间、交易记录)作为原始信息进行 Hash,得到一个 Hash 值,如 787635ACD,用函数表示为:

Hash(序号 0、记账时间、交易记录)=787635ACD

账页信息和 Hash 值组合在一起就构成了第一个区块。

(比特币系统里约 10 分钟记一次账,即每个区块生成时间大概间隔 10 分钟)。

在记第 2 个账页的时候,会把上一个区块的 Hash 值和当前的账页信息一起作为原始信息进行 Hash,即:

Hash(上一个 Hash 值、序号 1、记账时间、交易记录)=456635BCD

这样第 2 个区块不仅包含了本账页信息,还间接地包含了第一个区块的信息。依次按照此方法继续记账,则最新的区块总是间接包含了所有之前的账页信息。

所有这些区块组合起来就形成了区块链,这样的区块链就构成了一个便于验证(只要验证最后一个区块的 Hash 值就相当于验证了整个账本),不可更改(任何一个交易信息的更改,会让所有之后的区块的 Hash 值发生变化,这样在验证时就无法通过)的总账本。

任务实战

选择一个在线哈希生成器网站(如 https://crypot.51strive.com/crc16.html)进行操作。

三、数字签名和数字证书

数字签名涉及一个哈希函数、发送者的公钥、发送者的私钥。数字签名有两个作用:一是能确定消息确实是由发送方签名并发出来的。二是数字签名能确定消息的完整性。

(一) 数字签名的作用

日常签名中我们有手写签名、电子章签名、指纹签名等作为确定身份、责任认定的重要手段,各种重要文件、合同都需要签名确认。

区块链网络中包含大量的节点,不同节点的权限不同。举个简单例子,现实生活中只能将自己的钱转账给他人,而不能将别人的钱转给自己,区块链中的转账操作,必须要由转出方发起。区块链主要使用数字签名来实现权限控制,识别交易发起者的合法身份,防止恶意节点身份冒充。

(二) 数字签名的效力

数字签名也称为电子签名,是通过一定算法实现类似传统物理签名的效果。目前已经有包括欧盟、美国和中国等在内的 20 多个国家和地区认可数字签名的法律效力。2000 年,中国《合同法》首次确认了电子合同、数字签名的法律效力。2005 年 4 月 1 日,中国首部《电子签名法》正式实施。数字签名在 ISO 7498-2 标准中定义为:"附加在数据单元上的一些数据,或是对数据单元所做出的密码变换,这种数据和变换允许数据单元的接收者用以确认数据单元来源和数据单元的完整性,并保护数据,防止被人伪造。"

(三) 数字签名的原理

数字签名是通过密码学技术相关算法对签名内容进行处理,获取一段用于表示签名的字符,在密码学技术里面,一套数字签名一般包含签名和验签两种运算,数据经过签名后,非常容易验证完整性,并且不可抵赖。只需要使用配套的验签方法验证即可,不必像传统物理签名一样需要专业手段鉴别。数字签名通常采用非对称加密算法,即每个节点需要一对私钥、公钥密钥。所谓私钥即只有本人可以拥有的密钥,签名时需要使用私钥。不同的私钥对同一段数据的签名是完全不同的,类似物理签名的字迹。数字签名一般作为额外信息附加在原消息中,以此来证明消息发送者的身份。公钥即所有人都可以获取的密钥,验签时需要使用公钥。因为公钥人人可以获取,所有节点均可以校验身份的合法性。

数字签名流程如下:

(1) 发送方 A 对原始数据通过哈希算法计算数字摘要,使用非对称密钥中的私钥对数字摘要进行加密,这个加密后的数据就是数字签名;

(2) 数字签名与 A 的原始数据一起发送给验证签名的任何一方。

验证数字签名的流程如下:

(1) 签名的验证方一定要持有发送方 A 的非对称密钥的公钥。

(2) 在接收到数字签名与 A 的原始数据后,使用公钥对数字签名进行解密,得到原始摘要值。

(3) 对 A 的原始数据通过同样的哈希算法计算摘要值,进而比对解密得到的摘要值与重新计算的摘要值是否相同,如果相同,则签名验证通过。

(4) A 的公钥可以解密数字签名,保证了原始数据确实来自 A;解密后的摘要值,与原始数据重新计算得到的摘要值相同,保证了原始数据在传输过程中未经过篡改。

(四) 数字签名应用

在区块链网络中,每个节点都拥有一份公私钥对。节点发送交易时,先利用自己的私钥对交易内容进行签名,并将签名附加在交易中。其他节点收到广播信息后,首先对交易中附加的数字签名进行验证,完成消息完整性校验及消息发送者身份合法性校验后,该交易才会触发后续处理流程。

目前有不少商用的数字签名工具可以选用。但是,特别注意的是,使用数字签名工具时,一定要先确定数字签名工具的可信,防止私钥被盗取。

(五)数字证书

数字证书是指在互联网通信中标志通信各方身份信息的、由CA机构颁发的数字认证,人们可以在网上用它来识别对方身份的电子数据。

数字证书主要作用是做数字签名。目前数字证书的标准是x509。CA机构是一系列具有社会公信力的机构的总称,当前市面上的CA证书都是收费的。

数字证书主要应用于联盟链中,进行身份的授权和校验。

联盟链和公有链最大的差别便是授权和加密机制。所以,联盟链不允许成员任意加入退出,因此会对成员认证(包括节点认证)做出严格的限制。这里就用到数字证书。

数字证书的标准主要是国际电信联盟(ITU)X.509数字证书标准、公钥基础设施(PKI)标准。

(六)数字证书特征

(1) 安全性:数字证书是由CA中心所签发的,CA中心是一个具权威性、依赖度极高的第三方,其资格证书经国家颁发,可有效保障网络数据信息的安全性。

(2) 唯一性:数字证书依用户身份不同给予其相应的访问权限,数字证书犹如"钥匙"一般,所谓"一把钥匙只能开一把锁",就是其唯一性的体现。

(3) 便利性:用户可即时申请、开通并使用数字证书,用户不需要掌握加密技术或原理,就能够直接通过数字证书来进行安全防护,十分便捷高效。

 **任务实战**

智慧职链:数字签名

任务描述

完成:附录1"智慧职链实验"中任务一"系统注册和数字签名"中"二、数字签名"。

四、分布式账本技术

分布式账本(Distributed Ledger)是一种在网络成员之间共享、复制和同步的数据库。分布式账本记录网络参与者之间的交易,比如资产或数据的交换。这种共享账本消除了调解不同账本的时间和开支。从实质上说就是一个可以在多个站点、不同地理位置或者多个机构组成的网络里进行分享的资产数据库。在一个网络里的参与者可以获得一个唯一、真实账本的副本。账本里的任何改动都会在所有的副本中被反映出来,反应时间会在几分钟甚至是几秒内。在这个账本里存储的资产可以是金融、法律定义上的、实体的或是电子的资产。在这个账本里存储的资产的安全性和准确性是通过公私钥以及签名的使用去控制账本的访问权,从而实现密码学基础上的维护。根据网络中达成共识的规则,账本中的记录可以由一个、一些或者是所有参与者共同进行更新。

网络中的参与者根据共识原则来制约和协商对账本中的记录的更新。没有中间的第三方仲裁机构(比如金融机构或票据交换所)的参与。分布式账本中的每条记录都有一个时间戳和唯一的密码签名,这使得账本成为网络中所有交易的可审计历史记录。

分布式账本技术有潜力帮助政府征税、发放福利、发行护照、登记土地所有权、保证货物供应链的运行,并从整体上确保政府记录和服务的正确性。在英国国民健康保险制度(NHS)里,这项技术通过改善和验证服务的送达以及根据精确的规则去安全地分享记录,有潜力改善医疗保健系统。对享受这些服务的消费者来说,这项技术根据不同的情况,有潜力让消费者们去控制个人记录的访问权并知悉其他机构对其记录的访问情况。

五、时间戳服务器

大多用来进行比对以及验证处理,时间戳服务器是一款基于PKI(公钥密码基础设施)技术的时间戳权威系统,对外提供精确可信的时间戳服务。它采用精确的时间源、高强度高标准的安全机制,以确认系统处理数据在某一时间的存在性和相关操作的相对时间顺序。时间戳服务器工作流程如图2-3所示。

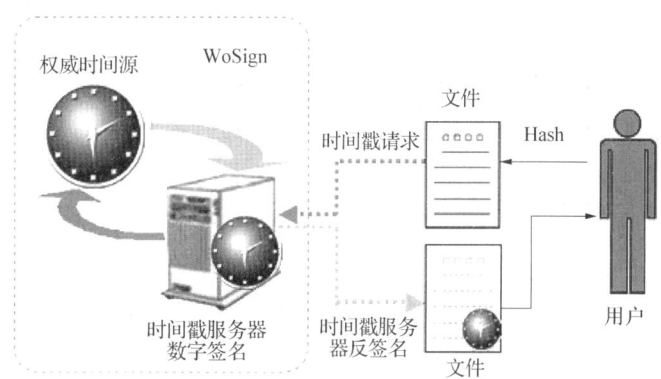

图2-3 时间戳服务器工作流程

时间戳服务器工作流程:
(1)用户对文件数据进行Hash摘要处理;
(2)用户提出时间戳的请求,Hash值被传递给时间戳服务器;
(3)时间戳服务器对哈希值和一个日期/时间记录进行签名,生成时间戳;
(4)时间戳数据和文件信息绑定后返还,用户进行下一步电子交易操作。

当使用WoSign的代码签名证书对电脑文件进行数字签名时,会提示你添加WoSign免费提供的时间戳URL,WoSign的时间戳服务器会反签名并附上签名时间(请注意:不是你的电脑时间,是WoSign时间戳服务器上的格林尼治标准时间换算成你的电脑设置的时区的当地时间)。

六、共识算法

在区块链世界,共识一般都是通过特定的数学算法实现的。那么,到底什么是共识算法?目前普及的共识算法有多少种?

(一) 共识的作用

区块链通过全民记账来解决信任问题,但是所有节点都参与记录数据,那么最终以谁的记录为准?怎么保证所有节点最终都记录一份相同的正确数据,即达成共识?在传统的中心化系统中,因为有权威的中心节点背书,因此可以以中心节点记录的数据为准,其他节点仅简单复制中心节点的数据即可,很容易达成共识。然而在区块链这样的去中心化系统中,并不存在中心权威节点,所有节点对等地参与到共识过程之中。由于参与的各个节点的自身状态和所处网络环境不相同,而交易的传递需要时间,并且消息传递本身不可靠,因此,每个节点接收到的需要记录的交易内容和顺序也难以保持一致。由于区块链中参与的节点身份难以控制,还可能会出现恶意节点故障阻碍消息传递或者发送不一致的信息给不同节点,以干扰整个区块链系统的记账一致性,从而获利的情况。因此区块链系统记账一致性问题,或者说共识问题是一个十分关键的问题,它关系着整个区块链系统的正确性和安全性。

(二) 共识算法分类

共识协议/算法/机制(Consensus Protocol)指区块链中通过数学算法实现不同节点之间对交易达成一致的方法。

当前区块链系统的共识算法有许多种,主要可以归纳为如下四大类:

(1) 工作量证明 PoW(Proof of Work)类共识算法。PoW 类的共识算法主要包括比特币所采用的 PoW 共识及一些类似项目(如莱特币等)的变种 PoW,即"挖矿"算法。

(2) Po*的凭证类共识算法。例如,权益证明 PoS(Proof of Stake),全部节点需要拥有一定数量的代币来获得记账权参与共识,如新一代以太坊使用 PoS。委托权益证明 DPoS(Delegated Proof of Stake),只有有权限的节点、代理节点能够证明共识。

(3) 拜占庭容错 BFT(Byzantine Fault Tolerance)类算法。实用拜占庭容错算法 PBFT(Practical Byzantine Fault Tolerance)主要特点如下:客户端向主节点发送请求调用服务操作;主节点通过广播将请求发送给其他副本;所有副本都执行请求并将结果发回客户端;客户端需要等待 $f+1$(f 为有可能失效的最大副本个数)个不同副本节点发回相同的结果,作为整个操作的最终结果。

(4) 结合可信执行环境的共识算法。瑞波共识算法(Ripple Consensus)使一组节点能够基于特殊节点列表达成共识。初始特殊节点列表就像一个俱乐部,要接纳一个新成员,必须由 51% 的该俱乐部会员投票通过。共识遵循这核心成员的 51% 的权力,外部人员则没有影响力。由于该俱乐部由"中心化"开始,它将一直是"中心化的"。

任务实战

任务描述

通过 PBFT 小工具,理解 PBFT 共识机制的流程。

操作步骤

第一步:了解智能合约的基本概念;

第二步：了解航空延误险的业务逻辑。
操作指引
(1) 进入课程——训练计划。

(2) 区块链关键技术-共识机制-PBFT。

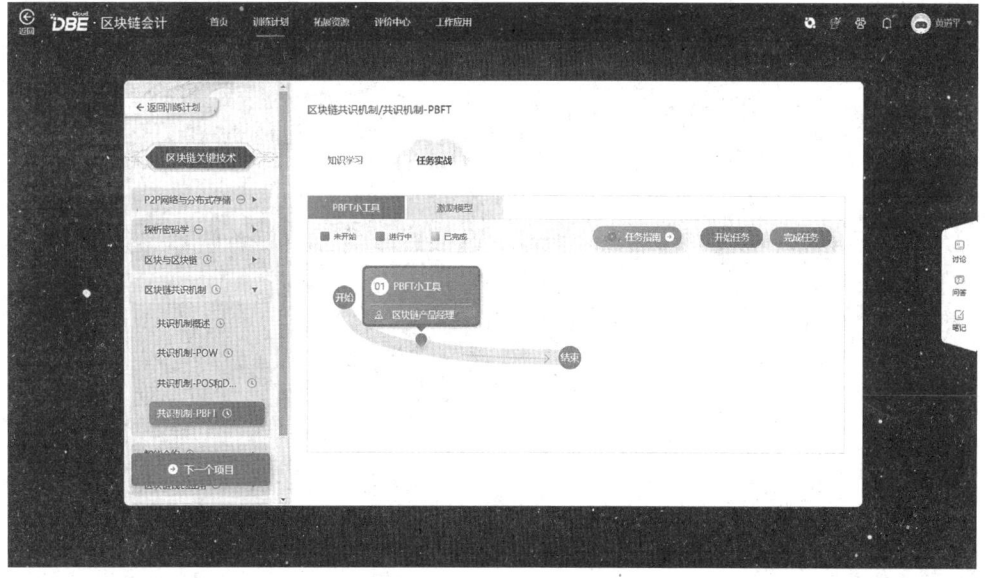

（3）开始任务。

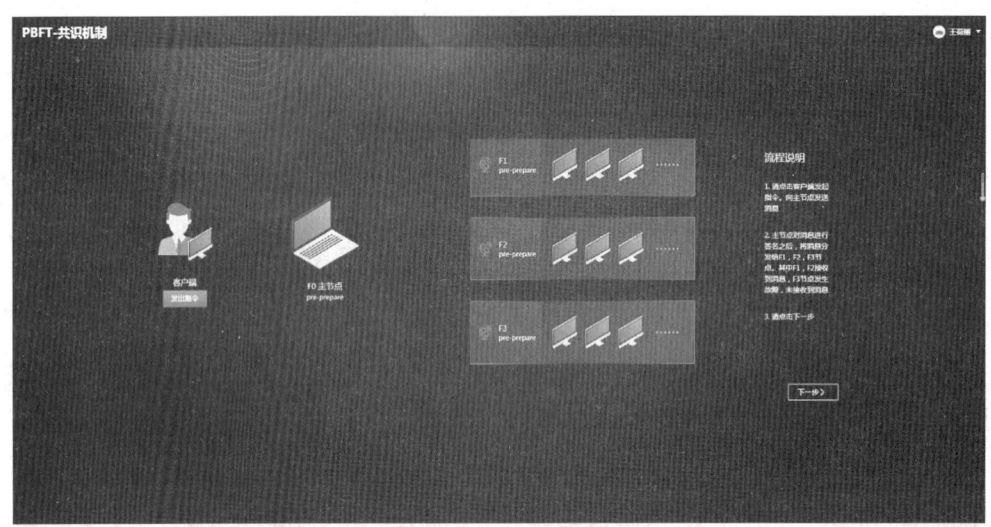

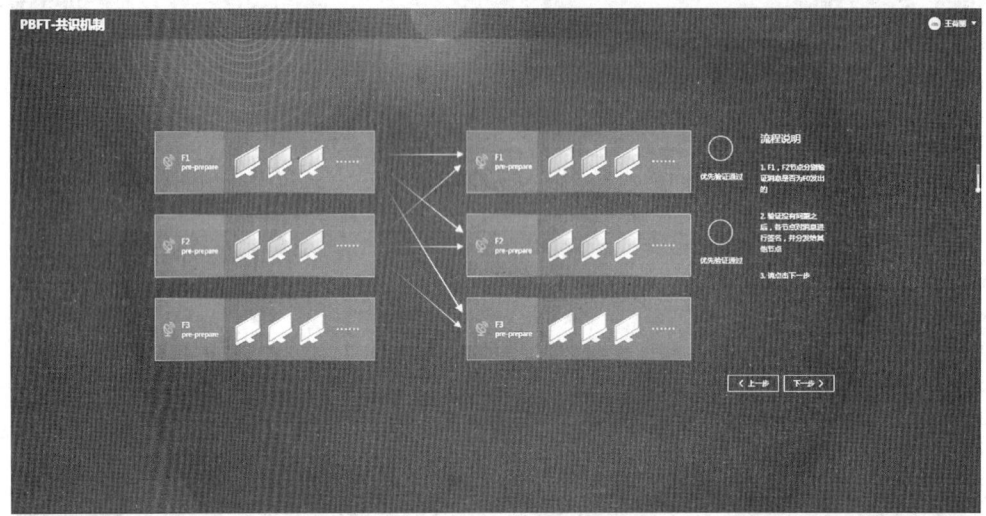

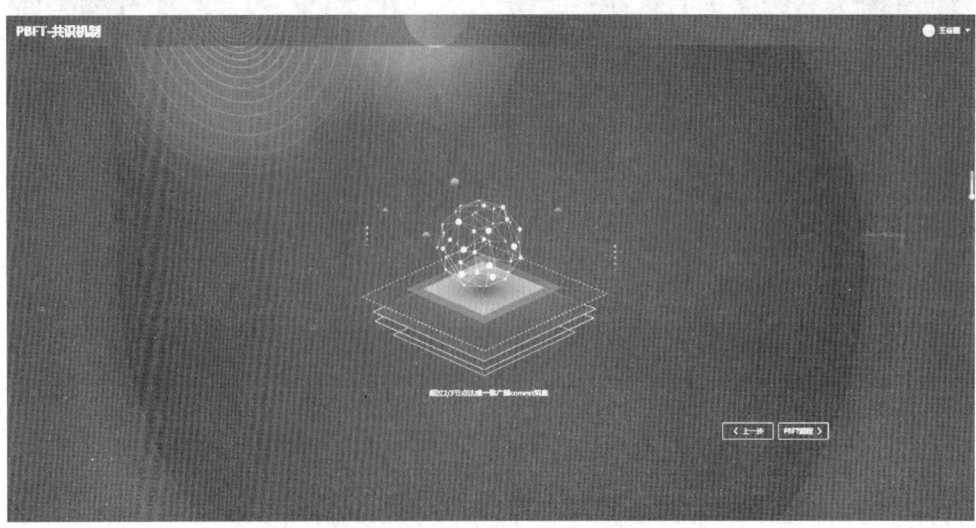

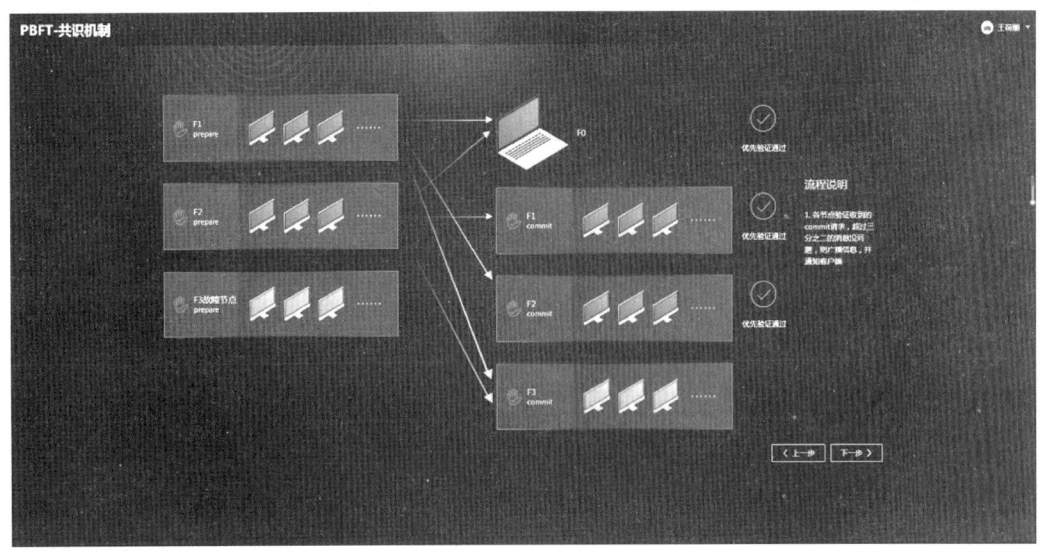

七、智能合约

智能合约是区块链发展的一个新阶段,区块链从单一的数字货币应用到融入各个领域,智能合约不可或缺。智能合约在金融、政务服务、供应链等各个领域都有广泛的应用,几乎都是以智能合约的形式运行在不同的区块链上。

(一)智能合约概念

早在1995年,学者Nick Szabo就提出了智能合约的概念,他对智能合约的定义是:"一个智能合约是一套以数字形式定义的承诺,包括合约参与方可以在上面执行这些承诺的协议。"智能合约是一种在满足一定条件时就自动执行的计算机程序。例如,自动售货机系统,就可以视作一个智能合约系统。从选择商品到完成支付,满两个条件就触发合约。合约在生活中很常见:租赁合同、借条等。传统合约依靠法律进行背书,当产生违约及纠纷时,往往需要借助法院等政府机构的力量进行裁决。智能合约,不仅仅是将传统的合约电子化,更重要的是将传统合约的背书执行由法律替换成了代码。例如,球赛期间的打赌可以通过智能合约来实现,首先确定智能合约的规则条件,当触发智能合约响应条件时执行合约,完成履约。整个过程高效、简洁,不需要第三方中介进行裁决。

(二)智能合约的原理

一个基于区块链的智能合约需要包括事务处理机制、数据存储机制及完备的状态机,用于接收和处理各种条件,并且事务的触发、处理及数据保存都必须在链上进行。当满足触发条件时,智能合约即会根据预设逻辑读取相应数据并进行计算,最后将计算结果永久保存在链式结构中。智能合约在区块链中的运行逻辑如图2-4所示。

对应球赛打赌的例子,智能合约是通过代码实现打赌内容的。该智能合约预置的触发条件即为规定球赛场次、时间等相关信息,同时需要规定获取结果的途径。预置响应条件即为触发事件后,智能合约具体要执行的内容。例如条件1:皇马赢,响应1:钱直接打入我的账户;条件2:拜仁赢,响应2:钱直接打入小明账户。该智能合约一经部署,其内容就会永久地保存在链上,并严格执行。球赛结束后,区块链网络中的节点均会验证响应条件,并将执行结果永久记录在链上。

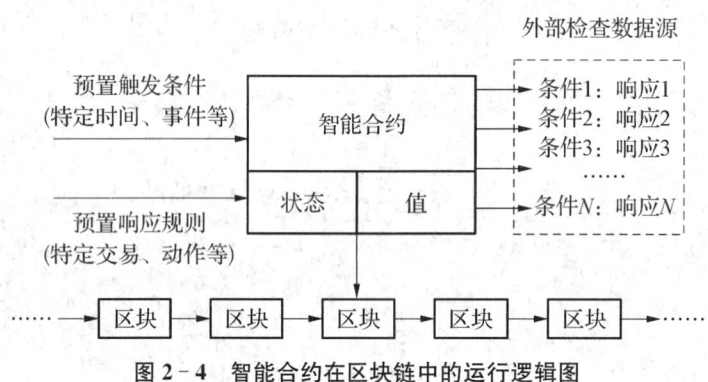

图 2-4 智能合约在区块链中的运行逻辑图

(三) 智能合约的安全性

智能合约这项新技术其本身也存在一定的安全风险。目前智能合约已经发生过重大安全事件,黑客手法是利用漏洞入侵系统,进而对智能合约用户造成巨大损失。其中较为严重的事件有:2023年3月13日,DeFi借贷协议 Euler Finance 遭遇闪电贷攻击。攻击者执行成功多笔交易,造成约1.96亿美元巨额损失。2021年4月28日,币安智能链上区块链项目 Uranium Finance 在流动性迁移过程被攻击,涉及资金5 000万美元。Fairy proof 研究团队2021年报告认为:80%Dapp 安全事故缘于智能合约漏洞,合约安全事故集中在闪电贷攻击事故和缺少权限验证导致的攻击事故。

目前智能合约存在四大安全风险:

(1) 隐私泄露。智能合约对区块链上的所有用户可见,包括但不限于标记为 private 的资源,存在造成隐私信息泄露的风险。

(2) 交易溢出与异常。由于智能合约本身的约束条件,如条件竞争、交易顺序依赖等,可能会造成交易溢出与异常。

(3) 合约故障。由于智能合约代码中可能存在不合理的故障处理机制,从而导致异常行为。

(4) 拒绝服务。由于各种原因导致的拒绝服务风险。

任务实战

智能合约

任务描述

通过航空延误险的智能合约编写,了解智能合约的执行过程以及设计原理。

操作步骤

第一步:了解智能合约的基本概念;

第二步:了解航空延误险的业务逻辑;
第三步:拖拽补充具体步骤;
第四步:查看合约流程对应的具体代码。

操作指引

(1) 进入课程-训练计划。

(2) 区块链关键技术-智能合约-联盟链智能合约。

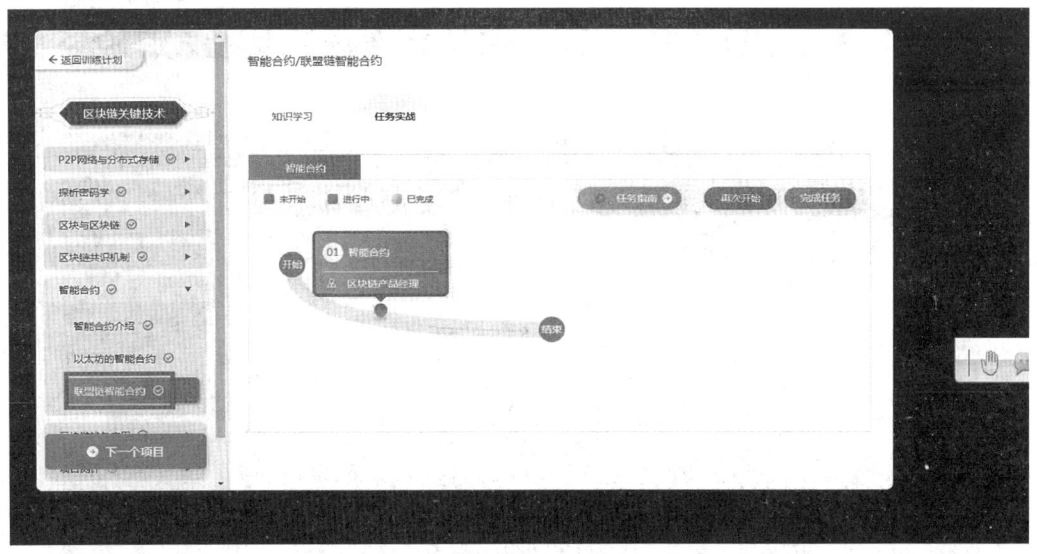

(3)智能合约/联盟链智能合约-任务实践。

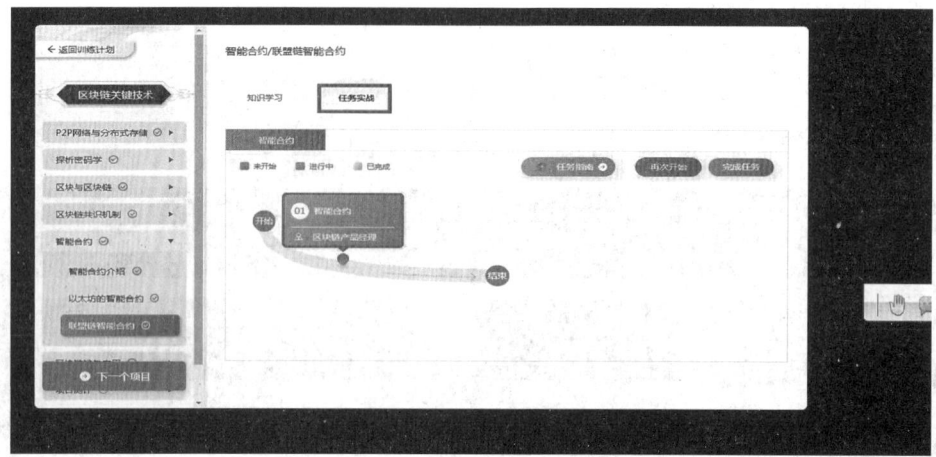

(4)开始任务。

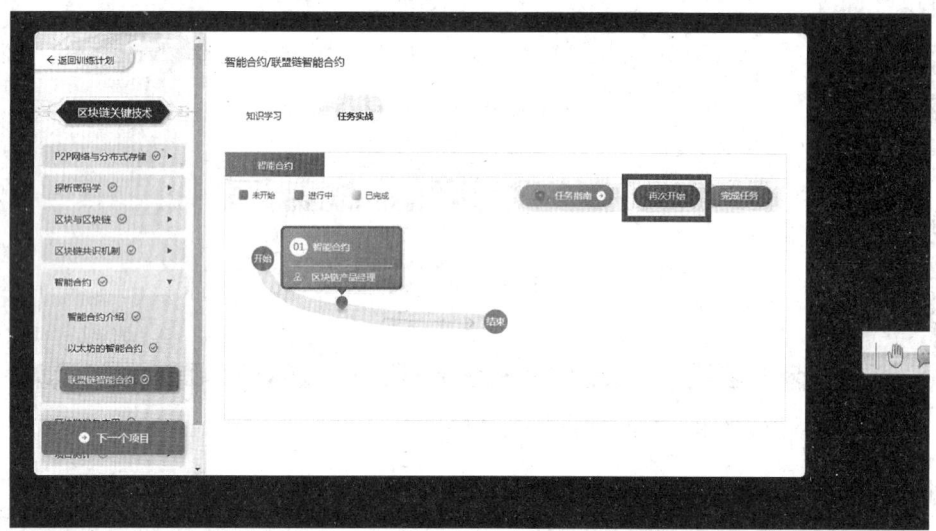

(5)点击"继续"。

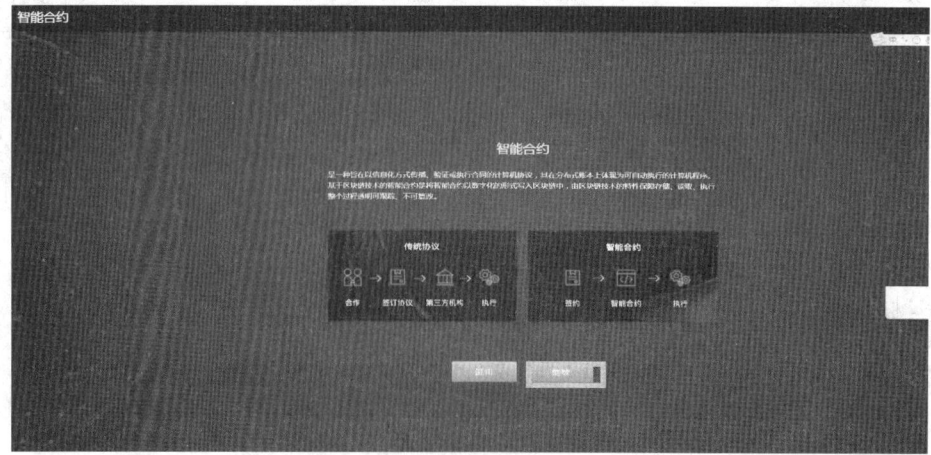

(6)点击"继续"。

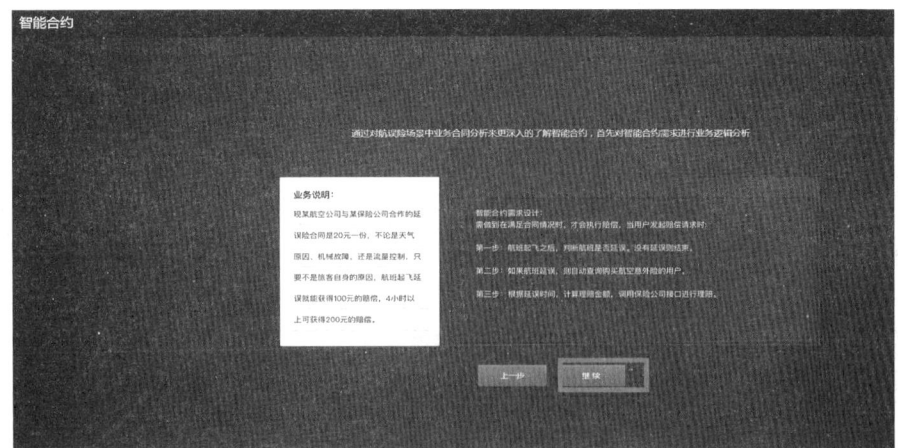

(7)根据需求分析,将右边的语句按照业务逻辑顺序拖入到左边的流程图中。将"航班起飞"拖到"开始"的后面,如下图所示。

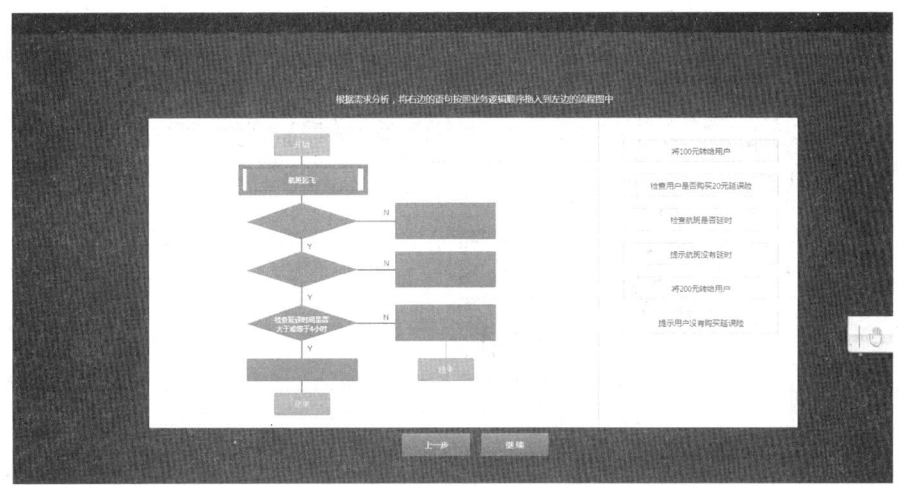

(8)将"检查航班是否延时"拖到"航班起飞"的后面,如下图所示。

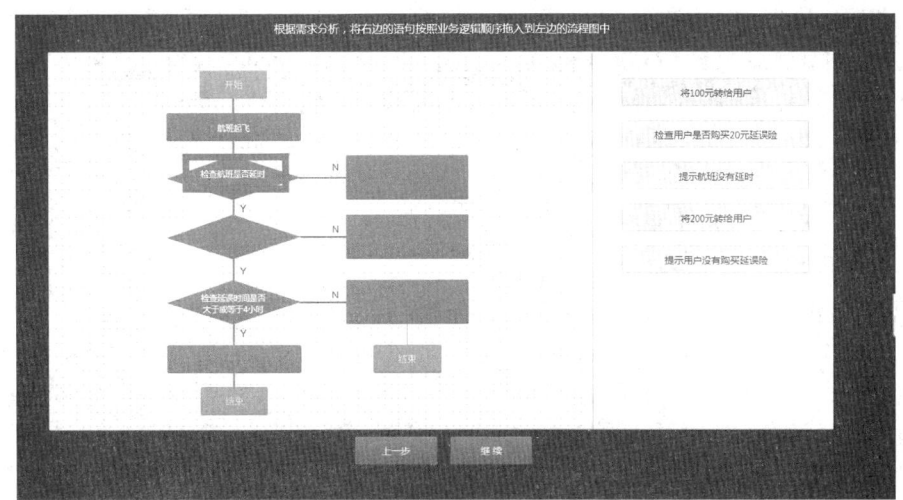

(9)将"检查用户是否购买20元延误险"拖到"检查航班是否延时"的后面,如下图所示。

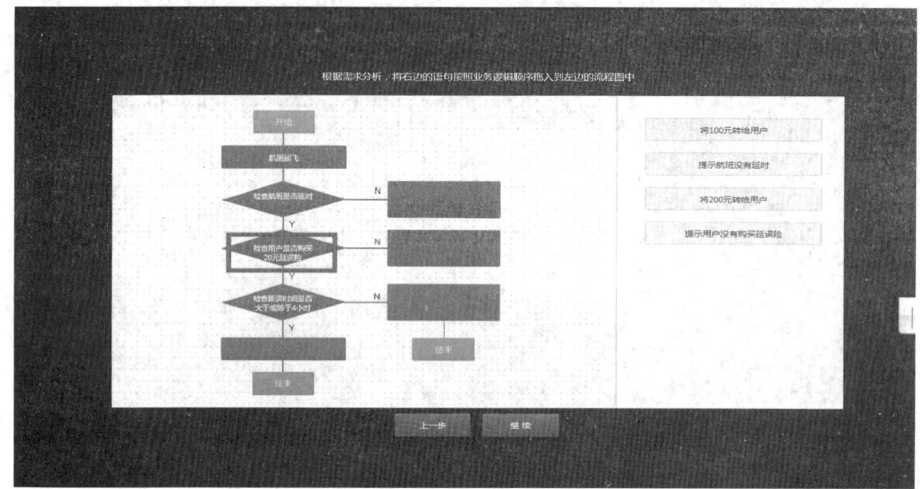

(10)将"提示航班没有延时"拖到"检查航班是否延时"的右面,如下图所示。

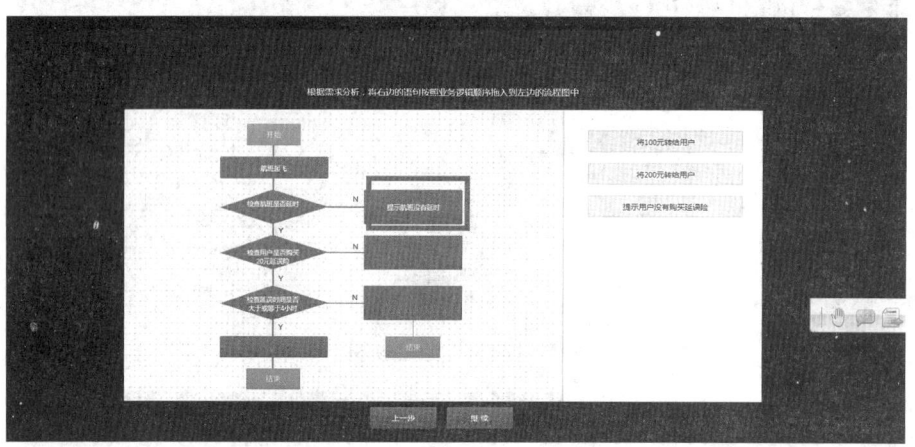

(11)将"提示用户没有购买延误险"拖到"检查用户是否购买20元延误险"的右面。

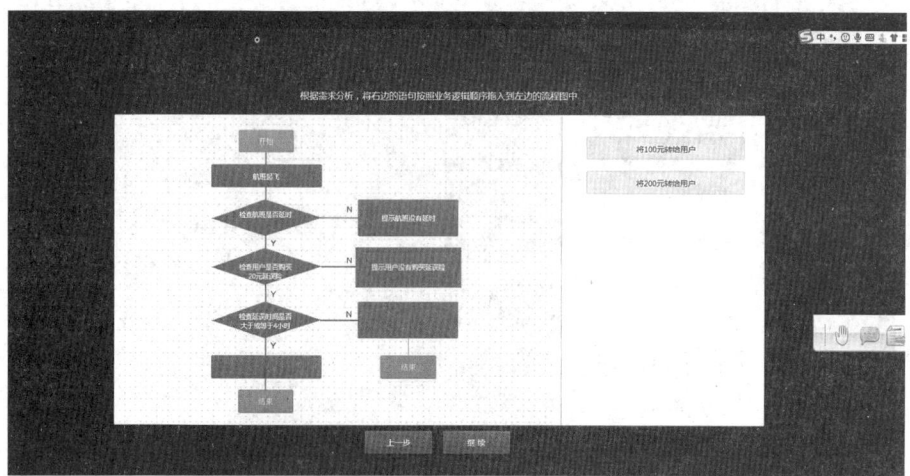

（12）若航班检查延误时间大于或等于4小时,则"将200元转给用户"拖到其后面,如下图所示。

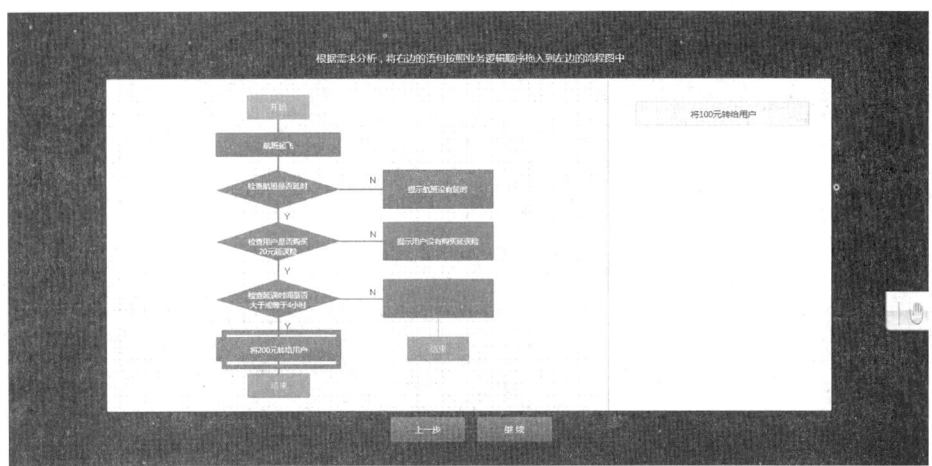

（13）若航班检查延误时间小于4小时,则"将100元转给用户"拖到其右面,如下图所示。

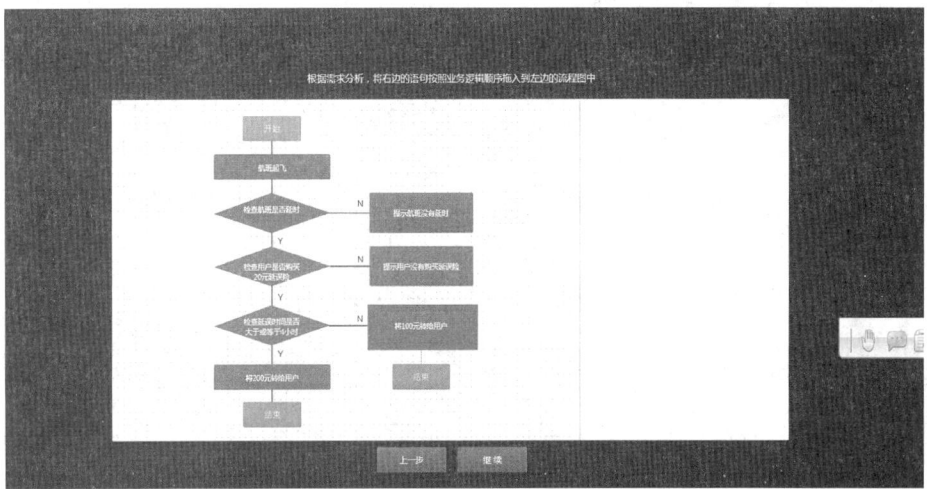

（14）完成则点击"继续"。

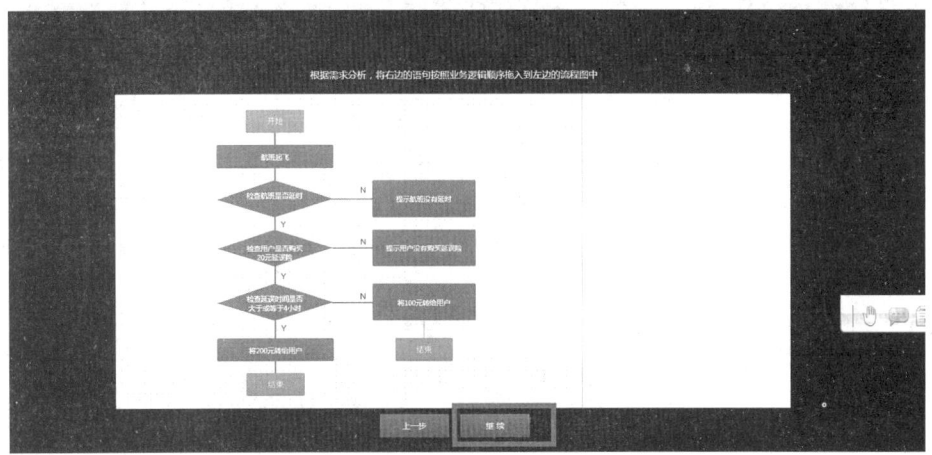

(15) 看完其内容点击"继续",之后输入航班实际起飞时间,与航班起飞时间进行对比,如果大于等于 4 小时,则需要赔偿 200,小于 4 小时,则赔偿 100。

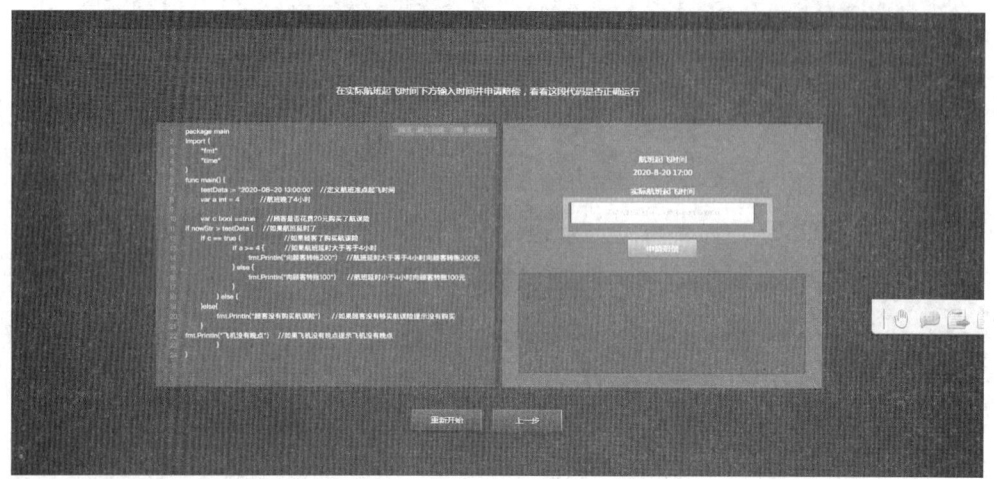

(16) 假设实际起飞时间是"2020-8-20 19:00"则赔偿 100,如下图所示。

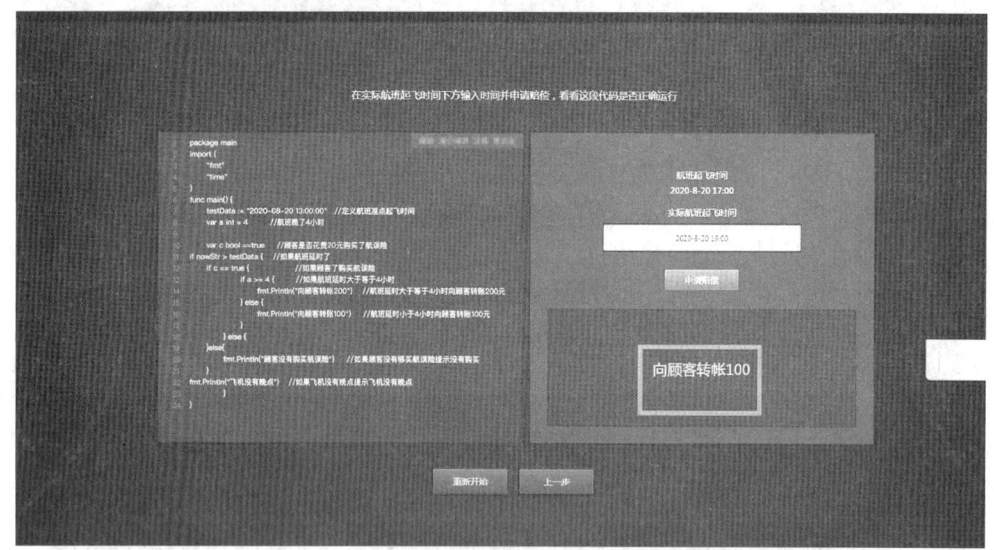

八、P2P 网络

提起区块链、P2P 网络时,不得不提的是,P2P 是实现区块链技术中的一种。P2P 与区块链有着不可割舍的情结,都具有去中心化的特质。在 P2P 网络中,1 个节点,它既可以是服务器,也可以是客户端,每个节点都是平等的,组成一个对等的网络,一般使用 socket 进行网络编程,这就是 P2P。

P2P 一般存在 4 种网络模型,也代表着 P2P 发展的 4 个阶段,分别是集中式、纯分布式、混合式和结构化模型。

（一）集中式

存在一个中心节点保存了其他所有节点的索引信息，索引信息一般包括节点 IP 地址、端口、节点资源等。集中式路由的优点就是结构简单、实现容易。但缺点也很明显，由于中心节点需要存储所有节点的路由信息，当节点规模扩展时，就很容易出现性能瓶颈；而且也存在单点故障问题。

（二）纯分布式

移除了中心节点，在 P2P 节点之间建立随机网络，就是在一个新加入节点和 P2P 网络中的某个节点间随机建立连接通道，从而形成一个随机拓扑结构。新节点加入该网络的实现方法也有很多种，最简单的就是随机选择一个已经存在的节点并建立邻居关系。像比特币的话，则是使用 DNS 的方式来查询其他节点，DNS 一般是硬编码到代码里的，这些 DNS 服务器就会提供比特币节点的 IP 地址列表，从而新节点就可以找到其他节点建立连接通道。新节点与邻居节点建立连接后，还需要进行全网广播，让整个网络知道该节点的存在。全网广播的方式就是，该节点首先向邻居节点广播，邻居节点收到广播消息后，再继续向自己的邻居节点广播，以此类推，从而广播到整个网络。这种广播方法也称为泛洪机制。纯分布式结构不存在集中式结构的单点性能瓶颈问题和单点故障问题，具有较好的可扩展性，但泛洪机制引入了新的问题，主要是可控性差的问题，包括两个较大的问题，一是容易形成泛洪循环，比如节点 A 发出的消息经过节点 B 到节点 C，节点 C 再广播到节点 A，这就形成了一个循环；另一个棘手问题则是响应消息风暴问题，如果节点 A 想请求的资源被很多节点所拥有，那么在很短时间内会出现大量节点同时向节点 A 发送响应消息，这就可能会让节点 A 瞬间瘫痪。

（三）混合式

混合式其实就是混合了集中式和分布式结构，网络中存在多个超级节点组成分布式网络，而每个超级节点则由多个普通节点与它组成局部的集中式网络。一个新的普通节点加入，则先选择一个超级节点进行通信，该超级节点再推送其他超级节点列表给新加入节点，加入节点再根据列表中的超级节点状态决定选择哪个具体的超级节点作为父节点。这种结构的泛洪广播只是发生在超级节点之间，就可以避免大规模泛洪存在的问题。在实际应用中，混合式结构是相对灵活并且比较有效的组网架构，实现难度也相对较小，因此目前较多系统基于混合式结构开发实现。其实，比特币网络如今也是这种结构，后面再细说。

（四）结构化 P2P 网络

它也是一种分布式网络结构，但与纯分布式结构不同。纯分布式网络就是一个随机网络，而结构化网络则将所有节点按照某种结构进行有序组织，比如形成一个环状网络或树状网络。结构化网络在具体实现上，普遍都是基于 DHT（Distributed Hash Table，分布式哈希表）算法思想。DHT 只是提出一种网络模型，并不涉及具体实现，主要想解决如何在分布式环境下快速而又准确地路由、定位数据的问题。具体的实现方案有 Chord、Pastry、CAN、Kademlia 等算法，其中 Kademlia 是以太坊网络的实现算法，很多常用的

P2P 应用如 BitTorrent、电驴等也是使用 Kademlia。因为篇幅有限，就不展开讲这些算法的具体原理了。目前，我们主要理解 DHT 的核心思想即可。

在区块链网络中，并不存在由一个中心节点来校验并记录交易信息，校验和记录工作由网络中的所有节点共同完成。当一个节点需要发起转账时，需要指明转账目的地址、转账金额等信息，同时还需要对该笔交易进行签名。由于不存在中心服务器，该交易会随机发送到网络中的邻近节点，邻近节点收到交易消息后，对交易进行签名，确认身份合法后，再校验余额是否充足等信息。均校验完成后，它则会将该消息转发至自己的邻近节点。以次重复，直至网络中所有节点均收到该交易。最后，矿工获得记账权后，会将该交易打包至区块，然后广播至整个网络。收到区块的节点完成区块内容验证后，即会将该区块永久地保存在本地，交易生效。

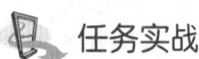 任务实战

P2P 网络

任务描述

通过添加节点、删除节点、查看节点传输信息等操作体验，理解 P2P 网络组网的过程。

操作步骤

第一步：进入"首页"，点击"下一步"。

第二步：进入 P2P 网络操作页面，输入节点名称，点击"加入"，观看节点加入流程。

第三步：再次输入节点名称，点击"加入"。

第四步：添加两个节点之后可以将鼠标放到节点，查看 IP 地址、端口以及网络传输等信息。

操作指引

【进入课程-训练计划】

【P2P 网络-案例实操】

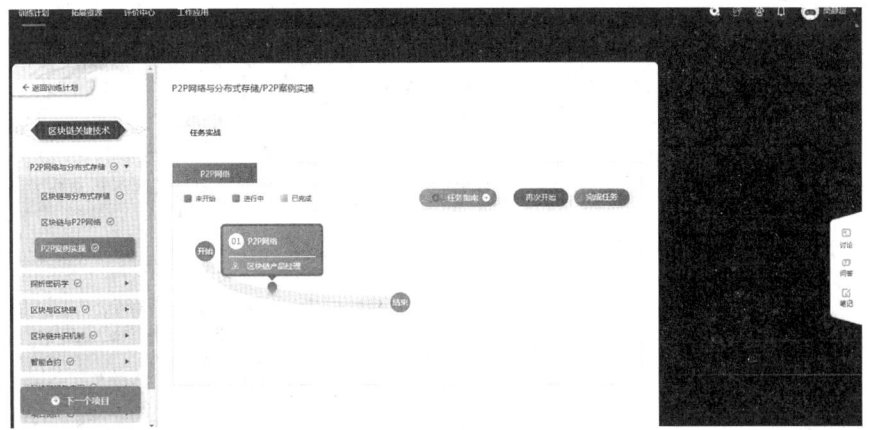

【开始任务】

(1) 进入"首页",点击"下一步"。

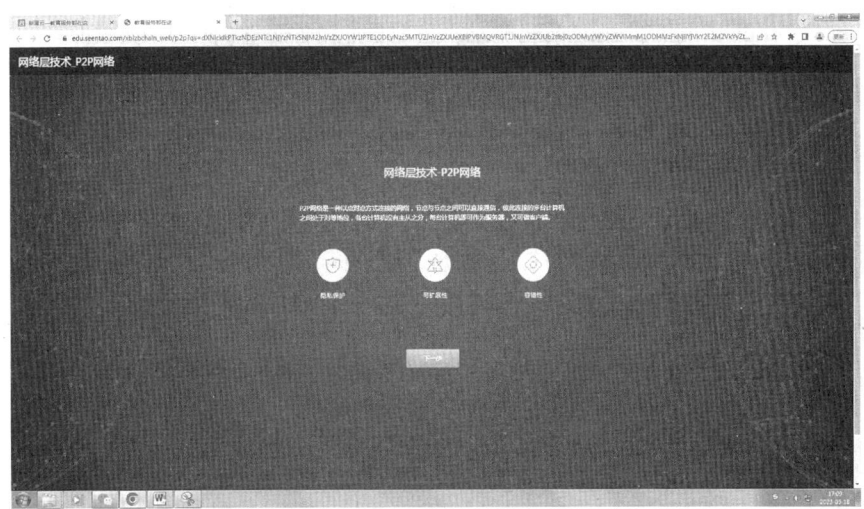

(2) 进入 P2P 网络操作页面,输入节点名称,点击"加入",观看节点加入流程。

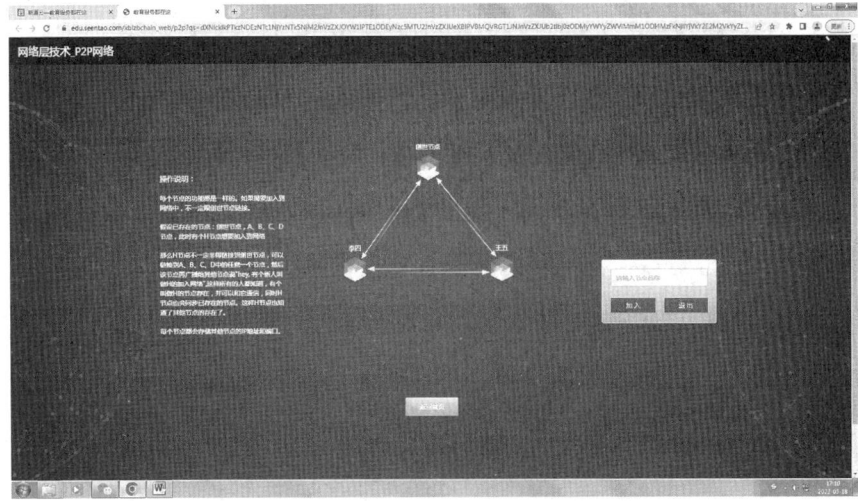

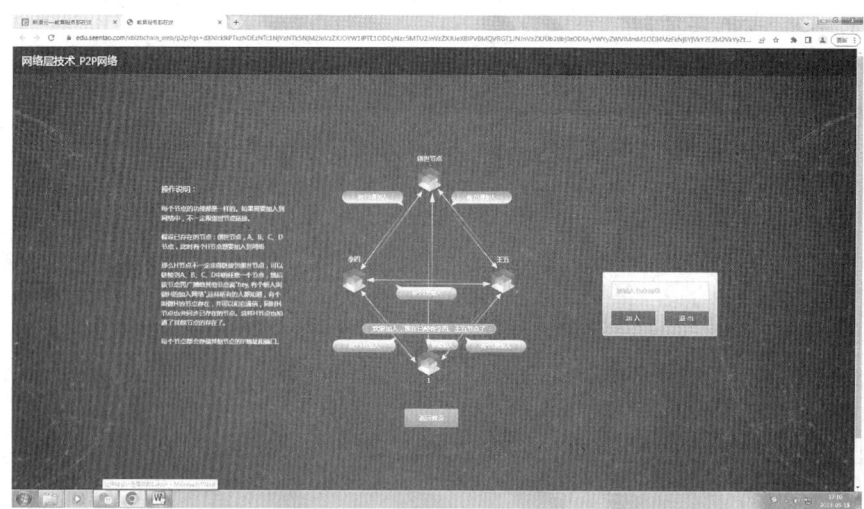

（3）再次输入节点名称，点击"加入"。

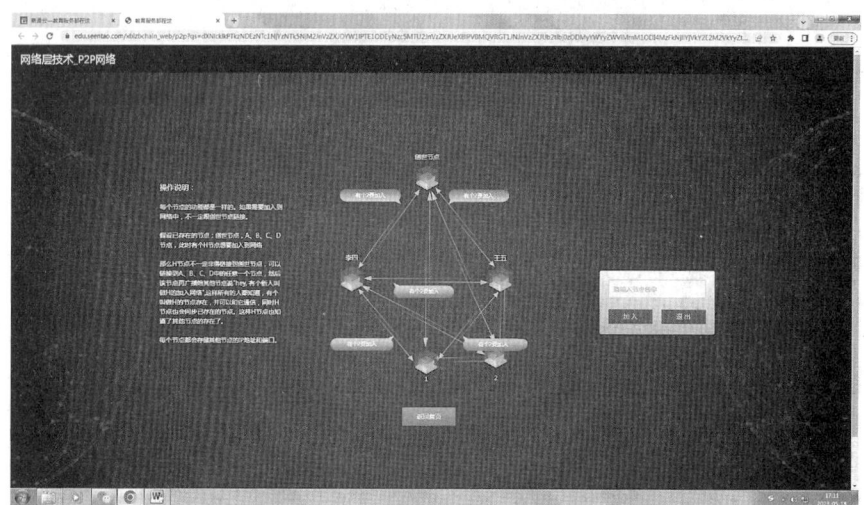

（4）添加两个节点之后可以将鼠标放到节点，查看 IP 地址、端口以及网络传输等信息。

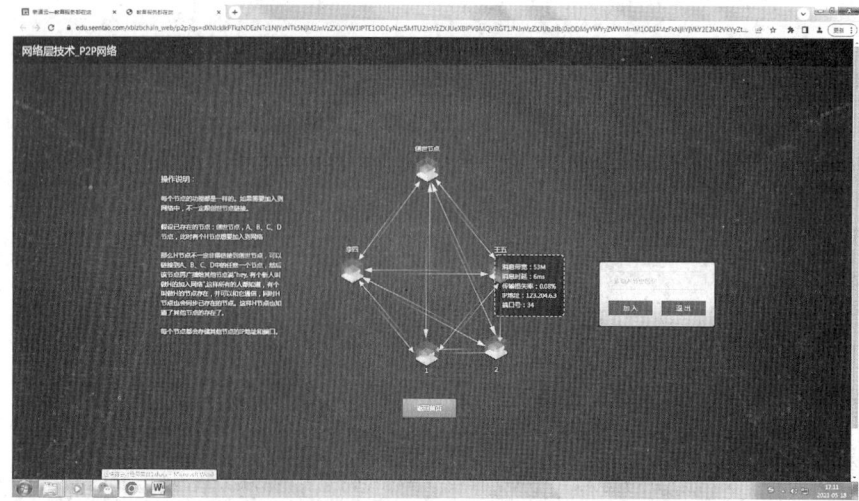

【任务完成】

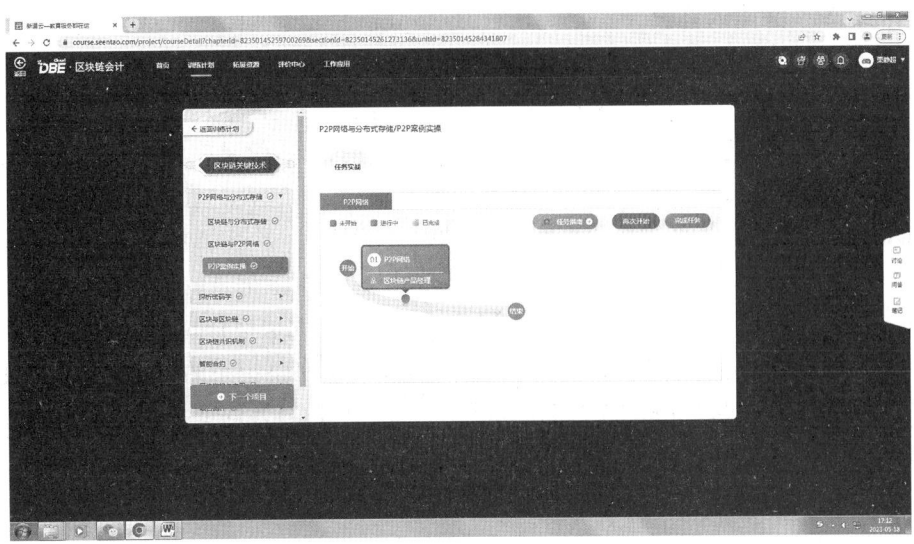

【课后作业】
1. 区块链技术主要有哪些计算机技术?
2. 区块链技术中有哪些共识算法?
3. 区块链对等网络中采用的传输机制是什么?
4. 智能合约能解决什么问题?

任务三 区块链特征及区块链技术"不可能三角"原理

区块链是多种技术的集成创新,主要用于实现多方信任和高效协同。一个成熟的区块链系统具备公布式去中心化、信息透明可信、防篡改可追溯、隐私安全保障和系统高可靠性五个特性。但满足这些特征受到区块链技术"不可能三角"原理的制约。

一、区块链特征

(一)分布式、去中心化

区块链的去中心化是其最突出和最本质的特征。区块链不依赖第三方管理机构或硬件设施,没有中心管制,除了自成一体的区块链本身,通过分布式核算和存储,各个节点实现了信息自我验证、传递和管理。区块链的数据分散存储在网络中许多节点上,相对于传统的数据存储方式,去中心化更灵活。在某些情况下,如身份管理等场景,引入外部数据需要可信第三方的信任背书,此时区块链作为信任的载体。

(二)防篡改、可追溯

目前很多区块链应用都利用了防篡改可追溯这一特性,使得区块链技术在产品溯源等方面得到了大量应用。

"防篡改"是指交易一旦在全网范围内经过验证并添加至区块链就很难被修改或者删除。当前联盟链采用的是 PBFT(Practical Byzantine Fault Tolerance)共识算法，从设计上保证了交易一旦写入即无法被篡改，以 PoW 作为共识算法的区块链系统的篡改难度及花费都是极大的。若要对此类系统进行篡改，攻击者需要控制全网超过 51% 的算力，攻击一旦发生，区块链网络虽然最终会接收攻击者计算的结果，但是攻击过程仍然会被全网见证，如果发现这套区块链系统已经被控制便不会再相信和使用这套系统，这套系统就失去了价值，攻击者购买算力花费的成本是无法收回的，所以一个理智的个体是不会进行这种类型攻击的。"防篡改"并不等于不允许编辑区块链系统上记录的内容，而是整个编辑过程被一类似"日志"的形式完整记录下来，且这个"日志"无法被修改。

"可追溯"是指区块链上发生的任意一笔交易都是有完整记录的，我们可以针对某一状态在区块链上追查与其相关的全部交易记录。"防篡改"特性保证了写入到区块链上的交易很难被篡改，这为"可追溯"特性提供了保证。

（三）信息透明可信

区块链的运行规则是公开透明的，所有数据信息也是公开的，因此每一笔交易都对所有节点可见。由于节点与节点之间是去信任的，因此节点之间无须公开身份，每个参与的节点都是匿名的。

1. 节点共同记账，保障信息透明

在去中心化系统中，网络中的所有节点均是对等节点，平等地发送和接收网络中的信息。所以，系统中的每个节点都可以完整观察系统中节点的全部行为，并将观察到的这些行为在各个节点进行记录，维护本地账本，整个系统对于每个节点都具有透明性。这与中心化系统是不同的，中心化系统中不同节点之间存在信息不对称的问题。中心化系统中，中心节点通常可以接收到更多信息，而且中心节点也通常被设计为具有绝对的话语权，这样中心节点不具备透明性，无监督机制，无法保障信息的透明性。

2. 决策过程全程参与，保证共识可信

区块链系统是去中心化最高的系统之一，网络中的所有交易对节点都是透明可见的，而交易的最终确认结果也由共识算法保证了在所有节点之间的一致性。所以整个系统对所有节点均是透明、公平的，系统中的信息具有可信性。

共识，简单理解就是指所有节点达成一致意见。其实在现实生活中有很多需要达成共识的场景，比如投票选举、开会讨论、多方签订一份合作协议等。而在区块链系统中，每个节点通过共识算法让自己的账本跟其他节点的账本保持一致。

（四）隐私安全保障

区块链的去中心化特性决定了区块链的"去信任"特性：由于区块链系统中的任意节点都包含了完整的区块链校验逻辑，所以任意节点都不需要依赖其他节点完成区块链中交易的确认过程。"去信任"的特性使得节点之间不需要相互公开身份，因为任意节点都不需要根据其他节点的身份进行交易有效性的判断，这为区块链系统保护用户隐私提供了前提。

区块链系统中的用户通常以公私钥体系中的私钥作为唯一身份标识,用户只要拥有私钥即可参与区块链上的各类交易,谁持有该私钥则不是区块链所关注的事情,区块链也不会去记录这种匹配对应关系,所以区块链系统记录某个私钥的持有者在区块链上进行了哪些交易,但并不知道这个持有者是谁,保护了用户隐私。目前快速发展的密码学为区块链中用户的隐私提供了更多保护方法。同态加密、零知识证明等前沿技术可以让链上数据加密形态存在,任何无关用户都无法从密文中读取到有用信息,而交易相关用户可以在设定权限范围内读取数据,这为用户隐私提供了更深层次的保障。

 思政小课堂

数据信息安全的重要性

随着步入价值网络时代,信息在人们的生活中发挥着日益重要的作用,在网络世界里个人隐私信息也更加容易泄露,信息安全形势不容乐观。为了维护网络空间的安全,我国推出了《网络安全法》(下文简称网安法),使我国的网络安全有法可依,有章可循。网安法的发布也将提高公民网络信息安全意识,在一定程度上遏制网络犯罪的发生,推动我国互联网健康发展,维护网络安全和国家安全。《网络安全法》还首次以法律条款的形式对网络空间安全领域的人才问题进行规定:信息安全人才的培养目标,不仅是要培养传统型人才,更要立足国内,放眼全球,培养懂得网络外交的综合型人才。在网安法中还明确提出了针对国家空间安全战略和重要领域安全规划等问题的法律要求。

随着网络安全法律体系的逐步健全,社会对高校信息安全人才培养也提出新的要求:学生除了应该掌握专业技能外,还要有极强的法律意识和职业道德准则。课堂是法律进校园的重要途径之一,高校应该利用好课堂这个渠道来开展普法讲法教学活动,加强对学生信息安全法制教育,提高学生法律意识。对信息安全专业老师来说,应将法律融入课堂教学中,在讲解专业课的同时融入对相关法律法规的讲解,让学生知法懂法守法。高校信息安全专业开展课程思政教育改革对于普法工作在大学校园的开展和推进具有十分重要的意义。

(五) 系统高可靠性

系统可靠性一般是指在规定的时间内和规定的工况下,系统完成规定功能的能力/概率。由于科学技术的进步,系统的组成越来越复杂,随之产生的系统可靠性问题也日益突出。系统越复杂,意味着其承载的信息量越大,重要性越高、功能越强、适用范围也就越广,一旦失效所造成的损失也是巨大的,甚至是灾难性的。如何快速、有效、准确地对系统的可靠性进行评估与分析,正确估计系统的实际性能,减轻系统风险,具有极其重要的现实意义。

区块链系统的高可靠性具体体现在:① 每个节点对等地维护一个账本并参与整个系统的共识。如果其中一个节点故障,整个系统能够正常运转。② 区块链系统支持拜占庭容错。传统的分布式系统虽然也具有高可靠性特性,但是通常只能容忍系统内节点发生崩溃现象或者出现网络分区的问题,系统一旦被攻克,则整个系统将无法正常工作。按照系统能够处理的异常行为,可以将分布式系统分为崩溃容错(Crash Fault Tolerance,

CFT)系统和拜占庭容错(Byzantine Fault Tolerance,BFT)系统。CFT系统是指可以处理系统中节点发生崩溃错误的系统,BFT系统则是指可以处理系统中节点发生拜占庭错误的系统。拜占庭错误来自著名的拜占庭将军问题,通常是指系统中节点行为不可控,可能存在崩溃、拒绝发送消息、发送异常消息或者发送对自己有利的消息等行为。

传统的分布式系统是典型的CFT系统,不能处理拜占庭错误,区块链系统则是BFT系统,可以处理各类拜占庭错误。区块链能够处理拜占庭错误的能力源自其共识算法,而每种共识算法也有其对应的应用场景。例如,PoW共识算法不能容忍系统中超过51%的算力协同进行拜占庭行为;PBFT共识算法不能容忍超过总数1/3的节点发生拜占庭行为;Pipple共识算法不能容忍系统中超过1/5的节点存在拜占庭行为等。因此,区块链系统的可靠性也不是绝对的,只能说是在满足其错误模型要求的条件下,能够保证系统的可靠性。然而,由于区块链系统中参与节点数目通常较多,其错误模型要求完全可以被满足,区块链系统是具有高可靠性的。

任务实战

区块链农业供应链

任务描述

通过五类角色"电商扶贫平台""商业银行""帮扶农户""农资公司""扶贫办",围绕生态鸡养殖扶贫的执行过程"物流+资金流"主要环节的模拟实操,达成对区块链应用于"精准扶贫"领域的应用模式和应用流程的深刻理解,熟悉扶贫过程供应链金融的业务流程,理解"精准扶贫"在"人""钱"两个方面的管控流程,理解区块链在扶贫资金溯源管控、扶贫产品溯源管控的方式方法,理解区块链在农业供应链扶贫中的创新价值。

操作步骤

各成员按照角色点击头像上岗,根据任务页面标注的流程顺序进行操作。

操作指引

【进入课程-训练计划】

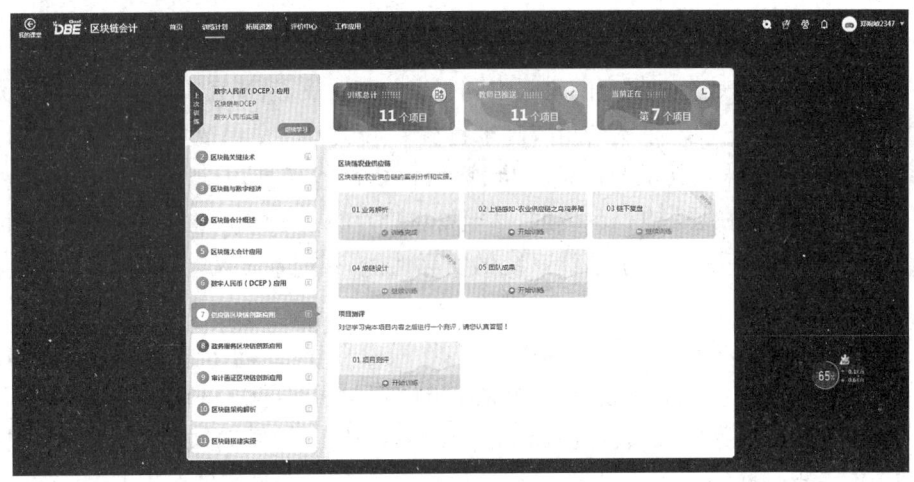

【区块链农业供应链/上链感知-农业供应链之乌鸡养殖】

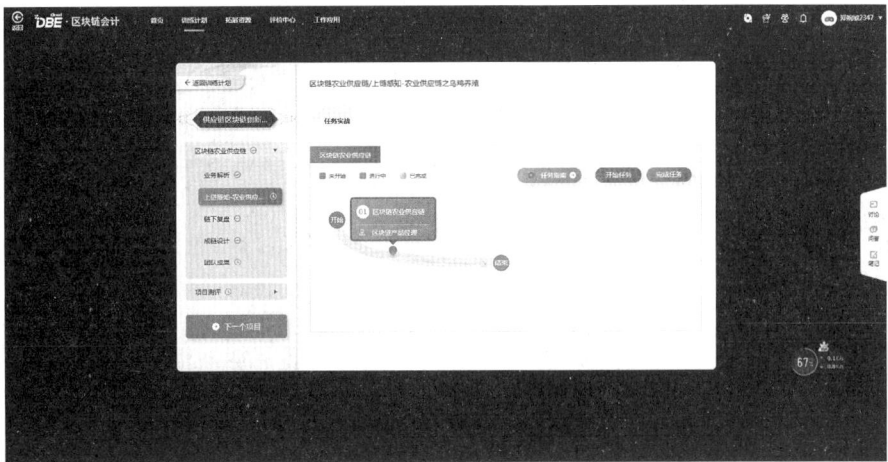

【开始任务】

(1) 各成员岗位安排。

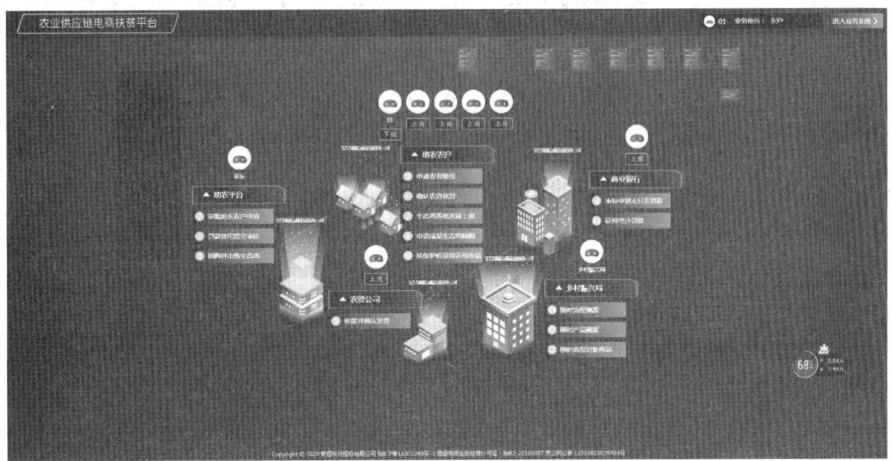

(2) 申请农资物资。

（3）配送农资物资。

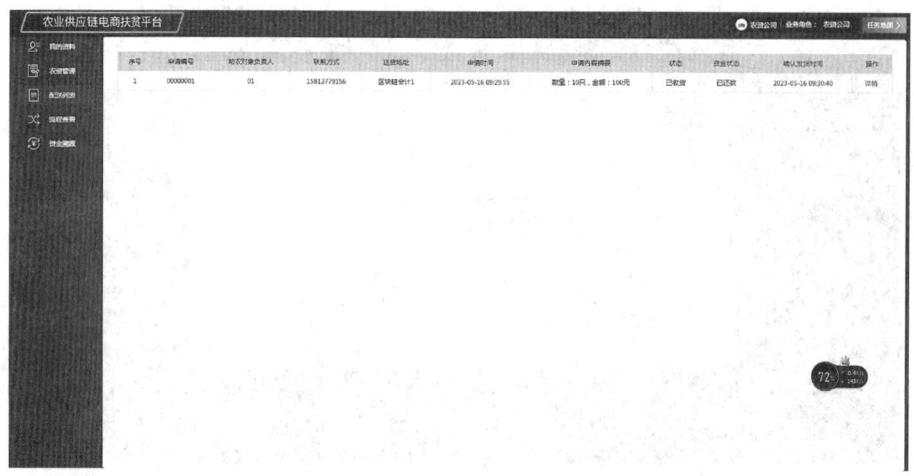

（4）收货验货。

（5）还款。

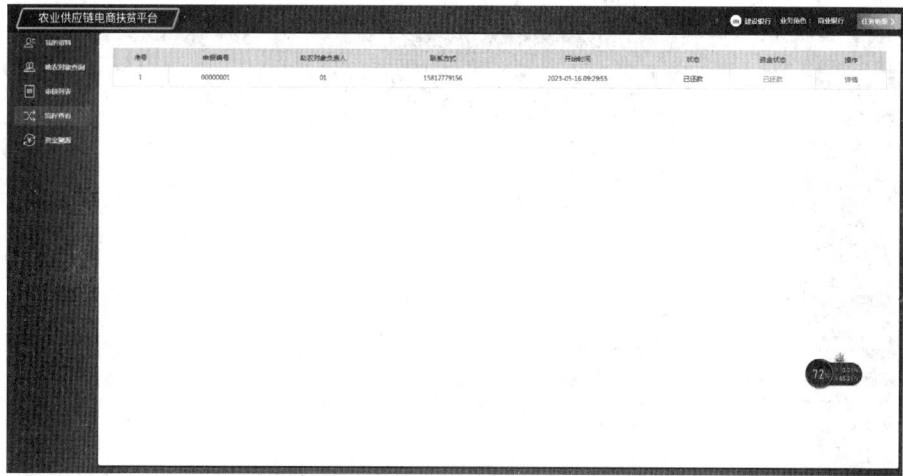

(6) 查看资金溯源。

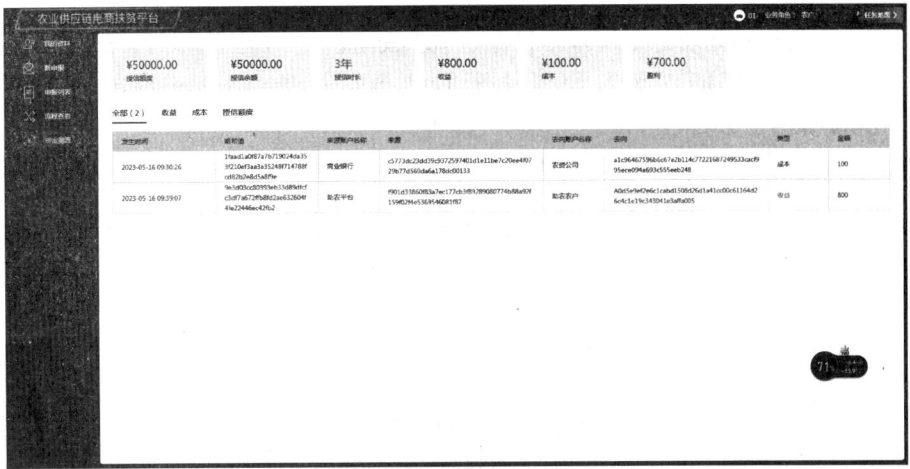

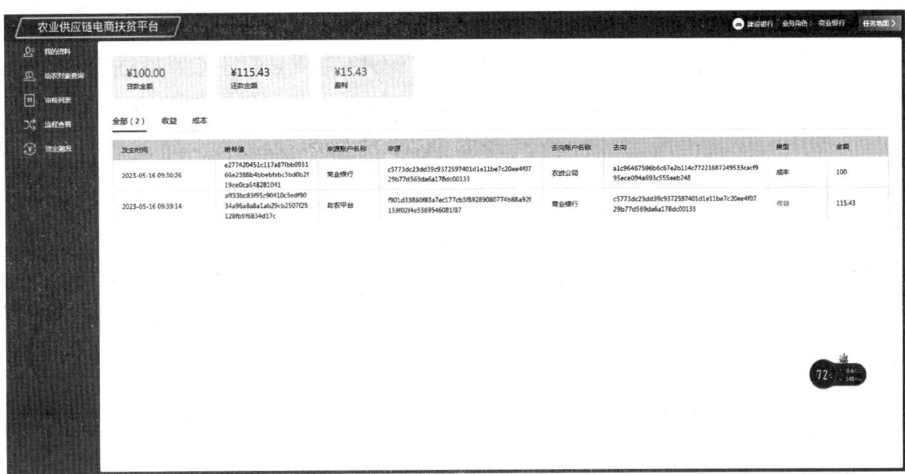

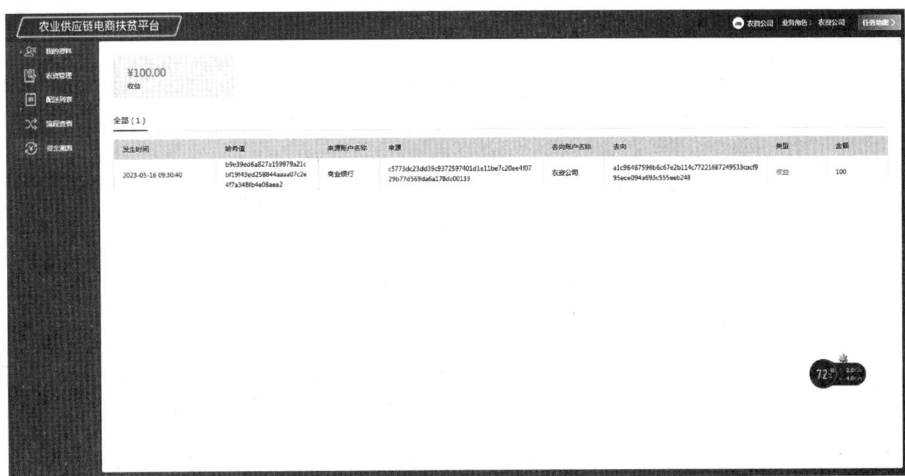

【任务结束】

二、区块链技术"不可能三角"原理

成熟良好运行的区块链系统基本目标是追求安全性、去中心化和可扩展性。但是,区块链技术存在"不可能三角",即无法同时达到可扩展性(Scalability)、去中心化(Decentralization)、安全(Security),三者只能得其二。

(1) 去中心化:拥有大量参与区块生产和验证的节点。一般节点的数量越多,去中心化程度越高。

(2) 安全性:获得网络控制权需要花费的成本。通常在共识机制的设计中锚定现实世界的资产,如工作量证明机制(PoW)锚定的是算力。

(3) 可扩展性:每秒处理交易的笔数(TPS)。造成区块链性能低下的主要原因是每笔交易都要在所有节点上达成一致。

追求"安全"与"去中心化"则无法达到"可扩展性";

追求"可扩展性"与"去中心化"则需要牺牲"安全";

追求"可扩展性"与"安全"则无法实现"去中心化"。

因此,主流区块链比特币、以太坊、EOS都在"不可能三角"的某个特性上做了妥协:

比特币作为一种去中心化的数字货币,牺牲了性能特性,满足了去中心化和安全的设计需求。目前攻击比特币所需的代价是所有PoW公链中最高的。随着ASIC矿机自身的更新换代和新矿机持续地加入,均能不断提高全网算力。

以太坊2.0将采用权益证明(PoS)共识机制。在以太坊网络上,不但可以转账,还可以运行智能合约,应用场景更复杂,但目前以太坊性能低下,更容易发生拥堵。

EOS作为区块链应用平台,经常被外界指责有中心化的嫌疑。EOS采用的是代理权益证明(DPoS)共识机制,21个超级节点负责记账、出块,因为节点数量少,所以在三大公链的"去中心化"方面最容易被外界质疑。

【课后作业】

1. 区块链技术中如何保障信息透明?
2. 在区块链技术中如何防止信息篡改?
3. 如何理解区块链系统的高可靠性?

任务四　区块链技术应用场景

一、区块链应用发展阶段

促进跨组织节点之间形成信任关系,这是区块链商业应用的基本功能。在现实中,凡是具有公正、公平、诚信需求的场景——资产或权益的交易,区块链技术对这类场景具有天然的匹配性。区块链是建立在非安全环境中的分布式数据库系统(如果是安全环境就没有必要加密了);作为分布式架构,就必然具有跨组织协调的功能与价值。所以,区块链不适用于具有绝对控制权节点的环境,也不适用于十分安全的环境。区块链技术如何走向成熟、如何广泛应用于实践，是业界最为关心的问题。2015年12月，麦肯锡标题为"超越炒作：资本市场中的区块链"的报告，提出区块链技术在金融领域的广泛应用要经历以下四个阶段。

第一阶段(2014—2016年)，技术评估阶段。每一个企业的法人实体将充当分布式总账中的"节点和簿记员"，类似以私有区块链来实现。例如，银行移除人工操作程序来扩展区块链记录，可以改善业务操作的效率。

第二阶段(2016—2018年)，概念验证阶段。金融机构的所有法人实体都联合起来试验区块链技术。

第三阶段(2017—2020年)，基础设施形成阶段，市场由交易中间商主导。

第四阶段(2021年以后)，全面应用阶段，买卖双方组成公开市场。

总结目前各国正在实践的区块链应用，目前较为清晰的应用及其进程如图2-5所示。

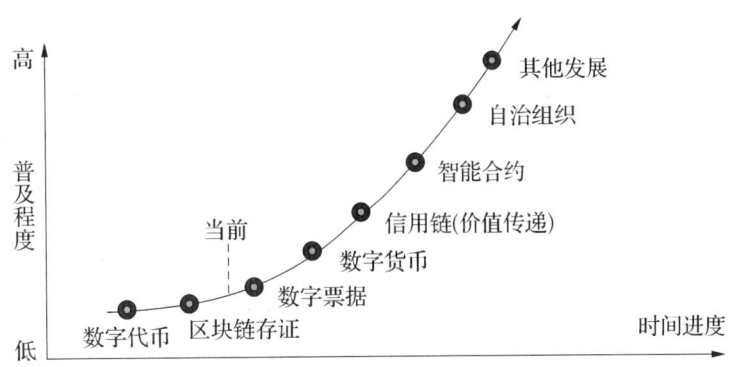

图2-5 区块链应用发展进程

二、主要应用场景

中国加快区块链基础设施建设，已经成为首个真正意义上建立起全国性区块链基础设施的国家。基于自主性、安全性、高性能等方面的战略考虑，中国区块链基础设施建设正在持续探索适合本国发展的道路。由星火·链网、长安链、区块链服务网络BSN为代表的国家级基础设施快速发展，为"新基建"提供了更强劲的助力，并在全球形成先发优势。星火·链网在2021年实现了多项新的建设成果。从底层平台的正式发布到专用芯片的推出，从国内超级节点的新增部署到国际超级节点的首次突破，从软件开发工具包的开源到"蜀信链""桂链"的接入……长安链发展迅速，已经为多个行业的发展赋能。从1月正式发布到配套算力平台的启动建设，再到其在政务服务、食品追溯、碳交易、跨境贸易、供应链金融等场景的应用拓展……区块链服务网络BSN在2021年同样加速了在国内、国际市场的落地建设与应用。从与Quorum、NEAR、Casper、Findora、Corda等全球公链、联盟链实现适配，到港澳地区国际门户上线，再到推出首批"BSN开放联盟链"服务并上线"泰安链"和"文昌链"……

近年来，区块链技术和产业快速发展，展现出广阔的应用前景。政务区块链、区块链赋能新型智慧城市、区块链供应链金融、区块链技术数字藏品、区块链数字资产、区块链数字基础设施、区块链物联网、能源石化交易行业区块链应用、区块链技术及其在数字货币领域的应用、区块链技术与金融应用安全、区块链跨链技术发展及应用、区块链数字版权应用、区块链溯源应用、物流与区块链融合创新应用、司法领域区块链等各类区块链应用实现了创新发展。

（一）数字代币（ICO）

比特币的大热让人们对数字代币不再陌生，但现有数字代币存在总量一定、价格波动剧烈、没有法律保障或公信力低等缺点。数字代币的应用仍然处在试验阶段，未来将对数字代币政策的制定与实施、支付结算体系、反洗钱等经济金融的多个方面产生一系列深远影响。

（二）区块链存证

商业领域和民生领域的存证应用都具有显著的效果，民生领域在出生证明、精准扶贫、慈善（募捐）、遗嘱、婚姻登记、财产公证和学历证书等领域采用区块链解决方案，可有效解决传统信用中介效力不足的情况，区块链公开记账方式形成公平化、透明化、可查询的公用信息（部分需要依据权限查询），将极大地提高这类社会基础信息的公信力，避免部分不良分子利用信息不公开、难以查证等来进行违法活动，长远来看可以建立起一个集体参与和集体维护的社会治理系统。

商业领域的存证功能，关键在于形成有效的电子证据，将证据的形成时间、签署主体、文件哈希值等数字指纹信息广播到链内所有成员，信息一经存储，任何方无法篡改，从而达到电子证据的可信性要求。另外，为提高存证的信用级别，使得存证可以直接用于司法审判，可以采用更加完善的"私证＋公证＋电子签名＋区块链"的数据链模式。

（三）数字票据

票据是企业之间支付最常用的方式，传统纸质票据存在诸多不足。当以电子数据的形式存在"区块链＋数字票据"时，区块链上持有的票据被各个机构节点所确认背书，有数据保全的安全性，以点到点的直接交易使得数字票据的交易远比线下交易更为便捷、低成本，且无须清算。

（四）数字货币

数字货币不同于数字代币（见表2-1），前者是国家央行授权发行的真实货币。数字货币应当具有非稀缺性、价值稳定性、低成本或零成本、不可伪造或篡改，以及赢得共同的信仰五大技术特征。只有当数字货币得到应用与推广时，区块链的去中心化价值交易功能才能真正得以实现。但目前对于数字货币，各国央行多数处在研发、试验阶段。

2020年8月中国人民银行推出了数字货币DCEP（Digital Currency Electronic Payment），成为全球第一个主权数字货币。2021年2月，中国人民银行、香港金融管理局、泰国中央银行、阿拉伯联合酋长国中央银行宣布联合发起多边央行数字货币桥研究项目（m-CBDC Bridge）。m-CBDC Bridge将通过开发试验原型，进一步研究分布式账本技术（DLT），实现央行数字货币对等跨境交易全天候同步交收（PVP）结算，便利跨境贸易场景下的本外币兑换,为数字人民币(e-CNY)走出去做准备。

数字人民币 e-CNY 仅借用了区块链的关键概念,如对等支付,可追溯性和防篡改性;e-CNY 并未完全照搬区块链技术,在发行、清结算、支付、回收销毁等环节,e-CNY 都坚持以央行为中心,技术上也以中心化系统为核心(不是全网集体维护/不挖矿)。

表 2-1 数字人民币与比特币的比较

序号	对比项目	数字代币-比特币	数字人民币 e-CNY
1	发行主体	无主体、挖矿产生、发行成本高、总量限制 2 100 万个	央行发行、发行成本低、银行存款等额兑换
2	管理方式	去中心化、超主权、无监管	中心化、中国主权货币、有监管
3	价值背书	无现实资产支撑、前途难料(信众多,需炒作)	国家税收/国有资产有支撑,国家信用背书
4	法律约束	国内拥有合法、流通非法;国外美国、日本合法	法币、不能拒收
5	流通方式	匿名	可匿名、可实名
6	离线支付	不能	可以"双离线支付"
7	支付特点	不方便、需要私钥(存在丢失资产风险)	方便、使用密码可找回、无须私钥
8	智能支付	不能加载智能合约	可加载智能合约,自动支付
9	记账特点	比特币区块链分布式数据库为准	央行数据库为准
10	记账方式	挖矿即记账、争夺记账权、分布式记账	央行/银行/商户、中心化记账
11	钱包开设	比特币钱包、在比特币网络产生私钥、公钥、地址	e-CNY 钱包、通过商业银行开立、四类钱包
12	企业应用	Token 不可在中心化 IT 系统中使用	Token 可在中心化 IT 系统中使用

(五) 信用链(价值传递)

在数字货币的基础上,通过点对点的机制,以机器信用代替第三方信用,能够在多个节点的链式网络上传递价值,同时能够避免重复支付。

(六) 智能合约

尼克·萨博提出"一个智能合约是一套以数字形式定义的承诺,包括合约参与方可以在上面执行这些承诺的协议"。在传统的中心化机制下,合约存在被机构管理者修改、停止的威胁,主观意志可以干预合同的执行。区块链赋予智能合约一个绝佳的执行环境,因为写入区块链的执行条件不能再被修改,参与方不能人为干预合同的执行,合同不以参与人的意志为转移,只要条件满足,合同就执行下去。自动执行可大幅降低交易成本。智能合约可以支持复杂的逻辑计算。

(七) 自治组织

自治组织完全以软件的形式构建,不受人为的影响和控制,被认为是最纯粹的去中化理念,能够杜绝管理人员在人性上的不足(如自私、腐败)。通过人工智能或智能程序进行工作是去中心化组织的终极模式,自治代理、智能程序、不断进步的人工智能和人工智能算法将提供可自我维持的运作和价值创造。这个设想有待真实的试验来证明。

(八) 元宇宙

元宇宙(Metaverse),是人类运用数字技术构建的,由现实世界映射或超越现实世界,可与现实世界交互的虚拟世界,具备新型社会体系的数字生活空间。

"元宇宙"本身并不是新技术,而是集成了一大批现有技术,包括5G、云计算、人工智能、虚拟现实、区块链、数字货币、物联网、人机交互等。

未来元宇宙的三大特征为"与现实世界平行""反作用于现实世界""多种高技术综合"。

Roblox给出的元宇宙包含八大要素:身份、朋友、沉浸感、低延迟、多元化、随时随地、经济系统和文明。

元宇宙主要有以下几项核心技术:① 扩展现实技术,包括VR和AR。扩展现实技术可以提供沉浸式的体验,可以解决手机解决不了的问题。② 数字孪生。能够把现实世界镜像到虚拟世界里面去。这也意味着在元宇宙里面,我们可以看到很多自己的虚拟分身。③ 用区块链来搭建经济体系。随着元宇宙进一步发展,对整个现实社会的模拟程度加强,我们在元宇宙当中可能不仅仅是在花钱,而且有可能赚钱,这样在虚拟世界里同样形成了一套经济体系。

(九) 其他发展

智能合约与自治组织的出现,使得区块链技术将交易成本大幅下降,社会与商业信任关系重构,社会管理效率与商业组织治理模式也将发生巨大变化,这方面的创新将留给人们巨大的想象空间。

 思政小课堂

全面叫停各类代币发行融资

2017年9月初,中国央行等七部门联合发布《关于防范代币发行融资风险的公告》(下称《公告》),全面叫停了中国的代币融资。《公告》指出,代币发行融资是指融资主体通过代币的违规发售、流通,向投资者筹集比特币、以太币等主流加密货币的所谓"虚拟货币",而本质上是一种未经批准非法公开融资的行为,涉嫌非法发售代币票券、非法发行证券以及非法集资、金融诈骗、传销等违法犯罪活动。

中国之所以关停ICO是因为中国互联网金融协会的数据显示,2017年上半年,在中国进行的ICO共有65次,超过10万名投资者参与,募集资金总计达4亿美元。这令中国陷入尤其危险的境地,一个最主要的问题是许多ICO项目可能都是诈骗。打着"区块链"蹭热点的项目多数都是一个骗局。

如果不能利用区块链的特点解决现实中的问题,不能解决用户或行业的痛点,基本都是在蹭热点。做区块链的生意一定要是双轮驱动,既有技术,又有业务。

三、主要区块链基础平台

(一) Bitcoin

Bitcoin(比特币)是第一个区块链平台,它以去中心化的方式实现了数字货币的交易和存储。

(二) 以太坊

以太坊是区块链的主流基础平台之一。它不仅具有比特币的去中心化和安全性,还提供了智能合约功能,可以构建各种去中心化应用(DApps)。以太坊的虚拟货币 APP 生态系统也非常丰富,包括钱包应用、交易所应用等。以太坊的平台稳定性和开放性使其成为许多项目开发的平台。

(三) EOS

EOS 是另一个备受关注的区块链基础平台。EOS 具有高吞吐量、低延迟的特点,可支持大规模商业应用。与以太坊相比,EOS 采用委托权益证明(DPoS)共识机制提高了交易处理速度和可扩展性。在虚拟货币 APP 方面,EOS 生态系统中的钱包应用和交易所应用也在增长。许多投资者都关注 EOS 的发展潜力和创新性。

(四) 超级账本

超级账本(Hyperledger)是由 Linux 基金会主导的开源区块链项目。与以太坊和 EOS 相比,超级账本更注重企业级应用的开发和部署。它提供了 Fabric、Sawtoth 等多种不同的区块链框架,以满足不同场景的需求。在虚拟货币 APP 方面,超级账本生态系统的应用相对较少,更注重企业级数字资产的管理和交易。

(五) TRON

TRON 是一个分散的娱乐内容共享平台,也是一个备受关注的区块链基础平台。TRON 的目标是通过区块链技术构建全球娱乐内容生态系统,实现内容创作者与消费者的直接联系和价值交换。TRON 生态系统的应用主要集中在娱乐和游戏领域,为用户提供了丰富的虚拟货币交易和奖励机制。

(六) BSN 联盟链

应用数藏平台:数藏中国、数字艺术 ADC、千寻数藏等。

BSN 是由国家信息中心、中国移动通信集团有限公司、中国银联股份有限公司、北京红枣科技有限公司共同发起和建立的跨云服务、跨门户、跨底层框架,用于部署和运行各类区块链应用的全球性基础设施网络,目前已在全球建立了 120 余个公共城市节点。

BSN 开放联盟链(Open Permissioned Blockchain,OPB)包括多条基于公有链框架和联盟链框架搭建的公用链,开发者可以选择适合应用业务需求的开放联盟链部署和运行智能合约和分布式应用。

(七) 长安链

国内首个自主可控区块链软硬件技术体系,嵌入高性能抗量子密码模块,可对抗目前已知的传统密码攻击和量子攻击。支持建设高性能分布式数字身份架构,为可信数字身份体系建设提供技术支撑。

(八)百度超级链

应用数藏平台:百度数字藏品、丸卡、洞壹元典等。

百度超级链(XuperChain)技术是百度拥有完全自主知识产权的区块链技术,已有240余篇专利,涉及创新的超级节点架构、链内并行技术、可回归侧链技术及平行链管理等区块链底层技术。该项目从2019年5月起开源,经过一年多的运营,始终保持高频更新和迭代,并已建起活跃的开源社区,在政务、司法、医疗等20多个领域广泛落地。

国内发展区块链基础设施的平台越来越多,在技术上也有突破,初步形成自主可控。如表2-2所示。

 案例

区块链存证-出生证明

2017年8月,美国伊利诺伊州已经开始新的区块链试点,重心是出生证明的数字化,由区块链身份初创企业Evernym开发。婴儿出生时在场的父母和医生正式在许可型区块链上记录其出生。企业和政府可以通过加密访问可验证的声明来验证公民身份。在提议的框架内,现任政府机构可以验证个人的出生信息,加密签署名称、出生日期、血型等在内的个人数据。这些信息存储在防篡改的分布式账本中,只有法定监护人允许才可以访问,直到信息相关人达到法定成年年龄。在试点初期,工作重点是创建用户界面,父母和医生都可以通过这个界面完成出生证明的数字化,同时支持其他后端流程。

表 2-2 国内区块链基础平台技术对比表

平台	基础技术					扩展技术			自主可控	
	合约语言	合约引擎	分布式网络	共识协议	支持国密	跨链互操作	安全隐私	"信创"支持	自研/改造	开源许可
RepChain	Scala	轻量化 Actor	P2P	CFRD DumboBFT 异步共识	√	√	轻节点群隔离组网	国产OpenJDK适配	自研	Apache 2.0
FISCO BCOS	Solidity, Liquid	EVM	P2P	PBFT, Raft, rPBFT	√	√	实体身份标识,公开可验证密文,选择性认证披露		以太坊	GPL 3.0
长安链	Iolang,c++, Rust,Solidity	WASM, EVM	公有链P2P 联盟链P2P	Raft, TBFT, HotStuff	√	√	同态加密,零知识证明,Intel SGX 可信执行环境	RISC-V适配	自研	Apache 2.0
百度超级链	Go,Java, Python,C#	WASM, EVM, Docker	结构化P2P 非结构化P2P	PoW,PoS, PoA, HotStuff	√	√	分布式身份,Intel SGX 可信执行环境		自研	Apache 2.0
京东链	Java	JVM	P2P	多层网络共识	√	×	同态加密,零知识证明		自研	Apache 2.0
蚂蚁链(闭源)	Solidity, C/C++, Rust,Java	EVM, WASM	Https,TLS	PBFT, HoneyBadger BFT	√	√	强隐私账户模型,同态加密,零知识证明保护,TEE可信执行环境		自研	
趣链(闭源)	Solidity, Java, Go	EVM, Chaincode, HyperJVM	P2P	Raft, RBFT, NoxBFT	√	√	分区共识,TEE可信执行环境		自研	
ChainSQL(闭源)	Solidity 扩展	EVM		PoP	√	×	定向加密	国产环境适配	自研	

项目三　区块链供应链金融应用

项目导入

国家及实务界正提升产业链整体金融服务水平。推动金融机构、核心企业、政府部门、第三方专业机构等各方加强信息共享,依托核心企业构建上下游一体化、数字化、智能化的信息系统、信用评估和风险管理体系,动态把握中小微企业的经营状况,建立金融机构与实体企业之间更加稳定紧密的关系。鼓励银行等金融机构为产业链提供结算、融资和财务管理等系统化的综合解决方案,提高金融服务的整体性和协同性。

2017年,国务院办公厅发布了首个供应链政策——《关于积极推进供应链创新与应用的指导意见》,将供应链发展上升至国家战略层面,提出要积极稳妥发展供应链金融。这也是国家首次为供应链金融的发展指明方向。2018年,商务部等部门发布《关于开展供应链创新与应用试点的通知》,选定了55个供应链示范城市,266个试点企业,由此,2019年成为全国供应链创新试点的元年,也是供应链金融发展的转折之年。2020年9月,中国人民银行等九部门联合发布了《关于规范发展供应链金融支持供应链产业链稳定循环和优化升级的意见》,首次清晰完整地界定了供应链金融的内涵,明确了供应链金融的发展目标,为供应链金融的规范、发展和创新奠定了政策框架和制度基础,被视为我国供应链金融的纲领性文件。

已经有越来越多的区块链项目尝试带领行业革新,而"供应链金融"由于其具有较好的落地应用,已成为区块链的新热点。国内互联网巨头BATJ等公司也纷纷布局区块链,包括京东金融的ABS区块链方案、蚂蚁金服的Basic战略和腾讯的"星贝云链"等。在这个风口上,一款号称打造"区块链下的新供应链时代"的区块链项目Synergy出现在市场。

Synergy项目依托区块链技术,构建了一个可视化、公平诚信、高效稳定的国际供应链的数据交互平台和供应链金融服务平台。通过将重要数据上链,做到"信息流""物流"和"资金流"的三"流"合一,为各参与方提供物流跟踪、数据查询、证据溯源、融资结算等综合服务。

项目分析

- 了解供应链及供应链管理。
- 理解供应链金融的发展背景及特点。
- 理解供应链结构、信用与融资的关系。
- 熟悉供应链金融的应用场景和供应链金融的业务模式。
- 了解供应链金融的发展环境及其变化。

- 理解供应链金融发展存在的问题与趋势前景。
- 掌握区块链架构与供应链金融的适配原理。
- 了解区块链在供应链金融中的应用发展模式。
- 掌握区块链+单证的应用创新及原理。
- 掌握区块链+交易的应用创新及原理。

思政要点

培养诚信为重点的社会主义核心价值观,数字经济时代防控金融风险要规范金融创新,维护金融安全、国家安全。

数字素养

提升数字素养与技能,培养互联网思维和区块链思维。

本项目重点培养区块链思维:适用场景-多方协同思维。

* 区块链适用的是多方协同场景,多方指彼此发生业务交易往来的业务组织;

* 不是多方协同场景(只有单方、双方的场景),不适合区块链应用创新;

* 多方的数量越多,区块链的应用价值就越大;

* 区块链思维≠ERP思维,前者是社会化协同,后者是企业内协同;

* 区块链思维≠ERP思维,区块链实现社会级数据共享,而非企业级数据共享。

任务一 初识供应链金融

一、供应链及供应链管理

(一) 供应链管理的产生

纵观整个世界技术和经济的发展,全球一体化的程度越来越高,跨国经营越来越普遍。特别是20世纪90年代以来,由于科学技术不断进步和经济不断发展,全球星系网络和全球市场形成,围绕新产品的市场竞争更是日趋激烈。

早期,各关联企业的储存、运输、采购等功能分离,各自单独经营,且尽量把物流成本转移给上下游企业以降低自身企业的物流成本,但是物流成本的转嫁最终会反映在商品售价上,因此仍然无法降低企业的经营成本。于是有战略眼光的企业家开始寻求变通,转向实施供应链管理,与供应链伙伴进行物流协作,共同寻求降低物流成本。

在经济全球化的市场竞争环境下,任何一个企业都不可能在各项业务上成为行业的引领者,必须联合其上下游企业,建立一条经济利益相连、业务关系紧密的供应链来实现优势互补,充分利用一切可利用的资源来适应社会分工日益细化的竞争环境,在市场、制造和流通环节之间,建立一个业务相关的企业联盟,共同增强市场竞争实力。这个企业联盟是为完成向市场提供商品、信息、服务而由多个企业相互联合所形成的一种战略合作伙伴关系。在企业联盟作用下，供应链上的产品可实现及时生产、及时交付、及时配送、及时地送达最终消费者手中，实现资产快速循环和价值链增值。经济全球化、社会信息化、科技与知识创新等所带来的压力与挑战，迫使企业必须不仅从内部，且需从外部管理方面进行改革。企业管理者考虑的不再是单纯地管理自身系统来达到利润的最优化，而是通过与外部供应链伙伴的合作来实现成本最优化，由此产生供应链管理。

供应链管理拆除了企业的围墙，把供应链当作一个系统，将企业内部物流管理延伸和发展为面向全行业的供应链管理，管理的资源从企业内部扩展到了外部，从而将各个企业独立的信息孤岛连接在一起，建立起一种跨企业的协作，以此来追求和分享市场机会。本书基于这样的供应链管理进行分析。

很显然，供应链管理在压缩库存、降低成本、改善对顾客服务等方面开辟了新的空间，能够大大提高企业的竞争力，因而吸引了越来越多的企业。有关数据显示，供应链管理使企业总成本下降10%；供应链上的节点企业按时交货率提高15%以上；订货—生产周期时间缩短25%~35%；供应链上的节点企业生产率提高10%以上。

 名人看供应链

如果你在供应链上不具备竞争优势，就干脆不要竞争了。　　　　——杰克·韦尔奇

21世纪的竞争不是企业和企业之间的竞争，而是供应链与供应链之间的竞争。

——马丁·克里斯多夫

（二）供应链概述

1. 供应链的概念

在供应链管理的发展过程中，许多专家和学者提出大量的定义，反映了不同的时代背景，是在不同发展阶段上的产物。早期的观点认为供应链是制造企业中的一个内部过程；后来供应链的概念注意了与其他企业的联系；到了最近，供应链的概念更加注重围绕核心企业的网链关系，如核心企业与供应商、供应商的供应商乃至与一切前向的关系，与用户、用户的用户及一切后向的关系。

中华人民共和国国家标准《物流术语》中对供应链定义如下：生产及流通过程中，涉及将产品或服务提供给最终用户活动的上游或下游组织所形成的网络结构。

马士华教授在著作《供应链管理》中对供应链的定义更加具体化：供应链是围绕核心企业，通过对信息流、物流、资金流的控制，从采购原材料开始，制成中间产品以及最终产品，最后由销售网络把产品送到消费者手中的，将供应商、制造商、分销商、零售商直到最终用户变成一个整体的功能网链结构。

国办发〔2017〕84号文《关于积极推进供应链创新与应用的指导意见》明确提出：供应链是以客户需求为导向，以提高质量和效率为目标，以整合资源为手段，实现产品设计、采购、生产、销售、服务等全过程高效协同的组织形态。

总之，供应链是一个范围更广的企业结构模式，包含所有加盟的节点企业，从原材料的供应开始，经过链中不同企业的制造加工、组装、分销等过程直到最终用户。这不仅是一条连接供应商到用户的物料链、信息链、资金链，而且是一条增值链，物料在供应链上因

加工、包装、运输等过程而增加其价值,给相关企业都带来收益。供应链的网络结构模型如图 3-1 所示。

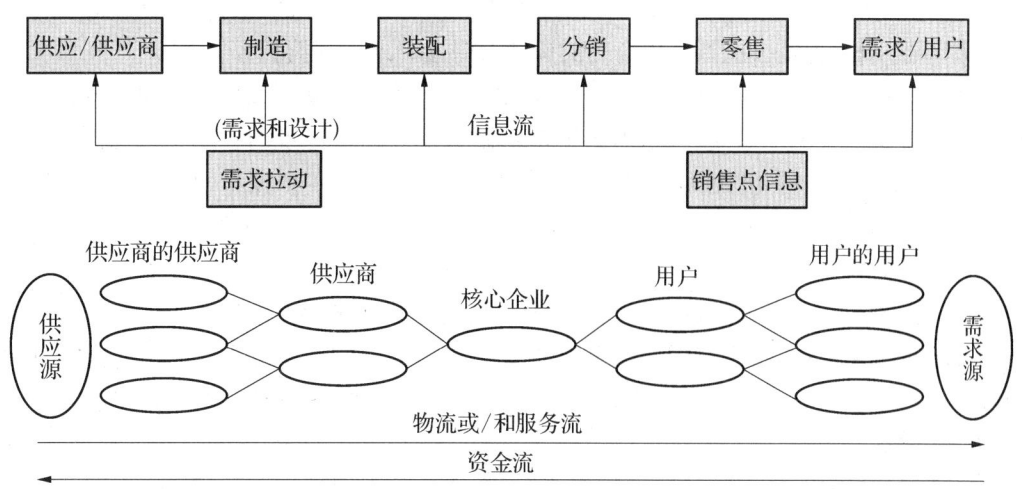

图 3-1 供应链的网络结构模型

由于目前的企业往往是多产品的,供应链实际上是以自身企业为核心的全部增值过程或活动的网络。根据核心企业不同,又分为制造商主导型供应链、零售商主导型供应链、3PLS(为公司提供全部或部分物流服务的外部供应商)主导型供应链。

2. 供应链的特征

(1) 复杂性:供应链结构模式比一般单个企业的结构模式更为复杂。

(2) 动态性:因企业战略和适应市场需求变化的需要,其中的节点企业需要动态地更新。

(3) 面向用户需求:供应链的形成、存在、重构,都是基于一定的市场需求而发生。

(4) 交叉性:节点企业可以是这个供应链的成员,同是又是另一个供应链的成员,众多的供应链形成交叉结构。

(三) 供应链管理概述

1. 供应链管理的概念

供应链管理就是指对整个供应链系统进行计划、协调、操作、控制和优化的各种活动和过程。

按照美国供应链专业协会的定义:供应链管理包括规划和管理供应采购、转换(即加工生产)和所有物流活动,尤其是渠道成员的协调和合作,这些成员包括供应商、中间商、第三方提供商、客户。从本质上讲,供应链管理是对企业内外供应和需求的全面整合。其内容包括所有物流活动、生产运营,以及营销、销售、产品设计、金融、信息技术之间的协调。

香港利丰研究中心认为,供应链管理就是把供应链最优化,以最小的成本完成从采购到满足最终顾客的所有流程,要求上述工作流程、实物流程、资金流程和信息流程均有效率地运行。

简单地说,供应链管理就是使供应链运作达到最优化,以最少的成本,让供应链从采购开始,到满足最终顾客的所有过程,包括商业流程、物品流程、信息流程、资金流程等均能高效率地运作,把适合的产品以合理的价格及时准确地送到消费者手中。

如图3-1供应链的网络结构模型所示,供应链上有三种基本"流"在流动,即信息流、物流和资金流。还有一种宽泛的说法叫作四流,即除了前面所说的物流、信息流、资金流外,还包括了商流。这些"流"程相互关联、相互影响,形成了一个完整的系统。供应链管理实质上是为了加强企业的竞争优势,对几种"流"程进行不断优化的管理。

(1) 信息流。

信息是供应链各环节的依据,信息流引发物流,是供应链存在的源头。信息流程包括收集和处理分析数据,提供有用的信息以协助供应链上各成员做出合适的商业决定并采取相应的行动。信息流可以单独流动,也可以和物料一起流动,往往和物流结伴而行。

(2) 物流。

物流是供应链上最显而易见的物资流动,是产品的物理流动,涉及采购、生产、仓储、运输等。总体来讲,物流是从供方向需方流动的,但是也有局部短暂的"负"流动。其管理重点是以最经济、有效的方式采购、制造、运输和销售产品。

(3) 资金流。

物料是有价值的,物料的流动引发资金的流动。一个商品的经营生产周期,是从接到客户订单开始到真正收回货款为止。资金流是企业在销售产品之后收取顾客货款和清偿供货商款项的过程,涵盖企业财务管理方面的一切工作,是盘活一个供应链的关键。为了合理利用资金,加快资金周转,必须通过企业的财务成本系统来监控和调整供应链上的各项经营生产活动;或者说,通过资金的流动来监控和调剂物料的流动,通过投资收益率和资金周转率的高低评价企业经营效益。

(4) 商流。

商业流通流程主要是买卖的流通过程,这是接受订货、签订合同等的商业流程。该流程的方向是在供货商与消费者之间双向流动的。目前商业流通形式趋于多元化:既有传统的店铺销售、上门销售、邮购的方式,又有通过互联网等新兴媒体进行购物的电子商务形式。

简言之,供应链管理是对从供应商到客户的信息流、物流、资金流、商流的集成管理。

供应链管理作为一种新型的管理模式,它在管理过程当中各节点企业之间有主次之分,核心企业在与其他渠道伙伴协作时居于主导地位,承担更多的责任。它把供应商、制造商、批发商、零售商、物流商等在一条供应链上的所有节点联系起来进行优化,使生产资料以最快的速度,通过生产、分销环节变成增值的产品,到达消费者手中。这不仅可以降低成本,减少社会库存和浪费,而且使社会资源得到优化配置。

2. 供应链管理的目标

(1) 总成本最低化。总成本最低化目标并不是指运输费用或库存成本,或其他任何供应链物流运作与管理活动的成本最小,而是整个供应链运作与管理的所有成本的总和最低化。

(2) 客户服务最优化。供应链管理的实施目标之一，就是通过上下游企业协调一致的运作，保证达到客户满意的服务水平，吸引并保留客户，最终实现企业的价值最大化。

(3) 总库存成本最小化。按照JIT管理思想，库存是不确定性的产物，任何库存都是浪费。因此，在实现供应链管理目标的同时，要使整个供应链的库存控制在最低的程度。

(4) 总周期时间最短化。供应链之间的竞争实质上是时间竞争，即必须实现快速有效客户反应，最大限度地缩短从客户发出订单到获取满意交货的整个供应链的总时间周期。

(5) 物流质量最优化。达到与保持物流服务质量的高水平，也是供应链管理的重要目标。而这一目标的实现，必须从原材料、零部件供应的零缺陷开始，直至供应链管理全过程、全方位质量的最优化。

3. 供应链管理的特点

与传统管理方法相比较，供应链管理具有以下特点：

(1) 以客户为中心。在供应链管理中，顾客服务目标优先于其他目标，以顾客满意为最高目标。

(2) 跨企业的贸易伙伴之间密切合作，共享利益和共担风险。在供应链中，企业不能仅仅依靠自己的资源来参与市场竞争，而要通过与供应链参与各方进行跨部门、跨职能和跨企业的合作，建立共同利益的合作伙伴关系，实现多赢。

(3) 集成化管理。供应链管理应用网络技术和信息技术，重新组织和安排业务流程，实现集成化管理。

(4) 供应链管理是对物流的一体化管理。供应链管理把从供应商开始到最终消费者的物流活动作为一个整体进行统一管理，始终从整体和全局上把握物流的各项活动，使整个供应链的库存水平最低，实现供应链整体物流最优化。

思政小课堂

习近平：产业链、供应链在关键时刻不能掉链子

日前，《求是》杂志发表习近平总书记的重要文章《国家中长期经济社会发展战略若干重大问题》。文章指出，要优化和稳定产业链、供应链。产业链、供应链在关键时刻不能掉链子，这是大国经济必须具备的重要特征。

各地企业抓住全球产业链重构机遇，协同创新，服务部门积极打好服务发展"组合拳"，保障产业链、供应链稳定，推动市场主体加快复苏，为畅通国内大循环，促进国内国际双循环做出贡献。(新华社 2020.11.18)

二、供应链金融的产生发展及含义

(一) 供应链金融的产生与发展

供应链是一个复杂的经营和管理过程，其中涉及许多企业间的协调和交互活动，这些协调交互活动的状况直接影响到供应链的服务、质量和成效。在一般的供应链运营中，加

工企业需要从原料企业购买原材料，将其加工成零件，然后出售给部件供应商，部件供应商生产部件后，销售给产成品企业，产成品企业再将其生产的产成品出售给分销商和零售商，后者最终将商品出售给消费者。

在这一过程中，资金流是企业的生命源泉，因为资金流动能满足任何时刻的支付需求。企业支出和收入的资金发生在不同的时刻，这就产生了资金缺口。在企业下达订单和接收货物之间存在资金缺口，一旦下游企业产生资金困难就很难采购所需要的原料或产品；在接受存货和形成产品销售之间也存在资金上的压力，因为库存管理活动需要资金支持，并产生库存持有成本；在销售产品和下游客户支付现金之间也存在一定程度的资金缺口，形成所谓的应收账款；在支付现金和实际接受现金之间产生了现金转换周期，从而对上游企业产生资金上压力，因为如果不能及时获得资金，就可能对企业的现金流产生不利影响，使正常的生产经营活动出现困难。企业资金运营状况如图3-2所示。

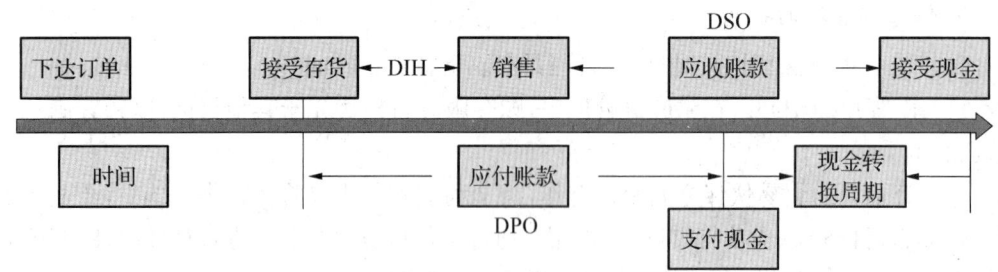

其中：库存持有天数(DIH)=库存/(销售成本/365)
　　　应收账款天数(DSO)=应收账款/(销售成本/365)
　　　应付账款天数(DPO)=应付账款/(销售成本/365)
　　　现金转换周期(CCP)=DSO+DIH-DPO

图3-2　企业资金运营状况

从销售和贸易的视角看，为了缓解上述经营各阶段的资金缺口问题，供应链渠道中的参与企业往往会采用良好的支付条件或者各类物流管理手段。但是，这些手段的有效运用为企业带来了巨大挑战，并且其成效往往取决于买卖双方的规模和力量的均衡。

在激烈的竞争环境中，充足的流动资金对企业的意义越来越重要，尤其是对于发展机遇受到现金流制约的中小企业，它们往往没有大型企业的金融资源，却是供应链中不可或缺的重要环节；它们虽然具有可观的发展潜力，却常常因为上下游优势付款政策而出现现金短缺问题。而资金问题仅仅是供应链中财务问题的一个部分，同时出现在人们视野中的，还有资本结构、资本成本、资金流转周期等问题，这些问题成了影响供应链绩效的重要因素。供应链中出现的金融财务问题，需要在供应链中利用金融和财务方法进行理解和解决。如果不能有效地解决资金流与商流、物流和信息流的整合，供应链就会难以为继，这是供应链金融产生的微观基础。

除了微观层面的因素外，产业方面的背景对供应链中金融问题的产生也是一种驱动力。从某种意义上讲，供应链金融是适应国际贸易新形势背景下的产物，是在新的国际贸易背景下对新型组织间关系的有益探索。

在经济全球化的背景下，生产分工也呈现出全球化趋势。生产领域的国际分工必然导致贸易领域的全球化,而国际贸易的全球化趋势在客观上带来了金融的全球化。就目前的趋势来看,生产链和供应链在全球化的背景下联系日趋紧密,生产链的全球化必然要求供应链的金融服务的全球化。以此为基础,国际贸易的全球化趋势必然要求金融市场以供应链为中心提供更为灵活、成本更低、效率更高、风险可控的金融产品和融资模式。供应链融资正是在这种背景下应运而生的。

同时,中小企业贸易融资需求也亟待供应链金融的支撑。从融资渠道来看,大多数中小企业主要采用的是内源性融资模式,但由于多数中小企业利润率水平不高,企业自身资本积累能力不足,内源性融资在很大程度上无法起到扩大再生产提高企业竞争力的客观要求。而从外源性融资方式来看,由于国内股票市场准入门槛还是很高,绝大多数中小企业还无法进入公开证券市场进行融资,这在很大程度上限制了中小企业的发展。银行信贷作为中小企业最主要的融资渠道,中小企业客观上需要信贷的资金支持,而商业银行又苦于中小企业资信状况较差、财务制度不健全、抵御风险能力弱、缺乏足够抵押担保等条件而惜贷、惧贷,造成银企间关系上的信用隔阂,导致中小企业贷款难成了棘手问题。要突破这种隔阂,就必须寻求新的融资模式。目前来看,供应链融资模式是解决这一问题最好的可尝试的方式之一。而商业银行自身发展以及金融业态的多样化同样需要新的业务生长点和利润来源,有商业模式创新的必要,从而也推动了供应链金融的产生。

正是上述企业微观和产业宏观层面的共同作用,使得供应链金融逐渐进入人们的视野,成为新经济环境下一种重要的创新模式。而这种创新模式的核心就是结合产业运行的特点,有效地解决企业尤其是中小企业日常经营管理活动中的融资难问题,在全球产业分工的大形势下,将金融资源和产业资源高度结合,实现产业效益与金融效益的乘数效应。

近年来,随着赊销贸易在国际及国内的盛行,处于供应链上游的企业普遍面临资金短缺的压力及账期延长的困境。与此同时,随着市场竞争的日趋激烈,单一企业间的竞争正在向供应链之间的竞争转化,同一供应链内部各方相互依存程度加深。在此背景下,旨在增强供应链生存能力,提高供应链资金运作效率,降低供应链整体管理成本的供应链金融业务得到了迅速发展。

供应链金融是近年供应链管理和金融理论发展的新方向,是解决中小企业融资难题、降低融资成本、减少供应链风险等的一个有效手段。

(二) 供应链金融的含义

国内关于供应链金融定义的普遍观点认为,从业务操作性来看,供应链金融是指以核心客户为依托,以真实贸易背景为前提,运用自偿性贸易融资的方式,通过应收账款质押登记、第三方监管等专业手段封闭资金流或控制物权,对供应链上下游企业提供的综合性金融产品和服务。

供应链金融是一种独特的商业融资模式,依托于产业供应链核心企业对单个企业或者上下游配套企业"产供销"链条的稳固和流转顺畅,降低整个供应链运作成本,并通过金融资本与实业经济的协作,构筑银行、企业和供应链的互利共存、持续发展的产业生态。这种定义和观点曾被之前的深圳发展银行(现平安银行)概括为"M+1+N",即依托核心企业1,为其众多的供应商M和众多的分销商或客户N,提供综合金融服务。从这个意义上讲,国内理解的供应链金融大多是金融机构根据产业特点,围绕供应链上的核心企业,基于交易过程向核心企业及其上下游相关企业提供的综合金融服务,注重的是供应链的融资功能。

国外对供应链金融的研究则要相对广泛,它不仅包括商业银行在内的金融机构,也包括供应链产业企业的金融性行为,以更加整体的视角看待供应链金融问题。如2005年霍夫曼提出其具有代表性的供应链金融定义,认为供应链金融可以理解为供应链中包括外部服务提供者在内的两个组织,通过计划、执行和控制金融资源在组织间的流动,以共同创造价值的一种途径。

中国人民大学商学院教授宋华经过深入研究,结合国内外对供应链金融理解的异同提出,供应链金融是一种集物流运作、商业运作和金融管理为一体的管理行为和过程,它将贸易中的买方、卖方、第三方物流以及金融机构紧密地联系在了一起,实现了用供应链物流盘活资金,同时用资金拉动供应链物流的作用;而在这个过程中,金融机构如何更有效地嵌入供应链网络,与供应链经营企业相结合,实现有效的供应链资金运行,同时又能合理地控制风险,成为供应链金融的关键问题。

2020年9月22日,人民银行等八部委发布《关于规范发展供应链金融 支持供应链产业链稳定循环和优化升级的意见》(简称《意见》),首次清晰完整地界定了供应链金融的内涵:供应链金融是指从供应链产业链整体出发,运用金融科技手段,整合物流、资金流、信息流等信息,在真实交易背景下,构建供应链中占主导地位的核心企业与上下游企业一体化的金融供给体系和风险评估体系,提供系统性的金融解决方案,以快速响应产业链上企业的结算、融资、财务管理等综合需求,降低企业成本,提升产业链各方价值。《意见》为供应链金融的规范、发展和创新奠定了政策框架和制度基础。

(三) 供应链、供应链管理、供应链金融三者的相互关系

无论是从单个角度还是从供应链的角度出发,供应链中的四流——物流、商流、信息流和资金流都已经相互作用、相互影响,脱离了单个的概念,形成一个相辅相成的整体。特别是供应链中的信息流和资金流,基本上贯穿了供应链中所有的行为。研究供应链中的资金流问题和财务问题,不仅对于理解为供应链正常运转提供资金支持的融资行为意义重大,对理解供应链正常运作具有重要意义,还对于理解企业和供应链内的行为逻辑具有重要意义。

供应链、供应链管理、供应链金融三者的相互关系如下(见图3-3):

(1) 总体上看,供应链是供应链管理、供应链金融的作用对象,供应链的运营过程中天然地包含了商流、物流、信息流和资金流四流的流动。

(2) 从定义范畴来看,供应链管理包含供应链金融。供应链金融诞生于供应链管理中各环节的资金错配需求,是供应链管理的一个有机组成部分。

(3) 从发展路径来看,供应链金融是传统供应链管理的延伸。相对于传统供应链管理,供应链金融要求更高程度的四流合一的信息整合和跨节点协同。

(4) 从最终效果来看,成熟的供应链管理有利于供应链金融的顺利开展;高效的供应链金融增强了整个供应链的竞争力,提升了供应链管理的整体效果。

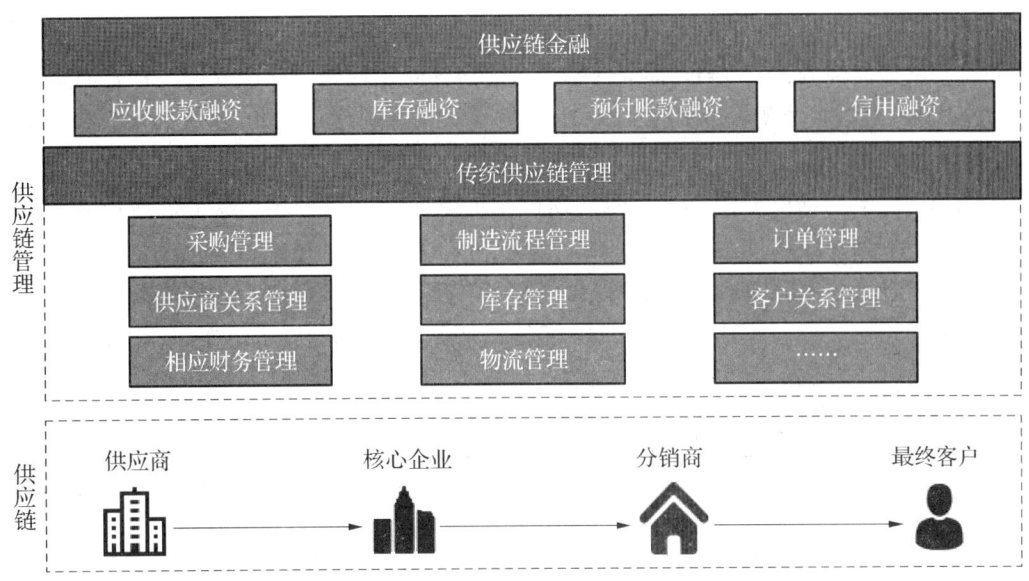

图 3-3 供应链、供应链管理与供应链金融的关系图

三、供应链金融的特点及与传统金融的区别

供应链金融是一种集物流运作、商业运作和金融管理为一体的管理行为和过程,通过整合供应链上的资金流、信息流、物流、商流,联合供应链中的各类主体及外部服务企业,共同实现快速响应链上企业的资金需求,最终实现共同的价值创造。目前供应链金融的内涵变得十分丰富,实体经济中所有涉及供应链相关的融资行为,几乎皆可纳入供应链金融内涵中。随着供应链金融创新的持续化,其内涵仍然在不断扩充中。

(一)供应链金融的特点

从产业供应链角度来看,供应链金融具有如下特点:

(1) 现代化供应链管理是供应链金融服务的基本理念。没有实际的供应链做支撑,就不可能产生供应链金融,而且供应链运行的质量和稳定性,直接决定了供应链金融的规模和风险。

(2) 大数据对客户企业的整体评价是供应链金融服务的前提。整体评价是指供应链服务平台分别从行业、供应链和企业自身三个角度对客户企业进行系统的分析和评判,然后根据分析结果判断其是否符合服务的条件。

(3) 闭合式资金运作是供应链金融服务的刚性要求。供应链金融是对资金流、贸易流和物流的有效控制,使注入企业内的融通资金的运用限制在可控范围之内,按照具体业务逐笔审核放款,并通过对融通资产形成的确定的未来现金流进行及时回收与监管,达到过程风险控制的目标。

(4) 构建供应链商业生态系统是供应链金融的必要手段。在供应链金融运作中,存在商业生态的建立,包括管理部门、供应链参与者、金融服务的直接提供者以及各类相关的经济组织,这些组织和企业共同构成了供应链金融的生态圈。如果不能有效地建构这一商业生态系统,供应链金融就很难开展。

(5)企业、渠道和供应链,特别是成长型的中小企业是供应链金融服务的主要对象。供应链中的中小企业,尤其是成长型的中小企业往往是供应链金融服务的主体,通过供应链金融服务,这些企业的资金流得到优化,提高了经营管理能力。

(6)流动性较差的资产是供应链金融服务的针对目标。在供应链的运作过程中,企业会因为生产和贸易的原因,形成存货、预付款项或应收款项等众多资金沉淀环节,并由此产生了对供应链金融的迫切需求。

从具体业务来看,供应链金融被银行等金融机构视为扩展深耕企业客户的有利抓手,是因为它与链上企业日常业务结合紧密,体现在其事件驱动、闭合式运作、自偿性、连续性四大业务特征上(见表3-1)。

表3-1 供应链金融主要业务特征

特征	含义
事件驱动	不同于"身份驱动",以真实事件背景出发,通过判断整体运作情况来提供相关服务,包括但不限于企业的自身财务状况、管理水平、链上企业的交易历史情况等
闭合式运作	注入的融通资金使用限制在可控范围之内,根据申请业务具体情况进行逐笔审核,资金链、物流运作需按照合同预定的模式流转
自偿性	基于真实贸易场景下所产生的确定性未来现金流,金融机构给予借款企业短期融资,借款企业将销售收入作为短期融资的还款来源,并将借款企业的销售收入自动导回银行的特定账户中,进而归还借款
连续性	连续性是指驱动供应链金融的同类贸易行为在上下游企业之间会持续发生

综上,从产业供应链角度出发,供应链金融的实质就是金融服务提供者通过对供应链参与企业的整体评价(行业、供应链和基本信息),针对供应链各渠道运作过程中拥有的流动性较差的资产,以资产所产生的确定的未来现金流作为直接还款来源,运用丰富的金融产品,采用闭合性资金运作模式,并借助中介企业的渠道优势,来提供个性化的金融服务方案,为企业、渠道以及供应链提供全面的金融服务,提升供应链的协同性,降低其运作成本。

(二)供应链金融与传统金融的区别及优势

从融资功能层面来讲,供应链金融与传统金融相比具有以下几个方面的不同(见表3-2)。

表3-2 供应链金融与传统金融(融资方面)比较分析表

比较内容	供应链金融	传统融资
参与主体	融资企业、核心企业、银行等金融机构、第三方平台、物流公司等	融资企业、银行等金融机构
信用评估	根据融资企业、交易信息、交易对手、供应链运作的总体状况评估	主要根据融资企业自身的财务信息做评估
还款来源	融资项下的资产	企业本身资产
融资期限	短期为主	短期、中期、长期
服务对象	供应链上各环节的企业,中小企业居多	以财务报表表现优质的核心企业为主

供应链金融之所以在服务中小企业方面具备优势,主要在于:

以对整个供应链信用的评估替代对授信企业(主要指中小企业)单一企业的评估,提高了中小企业信用评估的准确性。对授信企业的信用评估不再强调企业所处的行业、企业规模、固定资产价值、财务指标和担保方式等要素,转而强调企业的单笔贸易真实背景和供应链主导企业的实力和信用水平。由于供应链金融业务开展实际上建立在对供应链的物流、资金流和信息流的充分掌握基础上,因此,以此方法评估出的中小企业的信用水平一般会比用传统方式评估出的要高。封闭性、自偿性和连续性的业务特征,使得供应链金融的风险可控。封闭性是指银行通过设置封闭性贷款操作流程来保证专款专用,借款人无法将资金挪作他用;自偿性是指还款来源就是贸易事件自身产生的现金流;连续性是指同类贸易行为在上下游企业之间会持续发生,因此,以此为基础的授信业务也可以反复进行,即呈现单笔小额、短期、持续滚动的特征,因而在风控上也会更具可控性。

很显然,在供应链金融业务中,银行不再以财务能力、财务报表来对企业进行信用评价,而是以核心企业的黏性、交易历史、链内地位、市场能力及供应链管理的效率等评估企业信用,银行一般会选择核心企业信用能够顺利传递的节点企业(紧密合作型关系)进行融资,相对松散型的合作企业则因风险厌恶而使银行惜贷。

四、供应链金融的发展阶段

我国供应链金融起步比较晚,1998年,深圳发展银行(现平安银行)在广东地区首创货物质押业务,国内供应链金融由此起步。此后,我国供应链金融的发展大致可以划分为四个阶段,从"M+1+N"的传统供应链金融1.0阶段,到线上化、平台化、智能化的2.0、3.0、4.0阶段(见表3-3)。

表3-3 供应链金融发展阶段

发展阶段	业务特征	主导力量	信用评估
供应链金融1.0	主要采用"M+1+N"的形式,"1"是指供应链中的核心大企业,"M"和"N"分别是产业供应链中核心大企业的供应商和客户	金融机构主导,金融机构并未真正参与到供应链业务的运作过程中	完全依靠核心企业的信用外溢
供应链金融2.0	逐步开始线上化(如ERP系统打通等),产业核心企业基于自身业务特点开展业务,直接服务核心企业上下游参与者;围绕单一产业链展开,该模式较难实现更广泛的同业跨链合作	产业企业深度参与,成为推动主体,金融企业配合	基于核心企业对交易、物流等信息的把握,对行业融资对象的隐性能力识别
供应链金融3.0	平台化,平台基础设施和规则体系的搭建尤为重要,各参与主体间呈复杂网络结构	各类平台搭建者涌现,推动产业发展,金融与产业的高度融合	综合的风险管理,基于整个产业链的信用评估
供应链金融4.0	智能化,以万物互联的产业互联网为产业背景,供应链金融决策是企业生产运营综合智能决策的一个组成部分	科技驱动:以云计算、大数据、区块链、物联网等技术的突破与逐渐成熟为主要驱动力	基于全面、实时、动态大数据的客观信用体系风控

目前我国处于供应链金融发展的 3.0 阶段,未来随着工业 4.0 或者产业互联网时代的到来,供应链金融也将逐步进阶到 4.0 时代。值得注意的是,供应链金融发展的每一阶段之间并不存在明确的分界线,是行业逐步进化的过程。

五、供应链金融生态体系

供应链金融通常需要多个参与主体的协作推进,各参与主体/利益相关方共同构成了供应链金融的生态体系。对生态体系的分析,可以充分把握供应链金融的体系构成、功能定位、未来趋势前瞻。

(一) 供应链金融生态体系概览

通过对供应链金融行业全貌梳理、业务模式分析,可以大致描绘出供应链金融的生态体系。

供应链金融生态体系主要包含以下几大类主体(见图 3-4):

(1) 资金方,主要是银行等金融机构;

(2) 供应链上核心企业、上下游企业(中小企业为主)、物流企业、电商平台共同构成了产业生产运营核心链条;

(3) 供应链管理服务公司、金融科技企业、供应链金融基础设施方(各类信息化基础服务商等)为产业链上各主体提供服务;

(4) 监管机构、行业协会是产业发展的重要环境因素,在生态中发挥监督引导作用。

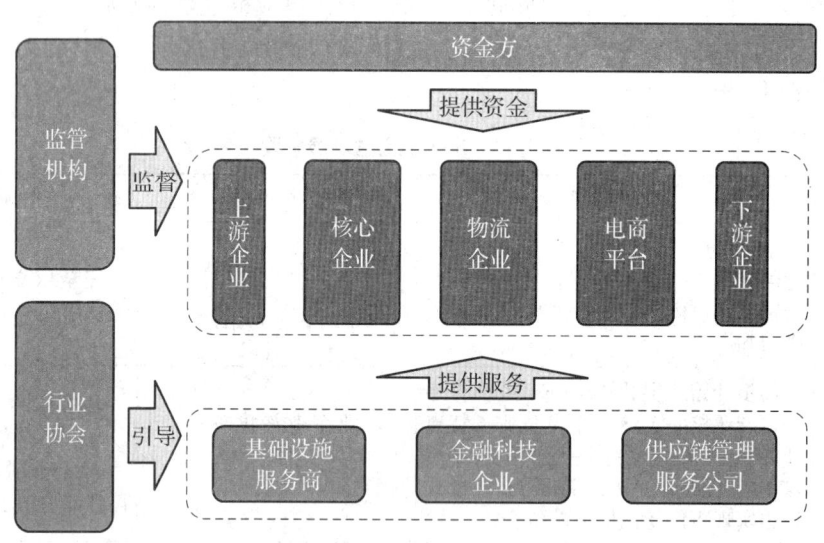

图 3-4 供应链金融生态体系概览图

如前所述,目前我国供应链金融主要处于平台化阶段。平台提供方,主要是为参与供应链金融的各个主体提供一个互动的场所,在交易方和金融机构之间充当中介作用。为了让各方能够高效达成交易,一方面,平台提供方需要有效聚合各类资料、数据、信息,为供应链金融提供决策依据,形成平台建立的价值基础;另一方面,平台提供方需要建立合理的互动合作和利益分配机制,帮助各参与主体达到合作共赢,形成平台可持续发展的黏性基础。

平台提供方是整个生态的核心角色之一,由于充当平台提供方角色主体的资源与能力的不同,在产业链中所处位置的不同,由其建立和发展起来的供应链金融平台生态,所能吸引的资源、提供的具体业务模式、产品、风控都会呈现出很大的不同。供应链金融平台包括横向行业整合类和纵向垂直产业类,现有的供应链金融平台大多为基于已有的交易或服务信息优势形成的横向跨业平台及基于区域产业集成优势而成的横向跨业平台。由于产业专业知识壁垒,纵向垂直产业类平台尚不多见。预计随着5G、产业互联网及人工智能的发展,未来纵向垂直产业类供应链金融平台会成为新的发展方向。

(二)供应链金融竞争格局

随着支持政策的不断出台,资金来源不断拓宽,风控手段不断增强,我国供应链金融市场迎来快速发展。据国家统计局数据显示,规模以上工业企业应收账款净额,从2005年的3万亿元,增加到2020年的16.41万亿元,增长了5.47倍。应收账款融资为供应链金融重要的融资模式,应收账款规模的不断增长为我国供应链金融的快速发展奠定了坚实的基础。除了应收账款以及产成品存货以外,融资租赁与供应链金融同样紧密相连。据中国租赁联盟数据,截至2019年12月底,全国融资租赁合同余额约为66540亿元。随着现有参与者及新加入者深度渗透市场,未来供应链金融将迎来快速发展期。

我国供应链金融的参与主体类别众多,包括供应链管理服务公司、物流企业、产业核心企业、银行等金融机构、各类金融科技服务企业等,各类主体都从各自优势领域切入,当前呈百家争鸣争相布局态势。

万联供应链金融研究院和中国人民大学中国供应链战略管理研究中心联合发布的《2019中国供应链金融调研报告》的数据显示:

(1)主体多元化。供应链管理企业、B2B平台和外贸综合服务平台三类合计占比达51.66%,它们的共同优势在于不仅参与或服务产业供应链的部分交易环节,且具备相应的链内整合和连接能力。银行、保理、基金、担保、小贷、信托等持牌经营的金融机构作为流动性提供者,占比为25.12%。另外,大数据+AI类、区块链类、物联网类服务商借助于金融科技的优势,为供应链金融生态的拓展和增值提供赋能,占比为9.6%。

(2)服务客户数量有限。超过65%的供应链金融企业服务的客户范围相对有限,客户数量在500家以内,42%的客户数量在100家以内。这一方面可能是因为B端服务产业壁垒高,不少企业起步选择基于自己更加熟悉的特定行业深耕细作;另一方面,受限于国内商业信用环境相对较差、金融科技应用还不够成熟,真正数量上占主导的微利企业尚未被有效的金融服务所惠及。

(3)业务融资规模偏低。绝大部分的供应链服务企业的融资规模在50亿元以下,占总量的65.82%;其中不乏总规模不足1亿元以下的初创型机构,占总量的14.56%。24.05%的企业为融资规模在百亿级以上,其中有43%的企业为银行机构及金融机构。总的来说,供应链金融融资规模分布较为分散,小型供应链金融服务机构的融资总量与大机构的融资总量差距悬殊,融资总量的差异很大程度上也对应着融资成本的差异。小型机构在融资成本、规模劣势的情况下需要有自身独特的差异化服务优势(包括但不限于科技优势、数据优势、行业深耕优势等），才能在行业中安身立命。

（4）利润贡献偏低。74.19%的企业，供应链金融业务利润贡献率低于25%，30.32%的企业该贡献率甚至低于5%。这一方面可能是因为开展供应链金融的企业多为多元化经营，专注供应链金融的机构较少；另一方也反映了大多数企业的供应链金融业务仍处于探索阶段，投入部署期，目前盈利能力有限。

此外，大多数业务目前仍高度依赖核心企业的信用传递和动产监控，而非企业自身信息不对称的降低或事件本身透明度的提升。

《2019中国供应链金融调研报告》的数据显示，目前开展的供应链金融业务呈现以下特点：

（1）从业务模式类型看，应收账款业务占据绝对优势，有83.1%的供应链金融服务企业开展了应收账款融资业务。首先是存货/仓单质押融资，开展比例为67.9%；其次为订单融资业务，开展比例为66.8%；此外，企业开展预付款融资的比例为57.6%；企业开展纯信用贷款的比例为38%。对比2018年调研数据来看，各主要业务类型占比均有提高，一定程度上反映了从业企业的提供业务模式日趋多样化。

（2）银行和自有资金依然是主要资金来源。从供应链金融业务的资金来源数据看，有超过85%供应链金融服务商的资金来源含有银行资金；有63%的企业资金来源包括企业自身或股东，这两类资金来源成本可控，息差空间可观。部分企业融资渠道包括保理公司、资产证券化、小贷及其他非银行金融机构，相对而言，资金成本较高，且存在一定的融资风险。

（3）多重风控手段并用，但目前仍对核心企业高度依赖。需要核心企业高度配合的风控措施占比尤为突出，在一定程度上反映了现有供应链金融业务对核心企业的高度依赖。与金融科技相关的风控措施也得到了越来越多的重视和使用，49%的企业利用信息化管理系统实时掌握相关数据，48%的企业利用数据进行智能分析预测风险，分别有34%和25%的企业利用物联网技术动态掌握相关数据和利用区块链对数据进行增信。

（4）金融科技利用广度提升显著，应用深度有待进一步提升。对比万联网2019年和2018年的调研结果显示，大数据与AI、云计算、区块链的应用广度都有显著的增长，分别增加了22%、14%和8%。

任务二 供应链结构、信用与融资

一、供应链的系统边界与结构

供应链金融定位为服务于大多数中小企业的金融服务，其基本结构以企业信息化、供应链信息化为基础，特别是在ERP普及到制造与流通领域后，围绕单个核心企业展开，将核心企业高等级的信用优势依托于信息化整合供应链上的商流、信息流、物流及资金流，从而实现信贷全方位注入供应链多数节点。核心企业信用、供应链结构与信用机制是供应链金融的内在逻辑。

(一)供应链系统边界

供应链是由多个企业组成的链式结构系统,把供应链与其环境区分开来的界限,是供应链的系统边界。供应链之外的事物或系统的总和称为供应链的外部环境。

供应链金融架构于供应链系统之中,供应链系统边界对金融行为进行边界约束,超过供应链系统边界的行为则不受供应链系统的影响。供应链金融作为研究对象,而供应链系统是供应链金融的载体,确定供应链系统边界是分析供应链系统结构的重要步骤,有助于理清容易混淆的抽象概念。

供应链系统最基本的构成关系是供需关系,反映在财务上是产权的转移、债务的形成。除此之外,还存在管理、战略伙伴、地域等系统边界。因此,供应链系统边界可分为物理边界、管理边界、战略边界和地域边界等类别。

供应链系统物理边界的范围最为广泛,涵盖产品生产与消费的全过程;供应链系统管理边界的范围取决于供应链管理模式;供应链的战略边界则取决于供应链伙伴关系,其范围更有限。

供应链系统中,各类边界的范围如图 3-5 所示。

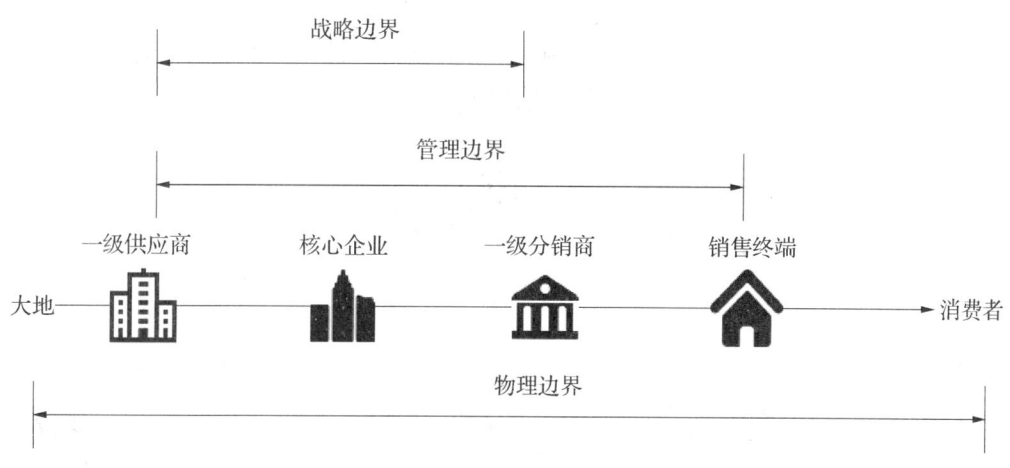

图 3-5 供应链边界范围示意图

1. 战略边界

供应链系统的战略边界形成核心企业与战略伙伴的节点集合,战略边界之外的节点与核心企业为非战略伙伴关系。核心企业一般选择一级供应商作为核心供应商,选择一级分销商等作为战略伙伴。

在供应链战略关系下,核心企业与核心供应商密切合作,核心企业高等级的信用通过采购合作自然传递给核心供应商,这是供应链金融业务比较容易开展的融资场景。

2. 管理边界

供应链系统的物理边界具有客观性,但供应链系统的管理边界则属于主观范畴。供应链节点之间的关系、供应链的系统目标、供应链的价值创造过程都属于供应链管理的内容。但受制于供应链管理能力和管理方法,供应链管理的范围局限于向核心企业两端扩展,管理环节的集合形成供应链管理边界。

供应链管理能力决定管理范围。对供应链所有节点、所有环节进行全面而深入的管理是供应链管理能力的最大值,管理边界最大可以拓展到物理边界,即全链管理。

传统供应链管理以核心企业为管理主体,管理能力与管理边界较为有限,管理范围以核心企业为中心,主要对企业上游和下游关系进行管理,包括供应商的选择与绩效评估、库存管理,管理范围比供应链的物理边界要狭窄得多。新型供应链服务外包与互联网商业模式大幅扩充了供应链管理的范围。供应链服务外包平台、电子商务平台、外贸出口平台、互联网金融等平台快速发展。基于网络架构的供应链管理使得管理范围得到极大的扩充,形成以平台为中心,连接几乎所有供应链节点企业的管理平台,这为供应链金融商业模式的创新提供了广阔的空间。

可见,供应链管理能力具有动态变化性,动态的能力导致模糊的动态管理边界。供应链的管理边界具有主观性、动态性、交叉性、模糊性等特点。

3. 物理边界

如图3-6所示,链式的供求关系构成供应链系统。人类绝大部分商品的最初资源皆取自大地,经过开采、冶炼、加工、组装等生产过程形成最终产品,再经过产品存储、批发、消费者使用等,直至产品报废、处置或变成垃圾。考虑到产品生命周期结束后的回收再处理等问题,产品生命周期的整个过程为供应链物理边界。

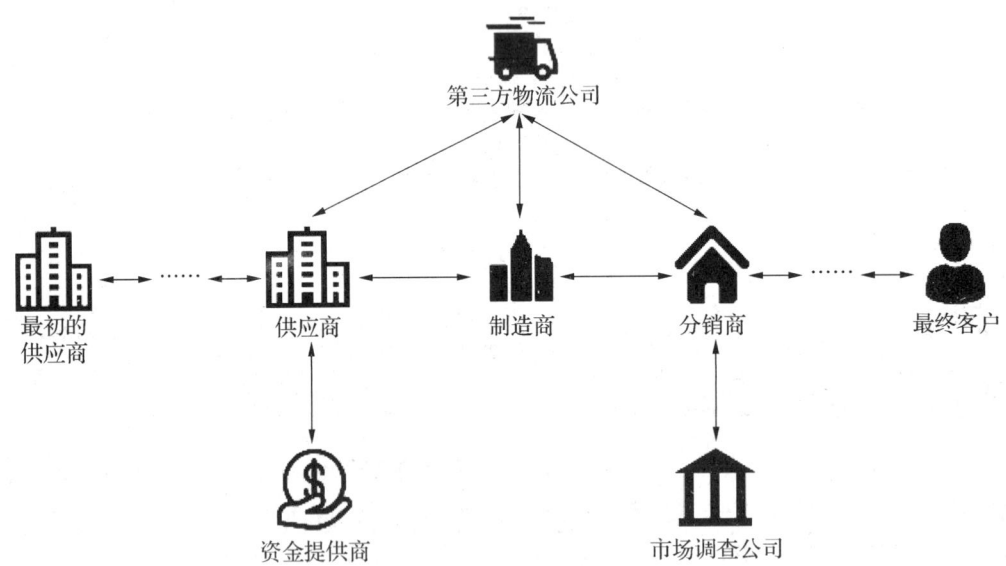

图3-6 完整的供应链模型示意图

供应链系统的物理边界是客观的、可见的、明确的。物流运作受供应链物理边界的限制,为控制对象不产生超出边界的行为,GPS、FRID等技术广泛应用于实体运作。未来,物联网成为供应链系统控制的重要方式。可控的供应链系统是供应链金融的基础。

4. 地域边界

供应链成员企业及最终客户分布在一定的地理范围内,地理范围的大小可以是城市、区域、国内或全球,称之为供应链系统的地域边界。结构复杂的国际供应链实施全球化制造、参与全球化市场竞争,制造、销售分别在不同的国家(地区),地域边界最广。供应链系统的地域边界是客观的、可见的。

由于供应链金融业务架构中存在大量的线下服务,因此不能完全依托互联网来实现线上运营,而线下服务具有很强的地域性,也决定了供应链金融商业化项目仍然具有很强的地域性。

综上所述,由于竞争加剧、信息技术及互联网应用等,供应链系统边界与结构日益呈现动态可变性和虚拟化的特征。供应链系统结构具有一定的稳定性,但同时也具有一定的动态性。例如,供应链的一些节点企业缺少竞争力而被其他企业所代替;核心企业实施战略采购,缩减供应商的数量等。

管理的虚拟化使得供应链管理的范围得到极大的拓展,网络化信息系统是管理虚拟化的平台与工具。如产业电商平台、网络支付、协同商务、协同制造等。这是管理从现实世界进入虚拟世界,进而在虚拟与现实之间进行交互的新模式。

(二) 核心企业竞争优势——供应链信用之源

理解核心企业竞争优势的形成逻辑,有助于理解核心供应链融资方面的独特作用:
(1) 在供应链竞争的时代,核心企业是供应链竞争优势的主导者;
(2) 供应链信用来自核心企业高等级的信用;
(3) 核心企业的竞争优势是供应链信用的背书,是供应链信用之锚;
(4) 缺少竞争优势的核心企业,因缺少信用之锚而难以得到金融机构的青睐。

供应链是以客户需求为导向,以提高质量和效率为目标,以整合资源为手段,实现产品设计、采购、生产、销售、服务等全过程高效协同的组织形态。在这个组织形态中居于核心地位,通过某种共同利益所产生的凝聚力把相关企业(为与核心企业相对应,以下称"节点企业")整合起来并吸引在自己周围的主导企业则称为核心企业。

核心企业多为研发与市场营销的主导者,在细分产品市场具有品牌、销量、市场占有率等优先地位,对供应链的战略制定、运营绩效、竞争力、伙伴关系形成、利益分配等具有重大影响。传统制造业中的核心企业一般为组装企业(如整车生产商、电视整机生产商);虚拟企业模式,以品牌、营销、研发为中心,实施 OEM 生产方式;消费电商则以电子商务平台为核心企业(如京东、天猫等平台)。

核心企业在供应链中扮演着重要角色,往往是整个链条的管理者、组织者与协调者,它对其他成员企业之间形成长期稳定的战略合作伙伴关系有着重要的作用和影响。具体来说,核心企业是供应链中的信息交换中心、物流中心和结算中心,其他节点企业都通过围绕核心企业的信息流、资金流、物流组织生产活动。因此,在供应链的环节中,核心企业对上下游往往具有绝对的掌控能力,具有非常强势的行业话语权。

因为供应链金融本就依托于真实发生的业务链条,服务于实体经济,正是政策大力支持的运营模式,所以算是比较优质的资产。从金融机构的角度看,依托核心企业开展供应链金融,无论是风险控制、降低成本,还是提高收益方面都更具优势。

(三) 核心企业与供应链金融的关系

供应链节点企业的现金流问题与核心企业的强势谈判地位密切相关。

在市场经济中,普遍存在核心企业依靠其主体地位对围绕其生产节点的企业进行利润挤压的现象。因为核心企业在谈判中具有地位优势,核心企业不仅在利润上挤压节点企业的生存空间,而且在资金流上挤占节点的现金流,占款行为主要表现为应付的延期、应收的预付,核心企业采用赊账的方式挤占上游节点企业的现金流,以预付款的形式挤占下游节点企业的现金流。

因此,缓解上下游节点现金流问题,实质上是应对"占款行为"的负面作用。从这个角度上来看,核心企业在道义上负有积极推广供应链金融的责任。同时,核心企业在供应链融资中,具有功能上的核心节点作用,对于降低借贷双方信息不对称具有重要作用。核心企业是供应链的信息集中地、物流运作中心、支付结算中心,多年的持续经营使得核心企业对节点企业的经营状况、信用水平甚至企业负责人的信用水平,都有较充分的信息,而这类信息正是金融机构在短时间内难以获得的关键融资数据。核心企业共享这类信息,可有效降低金融机构的信用信息成本、制订个性化金融方案,减少融资服务的导入时间。

但在实践中,部分核心企业在供应链融资中,当作为债务人为上下游的中小企业做信用背书时,过分考虑自身的风险而忽略供应链整体的利益,导致核心企业对开展供应链融资的动力不足。这是金融机构推广供应链金融服务首先需要克服的障碍。

核心企业在供应链金融中可获得以下重要价值:

(1) 改善资本结构。节点企业的应收账款以商业信贷的形式实现,实质是金融机构对核心企业的应付账款进行垫付,相当于核心企业获得无息贷款。核心企业只需要为节点企业提供风险极低的支付承诺,而不增加自身的信用额度,降低了核心企业的融资成本,改善了资产负债表。

(2) 优化供应链结构。核心企业为节点企业的增信行为能够加强节点企业的战略合作伙伴关系,降低节点企业资金流断裂的风险,避免供应链结构上的剧烈变化,实际上也是降低核心企业的经营风险。核心企业通过供应链金融掌握节点企业的真实信用水平,可以在合作伙伴选择上结合节点企业的信用进行有目的的筛选。同时,供应链金融服务对于节点企业也是一种比较优势上的约束关系,合作型节点企业获得核心企业信用背书的机会更多。

(3) 非零和博弈。核心企业与节点企业在供应链融资中属于非零和博弈关系。供应链金融的实施,间接提高了核心企业与节点企业的黏合度,避免了产业链结构的急剧变化,降低了核心企业与节点企业的战略合作成本。双方都因信用分享而获得价值,强化了核心企业的谈判地位和上下游控制力度,在整体受益的情况下,供应链金融成为提升产业链整体竞争力的重要一环。

二、供应链信用与系统性风险

信用是以偿还为条件的特殊价值运动。在法律关系上,失信、违约是对债权人财产权利的侵犯。信用反映的是债权人和债务人之间的经济关系,是产权关系的延伸,深刻反映出相互之间的利益博弈关系。在现实中,由于信息不对称、逆向选择和道德风险等因素的存在,债务人基于自身利益最大化的动机而选择违约。信用的要素包括授信人、受信人、贷款期限、利率、信用(商业票据、银行票据)、信用风险。商业信用和银行信用是两种最常见的信用。商业信用是工商企业法人之间交易的信用形式，包括赊销、分期付款、延期付款、预付等形式，属于直接信用。银行信用属于间接信用，是以银行或其他金融机构为中介，以货币形态提供的信用。银行信用弥补商业信用的局限性，可满足企业长、中、短期的融资需求，除以货币方式提供的信贷外，还包括非信贷信用，如担保、承诺及其他形式。

从产业供应链自身角度来看，供应链上的信用关系主要包括核心企业信用与节点信用。

（一）核心企业信用

核心企业是品牌的创立者和市场竞争的主角，是供应链竞争的主角，也是供应链信用的背书人。核心企业信用是供应链金融的逻辑起点，是节点企业信用的来源，也是供应链信用之锚。

核心企业信用是供应链金融业务开展首要的关注焦点，也是项目开展的先决条件，其稳定的信用水平是其他节点企业信用的保障，对整个供应链金融生态的构建、良好的信贷循环起到关键作用。信用不足的核心企业，供应链金融业务的开展也难以得到银行信贷的支持。

解决核心企业上游、下游节点的流动资金问题，也等于解决了核心企业的流动资金问题。为核心企业的众多上游节点企业提供信贷，相当于减少了核心企业因采购而发生的资金流出；给众多下游节点企业提供信贷，相当于核心企业可以更快地回收销售货款或提高销售的速度（分销节点企业有充足的资金进货），所以给供应链上核心企业上下游节点企业全面提供信贷，是从根本上解决核心企业的流动资金问题。

供应链金融的出发点并非为核心企业提供直接的信贷支持，而是为大量上下游节点企业提供信贷支持。核心企业在流动资金方面的问题并非缺少银行信贷的支持，关键在于大量上下游节点企业因难以获得银行的信贷支持，而导致核心企业的采购支付过多过快、销售资金回流慢等，从而影响核心企业的财务表现。

（二）节点信用

节点信用是指节点企业的经营状态、还贷能力与还款意愿。其中，财务状况决定还款能力，是客观的；还款意愿是主观意愿，借款人极易受到外部环境的压力，使主观臆断快速变化。在我国个人信用体系构建还需要假以时日的情况下，银行缺少准确判断还款意愿的方法。节点信用可采用违约率或坏账率来量化表达。

传统上采用以财务报表为主的信用评级方法，节点企业作为中小企业，难以达到银行认可的授信水平，实际获得银行信用贷款支持的比例仅为20%左右，原因是多方面的：

（1）中小企业普通缺少金融机构认可的抵押资产。中小企业在经营状况、盈利能力上具有较大不确定性，信用评级难以达到金融机构的授信标准。

（2）中小企业融资需求具有"短、频、快、急"的特点，而金融机构从接受企业的贷款申请、审查、审批到放款，流程和效率难以匹配中小企业的融资需求。

（3）银行管理成本占比过高也导致其对中小企业的惜贷。银行对中小企业贷款的信用成本和管理成本是对大企业投入成本的5~8倍。

（4）核心企业在追求利润最大化、美化自身的财务报表等动机的驱使下，将供应链中应收账款平均回收天数不断延长。

中小企业信用不足属于天然弱质性,其融资需求难以匹配银行的信贷配给,使得融资的便利性及融资成本问题更为突出。供应链金融的信用创造机制,可有效解决传统信贷视角的节点企业信用不足的问题。在经营周期内,节点企业的直接收入(一级供应商)或间接收入(一级供应商的供应商等)来自核心企业的采购订单,节点信用是核心企业信用的延伸或衍生,核心企业信用可以将节点企业的经营风险、财务风险隔离开,从而为节点企业提供信贷支持。

(三)系统性风险

正是因为供应链上核心企业与节点企业紧密关联,当宏观经济周期发生变化时,如宏观的货币紧缩政策,就会导致核心企业与节点企业面临系统性风险,尤其是对中小企业的冲击更大。宏观经济周期的影响是通过产业结构传递给核心企业的,再传递给供应链节点。在宏观经济周期开始下行、行业陷入低迷时,商业信用传递水平高的行业企业受到的影响最大,由于其商业信用作为营运资本的主要来源,当商业信用受行业影响而大幅下降时,就很容易陷入因资金链断裂而产生的经营危机。

根据供应链金融的业务特征,可以将系统性风险因素归纳为以下几点:

(1) 行业性风险。主要体现为行业景气度的波动风险。供应链中的中小企业更容易受到行业景气度波动的影响。

(2) 核心企业的断裂风险。供应链金融主要依赖核心企业的信用,如果核心企业信用出现不可控风险因素,这种风险也就必然会随着交易链条快速扩散到供应链系统中,进而可能导致出现供应链断裂风险。

(3) 异常事件风险(如虚假贸易)。供应链金融必须建立在真实贸易背景之上,如果出现重大的异常事件(如虚假贸易)而形成较大的风险敞口,则可能引发系统性风险。

当系统性危机发生时,整个产业链的上下游企业都开始收缩信用,这时需要加大银行信贷对产业链上的中小企业的支持,使得产业链内资金不出现短板和断裂风险,将链式交易维持在一定的活力水平之上,商业信用得以有效传递。相反,若将信贷主要投放于核心企业一端,则核心企业的信用并不能快速而有效地传递到上下游,因为核心企业有较长的应付账期和较低的预付额度,所以商业信用传递缓慢,注入的资金不能在整个产业链内快速流动而使得上下游节点企业陷入流动资金不足的处境。

三、供应链信用的特征

供应链不是主体机构,也不是法人机构,而是一组企业的集合,这使得供应链金融的内涵具有特殊性。供应链金融对供应链整体进行结构化融资,对供应链整体的信用评价,可称为供应链信用。

供应链信用是供应链整体表现出来的商业信贷还款能力和还款意愿,是开展供应链金融业务可量化的重要指标。从系统观来看,供应链信用是依据"债项—交易—节点信用—核心企业信用—整体信用"的逻辑关系而构建的系统信用。

供应链金融的基本逻辑为:虽然节点信用难以达到授信标准,但依托于供应链结构,动产(一般存货和应收账款)具有可抵押、可评估、流动性较好的特点,以质押或保理形成可预期的未来现金流,以偿还本息。

供应链信用是由核心企业信用与所有节点企业信用之和构成,这不是简单的加和关系,而是具有非线性的系统特征。供应链节点之间的信任关系相比一般性交易关系的企业关系更加牢固、可信。但节点企业是独立的经济实体,节点企业之间的利益冲突和信息不对称,以及决策人的有限理性,使得供应链内部存在相互制约、相互协调的复杂关系。每个企业都存在信用风险,供应链信用风险形成于由各节点企业信用风险相互传递的复杂网络。

供应链信用的系统特征包括以下几个方面的内涵。

(一) 核心企业信用是刚性的

核心企业的竞争优势和相对稳定的经营,使得核心企业信用具有刚性,可为供应链信用提供刚性的支持,是母信用,是节点信用的锚点。银行在某个区域市场开展业务时,优先选择该区域行业内的优质核心企业作为市场拓展的目标。上游节点企业的应收账款期限一般在3—6个月,在实际中很少见到核心企业会在这么短的时间内倒闭或破产的例子。但如果核心企业信用变化,可引发结构化的信用链发生剧烈的信用变化,从而引发供应链整体的信用风险。为避免核心企业信用变化而引起其他节点企业信用的巨大波动,应将核心企业的信用管理列为重点管理对象,这也是供应链信用管理的难点。

(二) 节点的信用风险具有普遍性

例如,不可抗拒力量、事件导致企业无法正常经营,最终不能按时偿付;经营管理不善,发生财务危机而无力偿付;信息接受迟滞,沟通不畅;产品出现质量不达标或争议而无法协调;恶意违约。在节点信用风险发生且无力承受时,信用风险将在供应链上进行传导、放大。节点信用必须依赖核心企业或供应链结构,否则难以达到银行的授信标准。

(三) 供应链信用风险存在"牛鞭效应"

供应链信用风险具有传染性、突变性等特点,对初始条件具有敏感依赖性的传染效应,是"牛鞭效应"的形成机制。"牛鞭效应"是经济学上的一个术语,指供应链上的一种需求变异放大现象,使信息流从最终客户端向原始供应商端传递时无法有效地实现信息共享,使得信息扭曲而逐级放大,导致了需求信息出现越来越大的波动。"牛鞭效应"是市场营销活动中普遍存在的高风险现象,它直接加重了供应商的供应和库存风险,甚至扰乱生产商的计划安排与营销管理秩序,导致生产、供应、营销的混乱。

信用风险具有传递性,呈现非线性特点,影响着整个供应链的风险水平。各节点企业之间形成单纯或混合的网络状结构,每一个节点的决策者都是"有限理性人",节点的决策者在评估来自上一节点的风险因素时,决策者可能采取超出预测的行动,从而逐渐放大风险,当风险达到一定的阈值时,决策者的过激行为可引发系统性风险。

(四) 供应链信用变化是风控管理的重点

节点企业类型众多,各自的决策目标与方法不同,节点企业的决策者容易受到链外企业和社会环境的直接影响。节点企业的信用变化、负面消息,也有可能迅速传染到全链。在互联网时代,负面消息的传播具有放大效应,从而对特定的群体产生极大的刺激,进而产生过激行为而放大风险,即"黑天鹅"事件。

(五)及时干预是有效控制风险的重要前提

金融科技的创新价值在于以信息技术切入金融的信用管理。通过及时掌握关于信用、权益变化的真实信息,以最快的速度及时干预信用变化,从而大幅度降低风险的发生概率,控制风险敞口的形成和扩大。例如,当核心企业现金流不足时,延迟支付上游企业贷款(风险传染),上游企业将立即产生资金压力,此时应及时注入流动性资金,防止压力过大。

四、信用链机制

供应链信用在形式上具有结构化,特征形成于核心企业信用的刚性支撑与链式交易的信用传递,使得核心企业信用具有衍生效应或乘数效应。

(一)信用链结构

供应链的典型结构以核心企业为中心,由供应源、上游供应商、核心企业、分销商、零售商、需求端组成链式结构。节点企业之间的交易关系形成信用传递关系,从而形成信用链。

核心企业作为信用水平最高的节点,是链内信用的注入点,也是其他企业信用的来源。以核心企业为中心,信用链分别向上游、下游拓展。信用链是从核心企业出发的单向的链式结构,一般为多个分叉的多向树。信用链结构依附于供应链结构中,但信用链的结构、流向与供应链的结构、流向不同。在制造业中,以核心企业为根节点,供应链中存在两类信用链,即采购信用链和销售信用链。

单核结构供应链(假设链内只有一个核心企业)如图3-7所示。

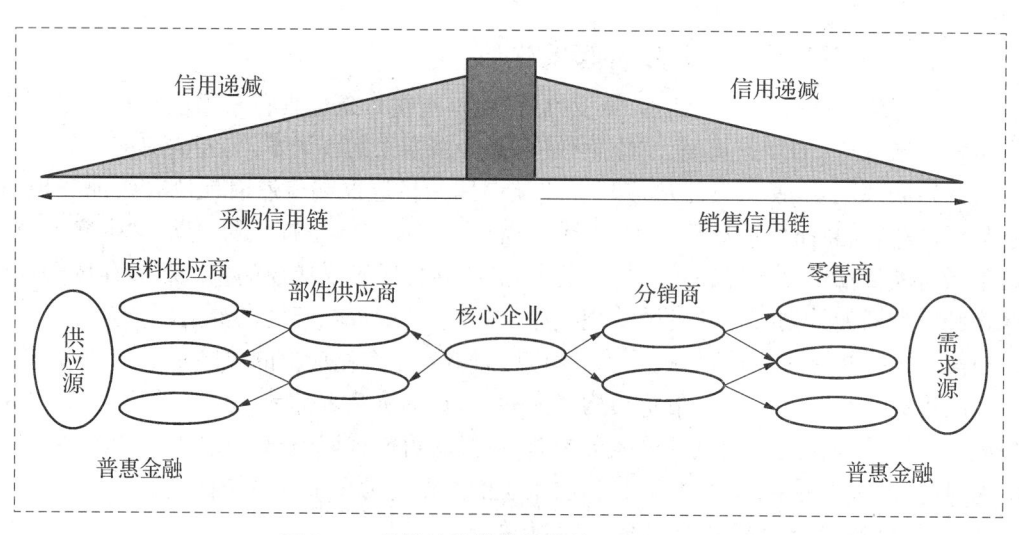

图3-7 单核结构供应链的信用结构示意图

信用传递及信用链结构特点表述如下：

（1）信用的传递通过供应关系或交易关系传递，且具有衰减性。核心企业为信用水平最高点，信用随着信用链的流向而递减，以核心企业为分水岭，形成中间信用水平高、两边节点信用水平逐渐下降的结构。远离核心企业的节点，信用水平逐步降低。

（2）若供应关系稳定，则信用传递稳定、衰减少。交易关系使得信用从核心企业一直传递到末端，但末端节点企业因信用衰减而信用最低。若核心企业经营出现问题而违约，则链内其他企业的信用会立即受到严重影响，如果出现传染性的支付违约，则有可能出现资金链断裂的极端情况。

（3）信用传递最多的节点是距离核心企业最近的一级供应商（上游）、一级分销商（下游），是拓展供应链金融的主要客户群体。一级供应商、一级分销商因与核心企业存在战略合作关系，能够获得数量稳定的订单和较为稳定的利润，所以信用水平较高。

（4）供应链两端的节点需要普惠金融的支持。供应链的首端与末端信用水平最低，这类节点（机构或个人）都同样存在强烈的融资需求，但更难得到正规金融的支持。例如，在农业供应链中，最上游的农民是信用水平较低的自然人，难以得到正规金融的服务。满足末端节点的融资需求，对供应链整体的价值创造十分重要。普惠金融应当大力支持这类节点。目前，一些供应链金融案例能够体现出普惠的理念，为最上游节点提供小额信贷，采用资金池、互保、巨灾保险等风控措施。

（5）信用链因衰减而造成的信用递减性，可通过管理来改善。供应链管理将供应链关系管理延伸到全链（最上游、最下游），并采取有效的信用管理方法和技术，可有效降低信用的衰减强度，从而维持供应链整体的信用水平。信用链管理的主体分为两类，一类是核心企业，从全链进行管理，如海尔模式；另一类是供应链服务外包模式，如怡亚通模式。供应链管理将更多级别的节点企业纳入管理中，降低信用衰减的梯度。

银行开展供应链金融业务，依据供应链信用的结构特点，应首先考虑核心企业的信用水平、供应链的信用结构，并依据结构特点来设计授信和风险策略。具有核心企业信用高、管理水平较高的供应链，是开展供应链金融的理想对象。

（二）信用传递

信用传递是供应链金融的产品设计、风险控制的核心机制，由供应链结构和运营特点所决定。采购方支付订金或预付，供应方按时间、质量等要求交货，验收合格后采购方支付全部货款。这样采购方通过交易将信用传递到供应方。

1. 信用传递机制

链式交易实现信用的连续传递。核心企业的生产计划（推式供应链）或订单（拉式供应链）驱动供应链运营，是有计划有目的的交易，而非临时性、随机的采购行为，采购驱动信用依次向上游节点传递。除非核心企业的计划与订单发生异常，或者节点企业自身的原因（不按时交货、质量不合格等），否则链式交易将正常执行，信用传递顺畅。

下面给出三级采购交易的信用传递机制，如图3-8所示。

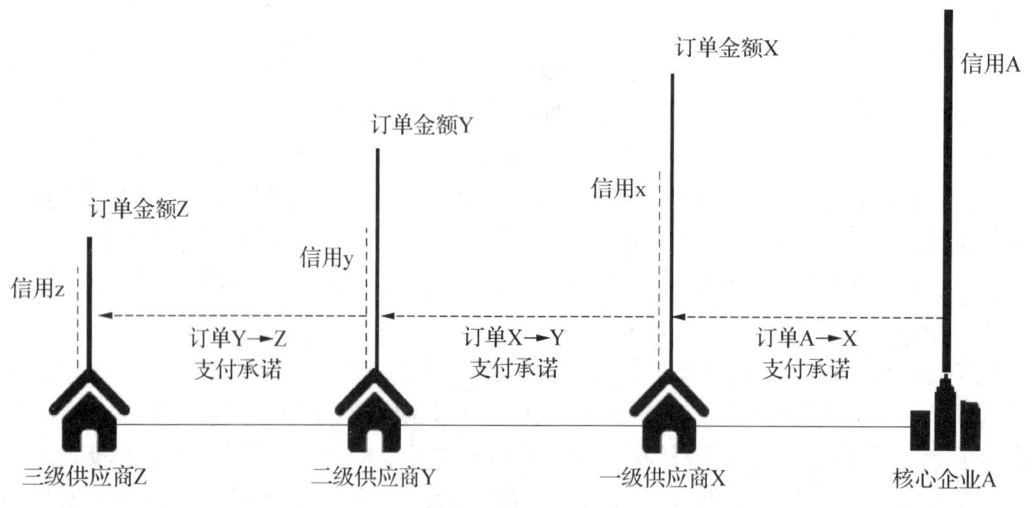

图3-8 多级交易的信用传递机制示意图

如上图,核心企业的信用为A(如一个生产计划或订单),然后向上游进行采购,进而由三个链式关系的订单形成交易链,即订单A—X,订单X—Y,订单Y—Z。核心企业的信用以"链"的方式将信用传递给下游节点企业。

订单让供应链节点获得订单金额,在采购方的支付承诺下(自偿),订单金额形成一项应收账款,即债权;供应节点向银行申请应收账款质押融资,银行对该债项进行评估后给出一个质押率(如70%),那么节点的信用为(订单金额×质押率K)。

(1)核心企业A——级供应商X,订单A—X,核心企业承诺收购和支付(核心企业的信用为刚性),核心企业信用A就通过交易以承诺方式传递给一级供应商,一级供应链的信用额度为X×K1,质押率设为K1。

(2)一级供应商X—二级供应商Y,订单X—Y,一级供应商承诺收购和支付(一级供应商的信用是真实、有效的),订单金额X就以信用的方式传递给二级供应商Y,二级供应链的信用额度为Y×K2,质押率设为K2。

(3)二级供应商Y—三级供应商Z,订单Y—Z,二级供应商承诺收购和支付(二级供应商的信用是真实、有效的),订单金额Y就以信用的方式传递给三级供应商Z,三级供应链的信用额度为Z×K3,质押率设为K3。

经过三次链式的接力式采购交易,使得系统中形成信用,考虑到质押率,则供应链整体的信用额度为:$B=X\times K1+Y\times K2+Z\times K3$。

【算例1】核心企业确认某个生产计划,开始执行采购和生产,采购额为100万元,即信用A形成。订单A—X的金额X为80万元,订单X—Y的金额Y为60万元,订单Y—Z的金额Z为40万元。质押率全部设为80%。

供应链信用:$B=80\times 80\%+60\times 80\%+40\times 80\%=144(万元)$

2. 商业信用传递

商业信用传递是由供应链结构决定的。订单作为拉式供应链的驱动源(消费者需求拉动),带动下游的销售速度提高、核心企业的回款速度加快;带动上游销量增长,导致订货量增长,应收账款增长,从而带动整个供应链对资金需求的增加。

企业财务管理一般要求营运资本净额(即流动资产减去流动负债)保持相对的稳定。假定在企业流动资产中,应收账款为 R,其他流动资产为 M;在流动负债中,应付账款为 P,银行借款为 B,其他负债为 L。营运资本净额 X 的计算公式如下:

$$X=(R+M)-(P+B+L)$$

当信贷政策处于扩张阶段时,核心企业更容易以较低利率获得银行信贷支持,考虑到银行信用成本小于商业信用成本,企业会尽可能利用银行借款来支持赊销扩张;若信贷政策处于收缩阶段,核心企业难以获得商业银行借款支持,则获取供应商的信用成为扩大赊销的主要资本来源。当信贷政策处于收缩阶段时,企业会扩大商业信用获取,减少商业信用提供,导致商业信用传递水平降低,此时供应链更需要提供流动性支持。

(三) 乘数效应

在算例 1 中,供应链信用 B(节点信用之和)大于核心企业信用 A,供应链结构使得核心企业信用放大了,即乘数效应。这是供应链金融所谓的"结构化授信"的量化表述。乘数效应使得银行的规模效应更为显著,从经营角度看,乘数效应的放大作用使得供应链金融的投资回报率可以超过传统信贷的收益水平,为银行开创蓝海战略(企业为开拓未知领域而产生的一种战略)开辟一条新路。

影响供应链信用 B 的变量包括核心企业信用、质押率、采购金额。其中,核心企业信用为关键变量,其变化显著影响供应链信用。

接算例 1,假设核心企业信用为 90 万元,采购额依次为 72 万元、54 万元、36 万元,则供应链信用:B=72×80%+54×80%+36×80%=129.6(万元)

可得:$\Delta A=100-90=10$,$\Delta B=144-129.6=14.4$

结果:$\Delta A=10$,$\Delta B=14.4$,ΔB 相对于 ΔA 有明显增长。

上述结果说明核心企业的信用变化对供应链信用的影响具有放大效应。

供应链信用的乘数效应,表示核心企业信用作为供应链信用的关键变量,其增减将引起供应链信用总量的连锁反应。当核心企业的信用下降时,可能引起供应链信用的急剧收缩,引发信用风险传递的"牛鞭效应",即供应链信用对核心企业信用具有初值敏感效应。

如果不存在核心企业的信用传递,那么所有节点企业就会因为缺少核心企业刚性的信用支持,所有的债项无法从企业经营风险中隔离出来,对银行来说,供应链信用近乎为零。也就是说,供应链的结构化才是银行真正的兴趣所在。当核心企业信用水平下降时,信用波动也意味着风险传递。上一级节点的信用水平下降,会传递给下一级节点,使得下一级节点的信用水平下降,最终致使供应链信用水平快速下降。

在供应链金融管理中,要遵循供应链信用管理的特点,促使节点信用上升并有效传递,防止节点信用下降并阻断信用的快速下降,这是风险管理的关键原则之一。

(四) 风险(违约)传染

有研究表明,决定信用风险的核心变量是违约率(借款人出现违约风险),即信用水平的量化指标是违约率。供应链信用有别于单个企业的信用。一条供应链的违约率也受核心企业和非核心企业的违约率的双重影响,使得该供应链的违约率不小于核心企业的违约率,不大于链上其他节点企业的违约率。供应链的违约率是指链上的所有合作伙伴相互协调形成的整体表现出来的违约率。

供应链节点企业的违约风险来源于三个方面:

(1) 特有风险,产生于企业自身,如财务问题、质量问题等;

(2) 节点企业的交易对手违约而导致节点企业违约;

(3) 违约传染效应,突发性事件(核心企业支付违约、链内出现现金流断裂节点)和大概率事件(如宏观经济下滑)导致核心企业信用出现大幅波动,从而带动全链的信用发生巨大变化。

核心企业违约的传染效应具有初始条件敏感效应,导致节点企业的违约强度出现跳跃,变化强度取决于节点与核心企业的相关度。若节点与交易节点的相关性较小,那么其他节点违约导致的交易节点风险所带来的影响就比较小,甚至可以忽略;若节点之间的相关性较大,则节点违约对另一个交易节点的风险影响就会较大。

非核心节点之间的相关性及由此带来的交易节点违约,仍然会引起违约传染。核心企业信用对供应链信用具有支点作用,但当以产品组合向非核心节点提供综合授信时,节点之间的交互关系更为复杂,风险的传染效应也更为复杂。在整体信用评价及核心企业信用担保的机制下,节点的违约风险并不因此而消除,相反在某些情况下还会放大。因此,在实践中必须加强对节点违约风险传染的管理。

五、核心企业在供应链金融中的作用

如前所述,供应链金融就是金融机构根据产业特点,围绕供应链上核心企业,基于真实的交易过程向核心企业和其上下游相关企业提供的综合金融服务。供应链金融这块业务主要是涉及B端,不涉及C端消费的一种金融服务,它不向个人消费者开放。它有一个明显的特点就是:核心企业不可或缺。它既可以向上游供应商贷款,也可以向下游分销商贷款。另外,供应链金融在设计过程中基于真实贸易背景,需要严格审查销售合同、订单、发货单、收货单等凭证,在对接财务、确定历史经营结算情况、测算合理额度等方面往往需要核心企业的配合。

核心企业对供应链组成有决定权,对供应商、经销商、下游制造企业有严格的选择标准和较强的控制力。因此,在供应链金融中,投资方的评估重点是供应链中核心企业的地位和财务状况。

从金融机构的角度看,依托核心企业开展供应链金融,无论是风险控制、降低成本,还是提高收益方面都更具优势。

(一) 帮助金融机构有效降低和控制风险

一是依托核心企业可以实现对节点企业的增信。以与核心企业的真实交易作为背景,金融机构可以跳出对节点企业的信用风险评估,而转变为对核心企业的信用状况和实力以及交易真实性和风险性进行评估,这实际上是将核心企业与节点企业的信用进行捆绑,将核心企业的信用延伸到了节点企业,节点企业的信用相应升级。

二是降低违约风险。核心企业通过为节点企业提供信用担保、承诺回购质押货物以及承诺到期付款等方式参与了整个借贷过程,同时为了保证整个供应链条资金流的顺畅,核心企业也会监督节点企业生产中的各个环节,能够有效提高节点企业履约能力及意愿,从而减小违约风险。

三是减弱借贷双方的信息不对称。核心企业作为供应链中的信息交换中心、物流中心、结算中心,对节点企业的相关交易信息掌握较为充分,金融机构通过核心企业获取相关数据,可以有效降低信息获取成本,减弱借贷双方的信息不对称。

(二) 显著降低金融机构业务开展成本

供应链上的节点企业往往数量众多,遍布全国各地,出于多种因素,金融机构不可能在每个城市设点经营,如果想要与众多的节点企业开展业务,并从中筛选出优质客户,需要耗费巨大的人力、物力、财力,导致业务开展成本将难以预算。

(三) 帮助金融机构批量开发客户

核心企业是供应链中的信息交换中心、物流中心和结算中心,其他节点企业都通过围绕核心企业的信息流、资金流、物流组织生产活动。

(四) 帮助金融机构扩大市场份额,增加收益

目前金融市场上,核心企业及各个一级、二级供应商已基本被各个金融机构瓜分完毕,想要从这些核心企业或一、二级供应商方面着手提高市场份额往往很难。

供应链金融其实是互联网金融的一种特殊形式,而互联网金融的"长尾理论"告诉我们未来金融机构利润的增长点往往在之前被忽视的长尾市场。核心企业背后有众多的中小企业,如果能依托核心企业迅速抢占以中小企业为主的金融市场,延伸业务触角,这对金融机构扩大市场份额具有重大意义。过去金融机构针对节点企业主要开展的是信贷业务,而供应链金融是金融机构根据产业特点,围绕供应链上核心企业,向链上相关企业提供的综合金融服务,除了信贷业务,还包括财务管理、结算、金融信息咨询、保险等,业务种类增加,无疑为金融机构提供了更多的收入增长点。

正因为核心企业在帮助金融机构控制风险、降低成本、提高收益方面具有显著作用,所以目前国内供应链金融主要依托核心企业开展。

任务三 供应链金融发展存在的问题与趋势前景

一、供应链金融风险

供应链金融在较完善的供应链网络中可通过紧密的合作关系解决各环节资金问题,较大地缩短现金流量周期并降低企业运营成本,但如同一把"双刃剑",在增加供应链企业运营效率的同时也会对其经营产生一定的风险因素。

以下从两方面对供应链金融风险进行阐述:一方面,供应链企业提供金融类服务时(如保理、贷款等),将面临不同的外生风险,或对经营产生影响;另一方面,供应链金融业

务嵌入企业经营业务(应收账款融资、库存融资以及预付款项融资模式)中或导致经营及财务状况存在一定的内生风险。

(一)供应链金融外生风险

一般指外部经济周期、金融环境及产生政策发生变化,对供应链金融造成的影响。下面主要从宏观经济周期、政策监管环境以及市场金融环境三方面来分析。

1. 宏观经济周期

供应链金融在一定的经济环境中运行,金融活动涉及不同产业、融资平台以及流动性服务商,相较于单环节运行的传统贸易业务,涉及范围较广,一旦经济状况出现波动,将导致供应链金融模式中的环节主体面临较大的风险,从而导致整体供应链资金风险加剧。尤其在经济出现下行或衰退时,市场需求疲软,供应链中企业面临生存经营困难甚至破产等问题,最终造成金融活动丧失良好的信用担保。

2. 政策监管环境

传统金融活动主要由商业银行等金融机构主导,随着市场的快速发展以及企业的迫切扩张,为满足市场业务发展需求,金融工具得到不断创新,同时在政策监管的允许下,非金融类企业在取得相应资质后可经营金融类业务,并受到相关法律及监管条例约束。例如,供应链贸易企业可从事保理、贷款及融资租赁业务。一旦政策监管环境发生变化,或对供应链贸易企业提供的金融业务的监管力度提高或约束范围扩大,将对供应链金融活动产生不利影响。

3. 金融环境

供应链金融业务主要盈利来源于息差收入,当供应链企业获取的融资成本远小于其从事供应链金融业务所获得的利息收入时,供应链金融业务利润空间较大。一旦市场流动性偏紧,金融环境恶化导致资金成本上涨,供应链金融业务融资费用增加,尤其在市场利率出现较大波动的情况下,供应链金融业务利润收缩,甚至造成供应链各环节企业资金紧张,融资款项无法收回。

(二)供应链金融内生风险

供应链企业在经营过程中结合具体业务模式,在采购、库存以及销售阶段提供不同的融资模式,将资金风险转移到自身,并获取毛利率高的资金收益。具体从经营以及财务两方面来进行分析。

1. 经营风险

(1)供应链关联度风险。较为完善的供应链体系整合度较高,资金流转在供应链业务中形成闭环,供应链企业可通过对各环节的跟踪管理来控制供应链金融风险,同时要求供应链采购、生产、销售、仓储及配送等各环节在涉及的贸易业务领域上具有较高的关联度,可对同一领域业务形成紧密、配合顺畅的合作关系。而一旦供应链企业关联度低,融资环节出现缺口造成风险不可控,或将对供应链金融业务参与企业经营造成损失。

(2)供应链上下游企业信用风险。供应链上下游企业的信用状况在一定程度上反映出其偿债意愿以及偿债能力,良好的资信状况是供应链金融业务正常运转的前提。中小企业通常资信状况相对于大型企业较差,加之我国征信体系尚不健全,导致违约成本不高,易出现债务偿还延缓或回收困难,供应链金融风险加大。

(3) 供应链贸易背景风险。在虚假的供应链贸易融资背景中,通过提供虚假的业务单据和货物凭证来取得融资借款,而资金被转移至其他投机或投资业务,导致供应链企业所提供的金融业务产生巨大资金损失。

(4) 供应链管理及运营风险。从供应链管理角度,供应链各环节的有效整合管理是供应链金融业务正常运转的基本前提。供应链企业通过其专业的管理能力促使各环节主体紧密配合以及协调统一,同时也对供应链企业专业水平提出了更高的要求。一旦供应链企业运营过程中出现管理机制问题或将引起供应链风险失控,将对供应链经营造成一定冲击;从供应链上企业运营角度,供应链上下游各环节企业自身运营状况良好决定了供应链业务的正常运作,一旦某个企业经营恶化,造成商流、物流及信息流的不连贯性,触发资金流的断裂,供应链金融业务链随之崩塌。

2. 财务风险

(1) 资产流动性风险。供应链企业通过赊销和垫付的模式为链条上中小企业提供融资服务,导致企业出现较大规模的预付款项和应收账款,资金的提前支出与延迟回收降低了企业资金效率并易造成企业阶段性的经营资金压力,当大规模的预付和应收类款项出现问题或将出现流动性问题时,不利于企业业务拓展。

(2) 债务融资风险。供应链企业在提供金融服务的同时,自身对外部资金需求较大,通过债务融资的滚动维持金融业务的发展。具体过程中,企业依托自身良好的资信情况以及整体供应链为潜在的担保基础,向银行等机构获取借款,再通过供应链贸易业务或金融业务将资金放贷至其他中小企业来获得资金套利。因此,供应链企业债务负担较重。随着业务规模的不断扩大,杠杆水平持续增高,或对后续的再融资业务形成限制,高杠杆、重债务的经营模式将加剧供应链金融风险的暴露。

(3) 现金流风险。大量的垫资和赊销业务导致企业资金出现较大幅度的流出,且回收期限延缓,不利于流动性的积累。经营性现金流对企业债务覆盖能力较差,企业经营及债务偿还资金依赖于外部融资,造成较大的筹资压力,一旦出现外部融资渠道受阻,供应链企业将面临资金断裂风险。

(三) 应对供应链金融风险常用的风控措施

1. 审慎选择供应链金融对象

供应链金融业务以供应链群体企业之间良好的合作关系为信用风险管理的主线,优势行业与畅销产品是维护良好的供应链合作关系的前提,也是有效控制供应链信贷业务信用风险的重要前提。应事先选择允许开展供应链融资的行业和产品,将市场准入作为控制供应链信用风险的第一道防线。

2. 控制质押品风险

买方市场时代,产品的质量、更新换代速度、正负面信息的披露等,都直接影响着质押商品的变现价值和销售。因此,应根据市场行情正确选择质押物,并设定合理的质押率。

一般来讲,选取销售趋势好、市场占有率高、实力强、知名度高的产品作为质押商品,并对其建立销售情况、价格变化趋势的监控机制,及时获得真实的资料,避免由信息不对称引起对质押货物的评估失真,控制市场风险。

3. 强化内部控制,防止操作风险

应对供应链金融的操作风险,应该建立并完善内控体系,重点提高业务人员关于供应链金融的综合素养,完善供应链金融的业务流程,同时根据"专业的人做专业的事"的原则,利用第三方(保险机构、物流公司等)合理转移风险。

4. 明确各方的权利义务,降低法律风险

供应链金融面临的法律风险的降低,最主要的方式是加强法务部门建设及相关法律人才的培养,对与供应链金融相关的法律法规深入研究,同时应制订严格的协议与条款以明确各主体的权责,减少法律摩擦。再者,严格控制内部员工及第三方代理机构的无效法律行为。

5. 逐步构建完善的供应链金融风险评估模型

在发展供应链金融业务的同时,也要注意信用评级系统数据库中数据的逐步积累。当今风险控制的发展趋势是数量化、模型化,供应链金融作为一项新的信贷业务,风险评估模型更是不可或缺,而构建完善模型的基础就是具有代表性数据的收集。所以要注意投入物力、人力开发供应链金融风险的评估模型,使此业务今后的风险管理成本减少且更有效率。

思政小课堂

供应链融资风险,期待金融科技赋能

2019年7月前后,多起供应链融资风险事件曝光。第三方财富管理机构诺亚财富旗下上海歌斐资产管理有限公司发行的34亿元人民币产品,为承兴国际控股关联方提供供应链融资,此案件系精心策划、酝酿多年的诈骗案件。紧随承兴系之后,福建闽兴医药有限公司的应收账款融资涉及造假被曝光,包括中原证券、国联信托在内的多家金融机构,均被卷入其中,涉及资金规模可能超过22亿元。

现阶段供应链金融发展,仍伴随着各类风险点和实务上的痛点,但近年来5G、物联网、云计算、大数据、人工智能、区块链等技术的发展和应用突破,使大家对金融科技赋能供应链金融走向更加成熟和智能的未来充满期待。

二、供应链金融发展存在的问题

供应链金融围绕银行和核心企业,管理供应链上下游中小企业的资金流和物流,并把单个企业的不可控风险转变为供应链企业整体的可控风险,相比传统的融资模式,供应链金融具有独特的优势。虽然国家各部委都在鼓励供应链金融产业快速健康发展,但是传统供应链金融业务开展过程中仍存在诸多的问题与挑战。在传统供应链金融上,供应链上存在信息孤岛,核心企业信用不可传递,缺乏可信的贸易场景,履约风险无法得到有效控制,且融资难、融资贵。

目前供应链金融业务亟待解决的痛点体现在以下几个方面(见表3-4):

表 3-4 传统供应链金融存在的问题

痛 点	具体内容
供应链上存在信息孤岛	供应链网络环节众多,同一供应链上企业的 ERP 系统并不互通,导致企业间信息割裂无法互通,全链条信息难以融汇,或者信息集成整合的时间成本、资金成本、信任成本高昂,导致信息孤岛的局面可能在较长的一段时间内持续存在。对银行等金融机构来说,企业的信息不透明意味着风控难度增大,对企业融资与金融机构渗透都是巨大的障碍
核心企业信用不能传递	信息孤岛问题导致上游供应商与核心企业的间接贸易信息不能得到证明,而传统的供应链金融工具传递核心企业信用能力有限,银行准入条件比较高,商业汇票存在信用度低的问题,导致核心企业的信用只传递到一级供应商层级,不能在整条供应链上做到跨级供应。产业链信用传递困难,产业信息透明度差导致信用跨级传递困难
缺乏可信的贸易场景	国内供应链网络内部治理的不清晰、运营管理水平的缺陷,以及各类金融科技技术规模应用的水平和成本的约束,造成贸易场景验证、履约风险控制的方法手段有限或相应的成本高昂。在供应链场景下,核心企业为可信的贸易背景做背书,银行通常只服务核心企业及其一级供应商的融资需求。而供应链上的其他中小企业缺乏实力来证实自身的还款能力及贸易关系的存在,在现存的银行风控体系下,难以获得银行融资;相对地,银行也很难渗入供应链进行获客和放款
履约风险无法有效控制	国内营商环境存在缺陷,大部分中小企业的信用历史不完善,导致道德风险频发。而履约风险控制的方法手段有限或相应的成本高昂。供应商与买方之间、融资方和金融机构之间的支付和约定结算受限于各参与主体的契约精神和履约意愿,尤其是涉及多级供应商结算时,不确定因素较多,存在资金挪用、恶意违约或操作风险
融资难融资贵	在目前赊销模式盛行的市场背景下,供应链上游的供应商往往存在较大的资金缺口。但是,如果没有核心企业的背书,他们难以获得银行的优质贷款。而民间借贷利息成本往往很高,导致融资难、融资贵现象突出

资料来源:前瞻产业研究院整理。

此外,随着数字化经济的快速发展,产业供应链数字化难以全面达到均衡,也成为制约因素。产业供应链网络极其复杂,涉及的参与主体众多且各异,各个主体所处位置和诉求不同、自身资源与能力不同、运营管理水平不同,因而其发展积累的业务数字化水平和能力不同,其在现有状况下实现进一步数字化的成本和效率不同。数字化是运用科技手段赋能供应链金融的前提和基础,企业是否有足够的动力和能力承担数字化的成本,完成必要环节流程的数字化,是金融科技助力供应链金融首先要面对的问题。

三、区块链对痛点的解决方案

随着区块链等新兴技术的发展,供应链金融传统场景下的业务痛点,正是区块链等新兴技术的施展之处。区块链是点对点通信、数字加密、分布式账本、多方协同共识算法等多个领域的融合技术,具有不可篡改、链上数据可溯源的特性,非常适合用于多方参与的供应链金融业务场景。

传统的供应链金融无法满足中小企业融资需求的重要原因在于信息不对称。作为当下信息技术"风口"的区块链是一个信用机器,能消除供应链金融的一些痛点。区块链技术与供应链金融"耦合",成为突破现有供应链金融下的中小企业融资瓶颈的重要解决方案之一。区块链技术针对供应链金融痛点的解决方案如下(见表 3-5):

表 3-5　区块链针对供应链金融痛点的解决方案

解决方案	具体内容
解决信息孤岛问题	区块链作为分布账本技术的一种，集体维护一个分布式共享账本，使得非商业机密数据在所有节点间存储、共享，让数据在链上实现可信流转，极大地解决了供应链金融业务中的信息孤岛问题
传递核心企业信用	登记在区块链上的可流传、可融资的确权凭证，使核心企业信用能沿着可信的贸易链路传递，解决了核心企业信用不能向多级供应商传递的问题。一级供应商对核心企业签发的凭证进行签收之后，可根据真实贸易背景，将其拆分，流转给上一级供应商。而在拆分、流转的过程中，核心企业的背书效用不变。整个凭证的拆分、流转过程可溯源
丰富可信的贸易场景	在区块链构架下，系统可对供应链中贸易参与方的行为进行约束，进而对相关的交易数据整合及上链，形成线上化的基础合同、单证、支付等结构严密、完整的记录，以佐证贸易行为的真实性
智能合约防范履约风险	智能合约是一个区块链上合约条款的计算机程序，在满足执行条件时可自动执行。智能合约的加入，确保了贸易行为中交易双方或多方能够如约履行义务，使交易顺利可靠地进行
实现融资降本增效	在区块链与供应链金融的结合下，上下游的中小企业可以更高效地证明贸易行为的真实性，并共享核心企业信用，可以在积极响应市场需求的同时满足对融资的需求，从根本上解决供应链上"小微融资难、融资贵"的问题

资料来源：前瞻产业研究院整理。

区块链技术能释放核心企业信用到整个供应链条的多级供应商，提升全链条的融资效率，从信息流转、信用传递、业务场景、回款控制以及中小企业融资上提高整个供应链上的资金运转效率（见表 3-6）。

表 3-6　传统供应链金融与区块链供应链金融的对比

类　　型	区块链供应链金融	传统供应链金融
信息流转	全链条贯通	信息孤岛明显
信用传递	可达多级供应商	仅到一级供应商
业务场景	全链条渗透	核心企业与一级供应商
回款控制	封闭可控	不可控
中小企业融资	更便捷、更低价	融资难、融资贵

资料来源：前瞻产业研究院整理。

目前，我国已经有一些企业着手将区块链应用于供应链金融领域，并且还取得了不错的成效。例如，由腾讯与联易融共同合作，运用腾讯区块链技术打造的区块链供应链金融平台"微企链"，在 2018 年 10 月，已服务上链的核心企业 71 家，已建立战略合作的银行 12 家，服务行业覆盖地产、施工、能源、汽车、先进制造、医药等。而 2018 年 10 月 18 日，平安集团旗下金融壹账通正式推出了壹企链智能供应链金融平台，布局区块链＋供应链金融领域。通过区块链技术穿透传统底层，这对传统供应链金融是一个颠覆。未来，将会有更多的企业扎入区块链落地供应链金融的浪潮中。

四、供应链金融未来展望

在政策加持和金融服务实体经济、普惠金融的大势下,供应链金融是一块巨大的蛋糕,越来越多的企业投身其中,希望分得一杯羹甚至掌握"切分蛋糕"的大权。金融科技的发展,为供应链金融产业生态重构优化注入了"活水",随着物联网、云计算、大数据、人工智能、区块链等技术的运用和突破,供应链金融产业生态中各主体之间的相对关系有望被重新勾勒。

(一)产业垂直化深耕

供应链金融的核心和基础是产业,不同产业的主体特征、生态、周期、资金流动特征等不尽相同,这就决定了不同产业的供应链管理流程差异巨大,也就很难有一个市场主体能够跨越巨大的产业鸿沟,形成具有普适价值的供应链管理模式。因此,在垂直领域的深耕是未来供应链金融发展的重要方向,横向发展很难形成规模化,只有在纵向市场的深度垂直才有可能利用甚至化解核心企业对行业的控制力,从而在纵向市场形成一种良性的生态和平台。未来供应链金融的突围方向,可以先走纵向垂直化,再走横向规模化的道路。这就需要包括金融科技企业在内的新兴公司能够深度下沉,真正吃透目标产业的商业模式和运营逻辑,在此基础上提供"滴灌式"的供应链金融服务解决方案。

(二)跨学科技术融合,构建平台

资源驱动变为技术驱动,科技赋能深化,"核心化"与"去核心化"在竞争中融合,供应链金融平台主体生态化的未来可期。"核心化"模式下核心企业拥有整合资源的独特优势,短板可能是在金融科技领域的积淀和技术创新的能力;"去核心化"模式下金融科技企业的技术资本无疑是强项,但对产业的理解和把握不及核心企业的敏感和嗅觉。"去核心化"模式,是指我们不再需要依赖于核心企业的信用支撑,而是利用大数据、区块链等技术,显著降低供应链交易中的验证成本和信息不对称难题。所谓"去核心化"并不是意味着核心企业不再参与供应链金融产品的交易,而是核心企业不再作为构建生态的控制者,甚至某些环节的确权可以抛开核心企业,它将只是作为一个信息提供者和资产管理者的身份出现。这种模式下,更多的企业能够参与到供应链金融产品的设计中,比如平台类企业运用大量的交易数据、物流类企业运用海量的物流数据,都能作为有效的切入点来建立"去核心化"的生态。无论"核心化"还是"去核心化",两种供应链金融平台的发展模式赖以生存的基础都是运用金融科技的能力,尤其是运用金融科技提升供应链管理效率的能力。短期内很难说两种模式谁将取得决定性的胜利,但不可否认的是两种模式都会在供应链金融领域迅速布局、抢占先机,最终的结果取决于运用金融科技的能力和对供应链的理解。从这个角度来看,两种模式有可能在竞争中走向融合,在平台化基础上的主体生态化成为未来趋势。在供应链金融平台生态中,单一主体无法占绝对优势,各主体发挥各自专业优势,各司其职,相互依存,供应链金融平台生态复杂动态变化,但系统趋于稳定。

(三)金融服务后台化,协同创新

首先,供应链金融服务自身更加综合,不再局限于融资服务,而是和保险、理财、现金管理等企业金融服务一起,以综合金融解决方案的方式呈现;再者,供应链金融作为供链服务的一项被整合、配套服务被同步提供,最终体现为供应链运营的整体效率的提升;最后,在金融服务综合化的基础上,拥有灵活的机制和快速的反应能力和创新能力会独具优势,提供面向具体业务场景的综合金融解决方案。

在科技赋能供应链金融的过程中,可能呈现出以下几种层级递进的状态:

(1) 交易场景数据化。科技与供应链场景深度融合,实现各供应链环节的进一步数据化、线上化。通过技术手段让交易的单证、交易的资产能够做一个真实性保证和真实反映,实现从物理世界到数字世界的真实映射。

(2) 交易过程可视化。通过把整个供应链交易的过程链条数字化可视化,包括真实性交易场景的还原,交易资产的持续监控,更加全面和动态地反映供应链的实际运行状态。在此基础上,相关参与主体之间的信息不对称和信任成本被大大降低,金融科技承担了传递产业信用的媒介作用。

(3) 供应链条智能化。在更加多元化的供应链金融网络生态中,包括产业供应链的交易方、流动性提供方、风险管理方等多方角色主体在内,各个主体不仅能够有效地触达信息数据,还能与生态网络进行深度的数据信息交互,信息的广度、深度、实时性都将大幅提升。

供应链金融的各个主体链接的生态呈现出松耦合的状态,供应链金融网络生态将呈现出预见性、智能化的特点,在此基础上重构和变革供应链运营和金融服务模式成为可能。

(四) 监管体系层次化,合规运营

地方政府、行业协会等极具影响力的第三方将发挥重要作用。政府、金融机构与企业之间的数据互联互通,可打破数据孤岛;行业协会可推动行业数据互联互通,助力行业发展与金融科技解决方案的结合,建立合规运营的行业秩序。

任务四 区块链解决供应链金融应用基础

一、区块链与供应链金融的适配性

供应链金融为互不信任节点之间的资产交易行为,在隔离资产的主体信用存在风险的情形下,具有信用的资产质量(如产权完整性、相关证明、签章),可以根据该项资产的形成过程及其交易历史来验证该项资产的真实性、合法性。

供应链金融是银行、平台、物流公司等多方参与、多角色参与的财富管理与信用创造的过程,每一个角色的行为在融资全部过程中都以法律为行为边界,需要对每一个角色的"责、权、利"做出明确的界定,也需要记录每一个角色的行为轨迹,作为日后产生争议的证据。依法办事、按合同约定执行和及时存证,是供应链金融合规和风险防范的基本策略。

供应链金融多属间接金融,是涉及三个或三个以上机构之间的借款行为。金融服务借助于独特的供应链结构、结合动产质押,构建比传统信贷更为复杂的、多样化的资产交易场景,信用的构造更为精密与立体化。

但构建于复杂交易结构之上的信用创新技术,需要金融专业人士深入供应链知识体系

中,而供应链金融软件开发者、质押监管者等也需要深入金融专业的知识体系中,业务复杂的知识结构和信用创造的精密结构加大了业务和操作难度。金融科技的发展目标之一是减少业务的复杂度,进而降低融资成本,提高融资便利性,便利供应链金融服务能更大程度地满足市场需求。

区块链技术的特性与供应链金融的特性具有天然的匹配性。区块链应用于供应链金融,最终使得融资的便利性与融资成本方面具有颠覆性的改进。

(一) 供应链金融需要区块链来建立 P2P(点到点)的强信任关系

随着供应链金融商业模式从 1.0、2.0 到 3.0,参与交易节点的类型与数量剧增,关系更为复杂;在产业供应链金融中,融资链越来越长,单笔融资的数量增大。第三方信用处理这类交易的成本越来越高且效率低下。区块链依据参与节点的结构来布置分布式账本,数据无须单一的中心化机构来统一维护;共识达成的协议具有不可篡改性,节点不可能按照有利于自己的原则来操控数据。因此,区块链建立点对点的关系,将简化供应链金融越来越复杂的业务模式,为供应链金融的高级化提供强信任关系的保证。

(二) 供应链金融需要区块链实现一致性、透明的融资账本

在区块链架构下,融资业务驱动的数据在节点进行公开和集中,形成由基础合同、单证、支付等结构严密、完整的交易记录,不同参与者使用一致的数据源,无须单独去寻找分散在各节点、各系统的数据;避免了重复审查和反复校验的过程,可将人工审核的工作量缩短 60%～80%。在区块链数据的高信用下,数据具有重复使用、可追溯性和实现供应链透明化的优势,有助于构建高效率融资处理的服务平台。

(三) 供应链金融需要高级别的数据安全性

区块链加密记录并在参与各方在线签署的情况下形成不可改变的记录,且这类账本几乎不可能受到损害,达到金融级别的安全性。分布式数据库是全网共有的公开账本,所有运作规则(算法)公开透明,可以随时清算、审计,解决了传统财务体系的痛点。区块链数据的记录不会丢失、无法篡改,解决了现实中存在的单证伪造、遗失等问题。

(四) 供应链金融信用自证,避免了人为因素的影响

传统模式为单中心或单节点记账,而区块链没有任何一个节点可以单独记录账目,避免了单一记账人的信用风险。在传统的中心化模式下,需要很多中介发挥作用才能保护交易的正常进行。区块链的去中心化架构发挥全局互信机制,以组织链本身来形成互信,参与方越多,实现的互信成本越低。同时,区块链作为分布式总账,需要多方参与才能确保分布、时序及不可篡改的特性。所以,供应链资产交易是区块链技术较为理想的应用场景。

(五) 有助于形成良好的交易秩序和商业生态

供应链金融是在供应链结构中不断形成价值和传递价值的过程,而区块链依据供应链结构,对价值交易过程进行连续的记账、所有参与人共同见证和监督交易,对供应链金融产生良好的交易秩序和生态具有关键作用。区块链作为机器信用、计算信用,以其分布式、可追溯、自组织性等特性有效弥补了供应链金融信用机制的缺陷。

(六）创新供应链金融交易制度

每一笔资产交易都由全网节点共同背书，所以对于参与方的身份审查、交易历史、历史单证的审查都变得没有必要，可以大幅减少征信成本。合同及执行条款通过编程的方式写入区块，以智能合约的方式，使得资产交易与转移这类融资的核心功能，在满足执行条件时机器自动执行，避免了人工执行时的延迟和道德风险。智能合约和共识机制将资本计划的投资合规校验整合在区块链上，确保交易满足合同条款、达成共识。机器信用的效率和可靠性，极大地提高了交易双方的信任度和交易效率，是一种交易制度上的创新。

区块链的信用机制革命，首先将对金融领域产生革命性的影响，目前已经出现令人眼花缭乱的商业创新概念。区块链作为供应链金融的基础性技术，可为在复杂场景下的融资业务构建清晰的业务模式，打造高性能与高信用的技术环境，促进商业模式的创新而扩大市场总量，区块链创新促进供应链金融且以更快的速度接近终极发展目标。

二、区块链供应链金融的价值体现

区块链强化供应链结构的信用价值。区块链记录资产交易的完整过程，对应供应链金融资产的流动过程，所有参与人在线、实时见证，保证交易的真实性、不可抵赖性，无须第三方参与见证；对资产的交易过程有连续而完整的记录，为新的资金参与交易提供有力的证明。从中心化交易模式过渡到去中心化交易模式，由于该记录不可篡改且完整可追溯，系统中代码和算法完全公开，可以立项监管与审计资金流、信息流等，参与业务的各方就不必担心某一方篡改合约、数据库或其他的信息不对称问题，这是解决现在融资模式诸多问题的根本方法。

三、区块链供应链金融的应用演化路径

供应链金融发展的终极目标，是实现中小企业唾手可得的融资便利性和趋近于大型机构融资的利率水平。

金融科技应用于供应链金融，以解决中小企业融资难与融资贵问题为导向，逐步缩小中小企业与大型企业之间在融资方面的鸿沟。在金融业越来越开放的背景下，中小企业从融资难中解脱具有重要的社会经济意义。

技术的进步促进商业模式创新，供应链金融1.0以传统的手工、线下操作模式为主，进而发展到线上化的供应链金融2.0，极大地促进了业务效率的提高和融资便利性；供应链3.0则以平台经济模式扩大市场体量，结合互联网、大数据应用和物联网，供应链金融服务成为各类平台的竞争利器和核心业务。

生态的繁荣是从生态链的底层开始的，再沿着生态链向上演化。融资便利性和低成本是生态繁荣的内驱力，供应链金融的商业生态繁荣始于大量企业采用供应链融资服务。区块链从最基础的数据和信息加密开始，形成区块链数据，进而供应链金融的业务操作也将逐步迁移到区块链数据结构之上，再进行流程和商业模式创造。对于融资贵问题，区块链降低了金融机构的业务成本，未来更主要依托区块链技术打造标准化、高信用的供应链数字资产，发展直接融资。

区块链技术的应用和推广大致可以分为三个阶段。

第一阶段是"存证增信"。利用区块链技术的分布式账簿特性,为供应链金融的多方交易模式及复杂交易过程增信。

第二阶段是"强制履约"。实施区块链智能合约具有自动执行的强制履约模式,实现交易的自动达成。

第三阶段是"完全可信"。引入数字货币和产品数字化,完成供应链金融的交易系统、交易环境的完全封闭和交易的完全可信。未来,在央行数字货币实施后,引入数字货币可实现自动实时的 DVP 对付、监控资金流向等功能。

其中,第三阶段是区块链技术的深度应用,并且必须配合数字货币的使用,但数字货币的合法流通必须由央行在国家层面进行统一配置。但任何国家引入数字货币都必须经过深入、全面、慎重的考量和规划。因此,目前区块链技术虽然在应用层面具有较为明确的需求,但在宏观层面,社会经济的深层次问题决定了区块链应用仍处于相对初级的阶段,即目前最成熟和应用最多的功能,只能是"增信"层面的应用。

根据以上分析,提出"区块链＋供应链金融"将以"单证—交易—生态—票据证券化"路线,自下而上地演化发展模式,如图 3-9 所示。

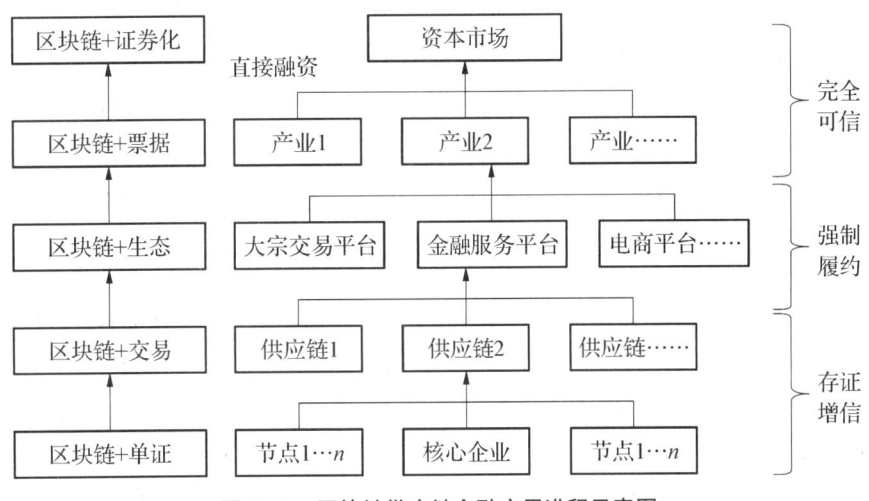

图 3-9　区块链供应链金融应用进程示意图

在图 3-9 中,区块链应用的开始以融资业务的单证处理为切入点,解决业务效率与业务成本最基础的问题,在此基础上结合供应链结构和金融服务平台的特点,进行高层次的创新。目前,国内的区块链结合供应链已经出现不少的产品和应用,也出现了数量众多的区块链应用方案,如"区块链＋ERP"对接供应链金融,"区块链＋跨境电商平台"对接跨境支付等。未来,在资本的作用下,区块链在供应链的应用将百花齐放,因为区块链是供应链运作的基础设施之一。

(一) 以"区块链＋单证"构建应用基础

供应链金融业务操作的痛点在于单证处理的周期长、费用高。参与者很难鉴定供应链上各种相关凭证的真伪,造成人工审核的时间长、成本高、费用高。

以区块链技术将企业对外的单证转换成区块链记录,具有重要的信用价值,是"区块链＋供应链金融"的应用基础。供应链金融作为场外金融,金融机构大量的成本花费在单证审查、重复核对上,而区块链对单证的真实性的保证,使得金融机构从繁重的单证工作中解放出来。

(二) 以"区块链＋交易"构建应用起点

在复杂的交易结构中获取具有逻辑结构的数据和证据,以区块链技术全面而详细地记录交易记录,以信用自证的方式向金融机构展示交易的真实性,是"区块链供应链金融"的起跑点。区块链的可追溯性使得交易从开始、执行、支付到清算都可以留存在区块链上,使得数据的质量获得前所未有的强信任背书。交易的真实性对融资业务流程的创新、综合授信等具有重要意义。

(三) 以"区块链＋生态"促进商业模式创新

去中心化(自组织)为供应链协作与融资模式创造巨大的空间。区块链在链内强信任模式下构建更为先进的商业模式,促进供应链节点之间的价值传递,提高运营效率。增强供应链信用意识、提升供应链管理能力,有利于构建关系更为紧密的利益链和价值网络。

(四) 以"区块链＋票据"构建供应链金融大市场

区块链能够进一步规范交易模式与数据的精细化,形成供应链融资的标准化票据体系,再构建适合于供应链金融特色的票据交易市场,可以突破目前以平台为边界的孤岛模式、项目模式(规模有限,资产非标准化),建立起统一的供应链票据资产流通机制,基于区块链的价值转移网络,逐步推动形成国内甚至全球化的供应链票据交易场景。票据市场涉及票据转让、票据贴现交易等业务。

传统票据市场在风险管理方面具有明显的痛点,包括以下几点:

(1) 操作性风险。票据交易系统为经典的中心化模式,但若中心服务器出现问题,则整个市场瘫痪,节点交易完全依赖于中心平台。

(2) 信用风险。我国票据市场存在多重的信用风险。例如,2016年涉及金额数亿元以上的风险事件多达7件。

(3) 道德风险。市场上普遍存在"一票多卖"、虚假商业汇票、克隆票据、假签章票据等事件。

区块链构架下的票据交易模式,具有弱中介化、系统稳定、共识机制、不可篡改的特点,形成了统一的标准化票据市场,提高了交易效率。在票据市场中,通过链上记录的相关凭证保证商业票据的真实性,减少信息不对称及信用和道德风险。从票据业务来看,商业、银行承兑票据的出票、承兑、贴现都记录在区块链系统上,交易时,只需在链上查询票据信息,保证了票据的真实性、买卖一次性,降低了市场风险和道德风险,并提高了交易效率。

(五) "区块边＋证券化"对接资本市场,实现直接融资

"区块边＋证券化"对接资本市场,实现直接融资而达到降低融资成本的终极目标。

资产证券化的业务痛点在于无法保证底层资产真假,出现参与主体多、操作环节多、交易透明度低、信息不对称等问题,使得风险难以把控,各参与方之间流转效率不高,无法监控

资产的真实情况。

未来,区块链结合人工智能、大数据和物联网,进一步打通真实世界与虚拟世界的藩篱,以物证信、信用自证、智能资产等,产生更高层次的价值创造,最终大幅降低融资交易成本。

资产证券化,从底层资产形成、交易、存续期管理、现金流归集等全流程实现资产真实、信息实时、各方同时监督效果,防范各级金融风险。

四、应用架构

中心系统的痛点在于系统的安全性取决于中心节点的安全性,如果中心系统出现问题,那么所有的分节点都会瘫痪。例如,供应链金融以核心企业系统为中心,对供应链中的上下游企业、核心企业、物流企业进行贷款发放、收纳和监管;现有票据交易市场系统通过以中央银行为中心的电子商业汇票系统,将央行所有的汇票进行登记和数据交换,其他银行或企业通过直连或代理的方式接入,使得所有票据的承兑、交易、托收都在这套中心化系统上。而现有资产证券化系统以商业银行为中心,通过统一将租赁收入、贷款余额、收费权等有效资产转换为各种可交易的证券类型在市场上流通。

现有资产交易系统都需要第三方增信机构。由于金融企业、机构间在交易业务中互不信任,所以需要第三方信用机构通过增信的手段消除不信任。

区块链要解决的是不安全环境下的多方的互信问题,是对节点之间的行为进行记录和共同监督。与传统应用大量采用的关系型数据库不同,区块链具有数据存储功能,但区块链的强项不是存储数据和对数据进行复杂关系运算,所以不推荐把大量的原始数据放到区块链上。

区块链架构结合供应链平台的应用模式如图 3-10 所示。

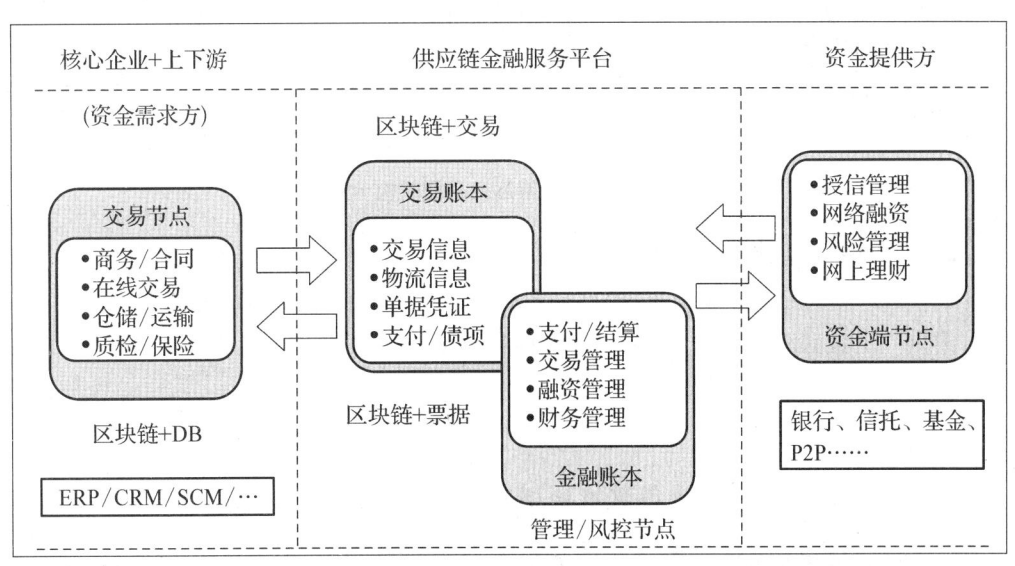

图 3-10 区块链架构结合供应链平台的应用模式示意图

在图 3-10 所示的架构中，核心企业与上下游节点都作为平等的节点参与部署，但用以证明资产交易、信用担保的数据则从现有的 ERP、CRM、SCM 等系统中进行抽取，即在"区块链+DB"中抽取"区块链+票据"，以形成支持交易真实的"区块链+交易"，并形成交易账本。同时，供应链金融服务平台就融资合同、担保和质押操作、支付结算等形成金融账本，而资产端（包括银行、信托、基金、P2P）作为金融账本的节点接入区块链供应链金融系统。

可见，以供应链金融系统与核心企业为中心的信息平台，通过区块链抽取单据或证据来进行链接。

未来，产业级的供应链金融平台，则是在票据交易的基础上实现标准化的资产交易。供应链票据交易所的大致架构如图 3-11 所示。

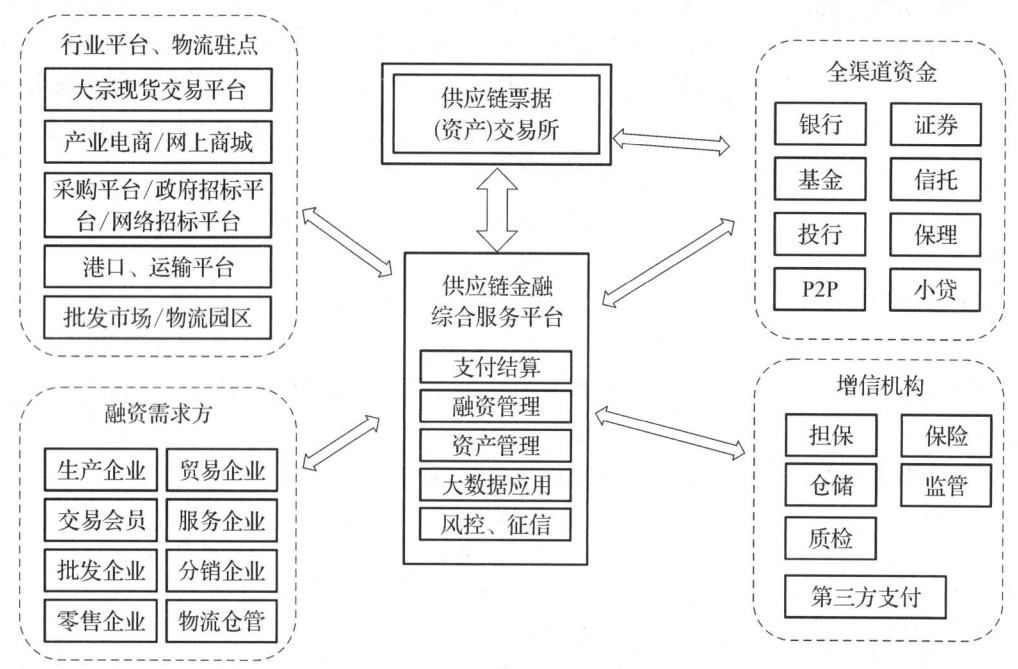

图 3-11　供应链票据交易所架构示意图

图 3-11 中，行业级或区域级的票据交易，包括行业平台、重要物流驻点（如批发中心、物流园区）中形成的票据资产，再结合供应链金融中的融资需求，在增信机构的参与下，构建供应链金融综合平台，并形成供应链票据交易所，对接多种类型的资金端，从而实现供应链票据融资的规模和集中化。

思政小课堂

区块链技术给供应链金融"增信"

自古以来，诚信就是中华民族的传统美德之一，历史给后人留下了数不清的诚信故事。季布的一诺千金、尾生的抱柱之信、商鞅的徙木之赏、晋商历尽磨难寻找货主后代。这样的故事举不胜举。现代商业社会诚信的价值更加重要和突出，现代市场经济中的大

部分交易都是以信用为中介的交易,契约为市场交易的一个必要形式。信用是市场经济发展的灵魂;信用经济是市场经济发展的更高阶段;社会信用和社会保障体系是市场经济的两大基石。社会信用体系的完善与否,已经成为市场经济成熟与否的显著标志。现代社会体系需要一种为现代商业社会适用的信用机制,使诚信成为商业主体的权利与义务。社会信用体系的建立,有利于扩大交易规模,提高资源配置效率,增强交易成功率,降低交易成本,加速资金周转率,优化资本集中度,防范和控制信用风险,重塑商业道德、信用伦理,促进社会和谐有序。

供应链是社会经济体系的脉络,产业链是骨髓,金融是血液。中国产业转型升级的核心是供应链转型升级,供应链金融将是核心驱动力。供应链金融能够将贸易环节与融资环节相结合,与产业链紧密结合,区块链以其技术特性在给供应链金融"增信"的同时,能够帮助"诚信"回归,通过"技术背书"将诚信的外在约束、内在自律和共享共治有机地结合起来,在"法治""德治""共治"的三重作用下对社会经济秩序进行维护和约束,建立保障现代商业经济健康发展的长效机制。

 案例

钱香金融携手布比打造首个"区块链+"供应链金融项目

2016年5月,国内区块链技术服务商布比(北京)网络技术有限公司(以下简称布比)与互联网金融平台钱香合作,结合区块链技术打造黄金珠宝终端供应链金融平台。作为第一次从技术层面建立去中心化信任的技术,区块链对于提高效率拓展业务边界具有颠覆性意义,为行业树立了互联网金融创新的标杆。

1. 黄金供应链简介

我国是一个爱"金"的国家,黄金的生产和销售在世界处于靠前位置。2016年,我国黄金消费量975.38吨,连续4年成为世界第一黄金消费国,连续10年成为全球最大黄金生产国,是仅次于美国的第二大珠宝消费市场。但在巨量的交易下,我国仍然是产业集中度低、信息化程度低、金融介入程度低的黄金市场。黄金零售品牌企业持续扩张,企业的借贷需求旺盛;市民投资黄金的渠道有限。

节庆、婚礼等消费属于刚性需求。因为珠宝单价高、个性化强,需要线下选购,因此行业受互联网冲击很小。此外,珠宝还是资金密集型行业,对信贷需求很大。但是,珠宝行业的下游店铺由于缺乏可供抵押的标准资产,珠宝销售多属现金交易,也就无法提供银行流水,因此很难从传统渠道获得融资,这就导致下游店铺扩张速度受限。

钱香金融从供应链贸易角度切入,通过把控上游企业的核心供应链交易环节,为下游黄金珠宝门店和C端(客户端)理财用户提供金融服务。黄金珠宝门店持续扩张,但由于门店的可供抵押的资产少、征信信息缺乏,门店的借贷需求难以从银行得到满足。

珠宝消费供应链的业务痛点如下:

(1)信息流、商流的验伪难;成本高,效率低,多头重复验证。例如,钱香对融资需求要线下分别与小珠宝商、供应商和担保方确认合同的真实有效。

(2)风险与责任不明晰。钱香金融作为中间平台,承担了所有的风险,如果上游供应商与小珠宝商联手以虚假合同骗取资金,钱香金融难以厘清风险与责任边界,承担作为信

息中介不应承担的责任,风控成本很高。

(3) 普通投资人难以判断标的资产的真假,理财资产信息不透明、不公开。随着P2P平台跑路越来越频繁,投资人需要平台披露更多的资产和债务人信息。

(4) 供应链上下游的各个环节因信息分散、信息重复审验等效率低下,导致出现中小企业和金融机构信息不对称的情况。

2. 钱香金融的解决方案

重资产、渠道占压严重的黄金珠宝,金融属性需求强烈。品牌商需要大量的资金进行净资产的采购和供应链的运转。珠宝产业上游批发集中在深圳水贝,但是品牌分散,全国前十大珠宝品牌所占市场份额之和仅为20%左右,其他多数为区域性品牌和加盟店,品牌集中度较低。大品牌也多以品牌加盟店形式为主,因为开设一家珠宝店的成本高达数百万元之多,高昂的开店成本使得建设覆盖全国的门店需要大量的资金。部分大渠道、大品牌的融资问题可以由银行贷款来解决。在银行贷款要求金额大、时限长的特点下,大量具有优质资产但融资需求金额少、个性化强的门店及渠道难以获得低成本的资金支持。

为中小企业或品牌商提供资金服务,中小企业或品牌商便能够增强竞争实力,以此带动贸易流通、进销存、物流服务、数据沉淀、仓储加工、设计定制等方式的变革,推动行业升级。同时,整个珠宝行业的从业人员较为传统、生硬,信息化系统较弱,伴随着沉积渠道多、采购优化空间多、利润可观的特点,黄金珠宝垂直产业互联网有很大的发展空间。

钱香金融通过打通产业链,为上下游企业提供一站式集中采购、降本增效,为门店的优质金融资产提供借贷需求。钱香金融设立沣临供应链B2B平台,打通了核心门店和工厂展厅供应链的上下游,把控黄金贸易的核心环节。在降低借贷金融风险的同时,形成工厂的集采优势。风控主要依靠深入供应链运作来获得,通过交易的数据进行"数据化风控",这些数据包括供应链进销存数据、产品贸易品类及区域数据、区域店铺经营数据和借钱、借金、担保信用数据。对供应链数据的掌控弥补了传统门店信息化不足而导致的征信难问题。

在交易方面,通过担保方式进行控制,主要包括第三方公司担保、非亲属商会会员和加盟品牌商担保,以及实际控制人担保等形式。同时,由于黄金珠宝门店拥有稳定的现金流,商品流动性高,可以通过经营流水和黄金资产进行保证。

钱香金融理财平台于2015年8月上线。钱香理财平台的投资周期大概在1~6个月,年化利率控制在10%~13%。截至2017年1月,钱香金融的成交额突破8亿元,覆盖黄金门店2 000家,保持月成交金额增长速度30%以上。在供应链平台方面,沣临供应链B2B平台目前打通的上游工厂有40家,已服务的下游终端品牌企业有150余家,覆盖终端零售门店3 000多家,每月贸易采购额达2亿元左右。

钱香金融与开店宝、荟萃楼、六桂福、地大珠宝、金仟禧、沣临珠宝等达成战略合作,各方将充分发挥各自优势和影响力,共同推进黄金珠宝供应链金融的发展,在信息流上相互共享,在物流上相互开放,在资本上相互融合,最终打造集大数据、供应链物流、金融为一体的战略合作伙伴联合体,引领行业发展新潮流,携手打造"互联网+产业+金融"的合作典范。沣临珠宝供应链金融业务模式如下图所示。

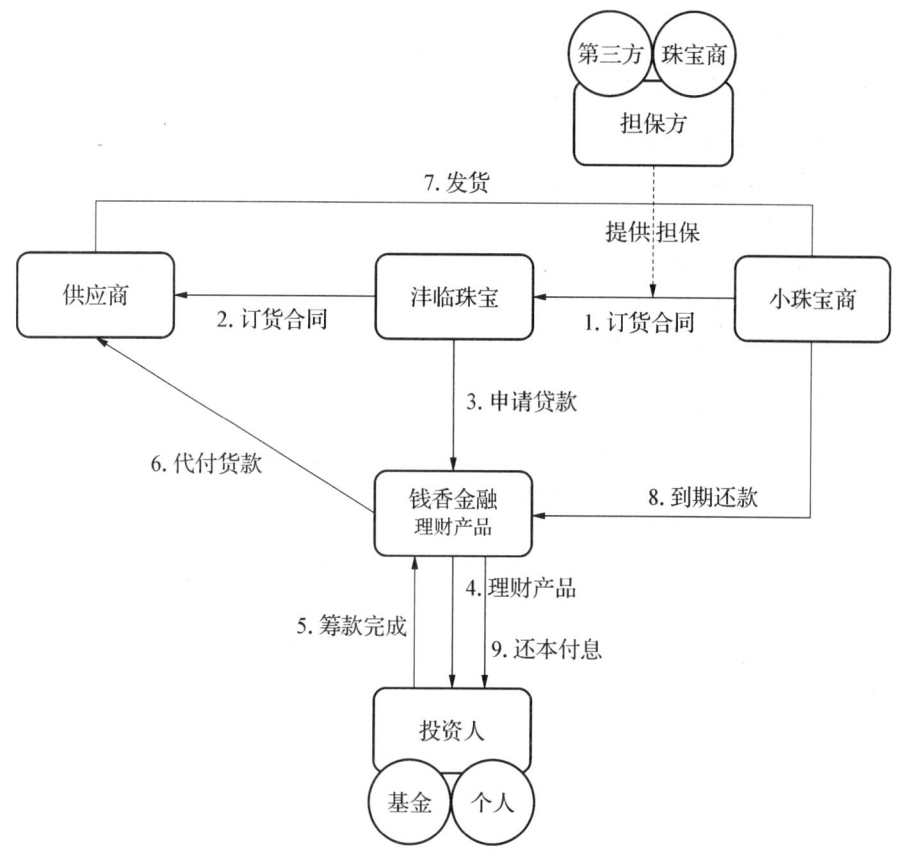

沣临珠宝供应链金融业务模式

3. 区块链解决方案

存证的关键在于多方参与和公证。互联网金融流程涉及上游工厂采购方、供应链服务方、借钱的核心企业担保方、用钱的采购门店主体、钱香金融平台、投钱的C端等,至少包括六方参与者,彼此之间难以建立可靠的信任。

区块链具有去中心化、去信任化、可扩展、匿名化、安全可靠等特点,可以很好地解决中心平台垄断、信用认证难、信息不对称等问题。区块链技术以其去中心化的互助协作、全网记账的体系,有利于构建普惠式的信用体系;共识机制能够建立开放式的信用。

钱香通过与布比合作,构建以区块链技术为基础的第三方存证平台。区块链应用包括把主体和行为的投资记录上链,让其成为多方存储的不可篡改的数据,保证数据记录的安全公正。布比区块链平台促使参与方共同建立和维护一份各个环节认可的统一凭证,并且除凭证外,项目的执行过程有完整的履约记录和追踪,降低了金融机构风控难度和中小企业融资的难度。平台再对接广大互联网理财用户,实现安全且优质的P2P金融。

平台打通供应链节点进销存,以真实贸易为基础,掌握供应链物流、资金流和信息流,实现借钱给货模式。依托区块链技术共识、安全、不可被篡改的特性,对加盟商的资金用途、进货渠道、还款能力等实现全方位管控,连接上游供货商及下游终端门店,实现金融与供应链物流、信息流的精准融合,为各终端门店提供单笔小额授信,实现资金快速、灵活、低成本运转。

　　区块链存证比较好地解决了两个关键问题：一是资金池,防止虚构资产进入资金池；二是防止虚假标,防止原始资产作假,防止套用银行存管资金。从具体上链数据来看,投资和借款主体信息会记录在布比联盟链上,包括用户投资的资产 ID 名称、余额、交易时间等；交易行为明细数据会上链,维持不可篡改性；资产数据和法律关系合约上链,如供应链系统里的还款协议等。

　　在安全方面,布比区块链提供整套私钥管理与存储体系。除此之外,布比还为用户提供了运维管理的可视化工具,支持业务、网络、系统层面的数据信息监控。布比支持权限配置策略,可以根据各类应用进行相应的隐私数据保护策略。

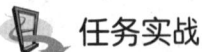 任务实战

智慧职链：区块链供应链金融实操

任务描述

完成：附录 1"智慧职链实验"中任务三"区块链供应链金融系统操作"。

【课后作业】

阅读 IEEE 计算机协会《基于区块链的供应链金融标准》,分析一个区块链供应链金融系统案例是否符合该标准,提出改进建议方案。

项目四 区块链电子票据

项目导入

2018年8月10日,全国首张区块链发票在深圳实现落地,其底层技术由腾讯提供。在深圳国贸旋转餐厅,一张面值198元的餐饮发票被开出,发票密码区由哈希值显示。区块链加密算法以密码的方式,开始悄悄走入普通人的生活。

项目分析

据悉,此次推出的区块链发票由深圳市税务局主导、腾讯提供底层技术和能力,是全国范围内首个"区块链+发票"生态体系应用研究成果,得到国家税务总局的批准与认可。目前,深圳国贸旋转餐厅、宝安区体育中心停车场、凯鑫汽车贸易有限公司(坪山汽修场)、Image腾讯印象咖啡店等为首批接入系统的商户。首期试点应用中,深圳市税务局携手腾讯及金蝶软件,打造"微信支付—发票开具—报销报账"的全流程、全方位发票管理应用场景。未来,还将支持更多企业上链开具区块链发票。

- 熟悉传统发票的劣势与区块链发票的优势;
- 熟悉腾讯区块链发票开具流程;
- 了解其他区块链票据。

思政要点

当前互联网已成为舆论斗争的主战场,直接关系我国意识形态安全和政权安全。网络成为各国最大最集中的外宣和渗透渠道,这种精神殖民的结果是:很多人将今天我们国家存在的所有令人缺憾的事,都寄托在"西方可以成为我们的未来",寄托在将来某一天我们全盘"西化"之后,一切难题便会迎刃而解。因此,我们必须牢固树立依托自身的能力和技术,增强自身的技术力量,扬长避短,在学习西方新技术和新知识的时候保持清醒的头脑。

数字素养

提升数字素养与技能,培养互联网思维和区块链思维。
本项目重点培养区块链思维:痛点识别-共识共赢思维。
* "共识"意味着不是计划性,而是市场性,多方协同是协商达成一致的结果;
* "共识"需要建立一个生态联盟,有盟主、加盟方的角色划分,盟主方发起构建区块

链应用;

*"共识"意味着创新难度更大,相比单组织的IT建设、决策效率低下;

*"共赢"体现为以多方生态的共同利益为导向,而非单方利益为导向;与"自私自利"习惯倾向相冲突;

*"共赢"也表现为参与多方均能从区块链的多方协同获得利益或好处(如降低成本、提高效率等);

*"共赢"也会导致原有生态角色失去位置/或地位改变,即通过"去中介"重构生态链;

*"共赢"的生态链重构,引入新的生态链配套角色,为中小企业创业提供条件(如咨询、开发等);

*"共赢"带来的"权责利"分散彼此博弈平衡,容易出现谁都负责谁都不负责,项目投入成本费用分摊难做。

任务一 区块链发票概述及优势

不管是衣食住行,只要消费了就可以开具发票。发票是指购销商品,提供或者接受劳务和其他经营活动中,开具、收取的收付凭证。现在是互联网时代,人们完全能做到出门不带现金,外出吃喝玩乐行都能通过手机扫码或者刷脸解决,如果想要报销经费,那么就需要纸质或者电子发票了。如果是纸质发票,报销时需要贴发票、交凭据、等待报销的钱到账,过程较为烦琐。会计人员需要审核原始发票。区块链发票,打通了发票申领、开票、报销、报税全流程,让前面那些烦琐的经历成为历史。区块链发票,是区块链和税收治理基于海量数据的完美结合,具有简化税收流程,推动税收可持续发展的优点,同时能够间接促进国家治理的现代化。使用者最直观的感受是"无须纸质发票,无须专用设备,全程手机自助操作,交易即开票,开票即报销。"

 思政小课堂

时间就是金钱,效率就是生命,但千万不能忘记安全,开票要真实!

片段一: 80后的土师傅——虽然不懂啥是区块链,但能安利乘客"区块链发票"。

陈师傅自称老陈,是一位驾龄超过十年的80后"的哥"。每次乘客结束行程索要发票,伴随着机打发票"嗒嗒嗒——"的声音,还有一些让老陈烦恼的事:"师傅,发票可以打快点儿吗?我赶时间呢,上班要迟到了。""喂,这里不能停车,快开走!"

其实,不仅乘客着急,老陈自己也糟心,有时还会被办公楼下保安驱赶,心里总有点不是滋味。在深圳,"时间就是金钱,效率就是生命"。每次到达目的地前,老陈都会主动向乘客介绍:扫码支付买单后,在微信出租车助手小程序里就能开发票,下车了也可以操作,省时省事。如今,深圳全市已有2万多台出租车上线区块链发票功能。

老陈说自己不太懂什么是区块链,但会向更多乘客"安利"区块链发票:"您随时随地都可以开这个发票,保存在手机里,还不容易丢,是吧?"

一、区块链发票与普通电子发票的区别

普通电子发票同纸质发票一样,采用税务局统一发放的形式给商家使用,发票号码采用全国统一编码,采用统一防伪技术,分配给商家,在电子发票上附有电子发票税务局的签名机制(见图4-1)。相对于纸质发票来说,电子发票是纸质发票的电子映像和电子记录,不需要纸质载体,不需要经过传统纸质发票的印制环节。开户登记、在线生成、发票开具、数据传输等环节都可以通过统一的电子发票系统在互联网上进行。而区块链发票是指发票的整个流转环节都是在区块链这个分布式计算处理载体下运行的发票。发票申领、开具、查验、入账等流程实现链上储存、流转、报销。区块链发票具有全流程完整追溯、信息不可篡改等特性,与发票逻辑吻合,能够有效规避假发票,完善发票监管流程。区块链发票将连接每一个发票干系人,可以追溯发票的来源、真伪和入账等信息,解决发票流转过程中一票多报、虚报虚抵、真假难验等难题。此外,还具有降低成本、简化流程、保障数据安全和隐私的优势。图4-2所示为区块链发票。

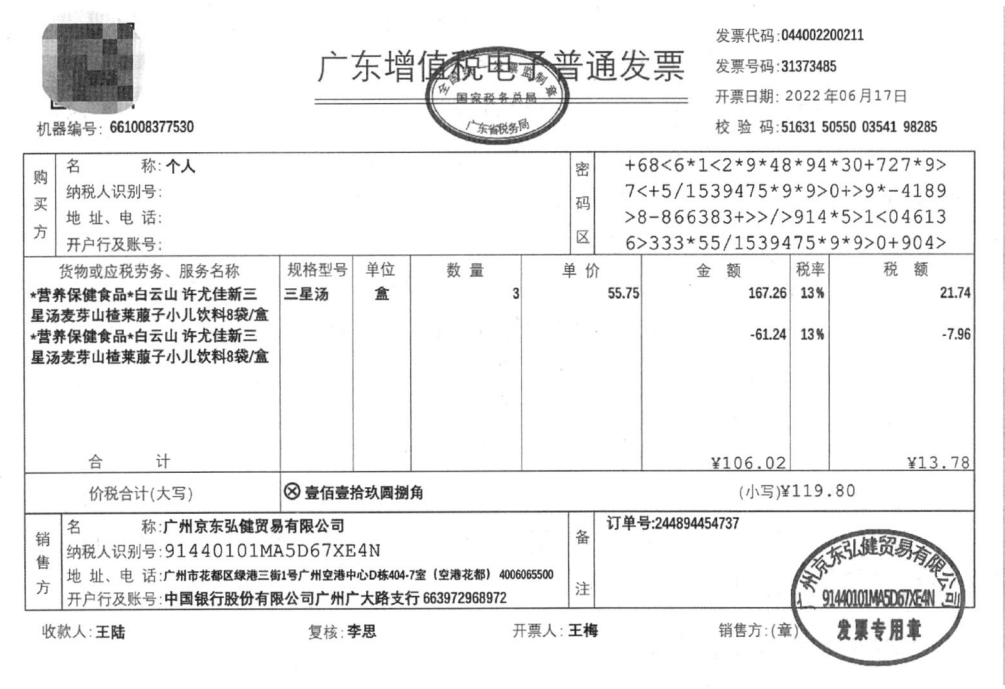

图4-1 普通电子发票

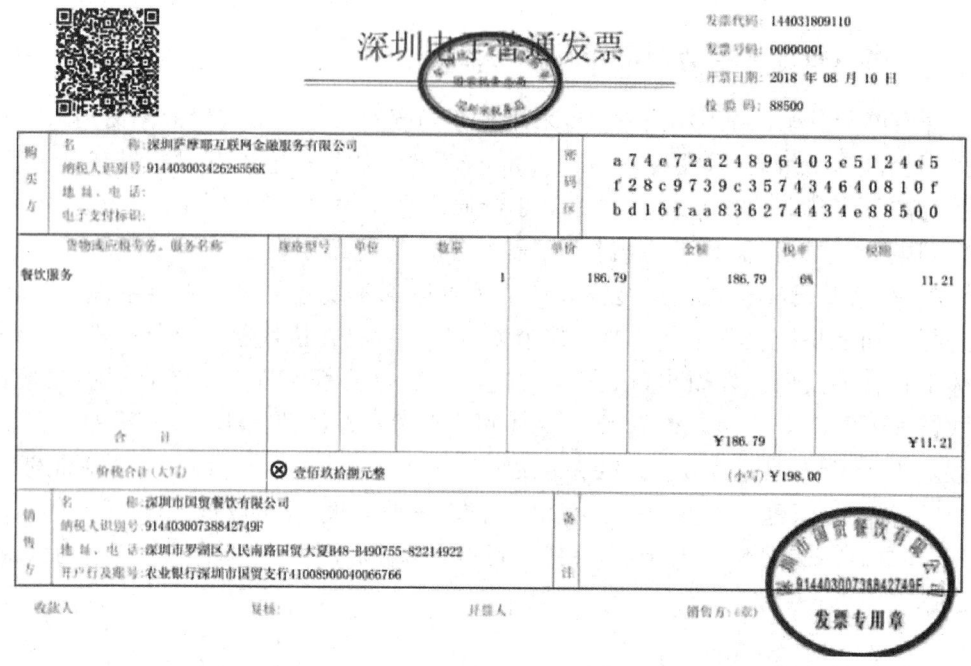

图 4-2 区块链发票

【思考】区块链发票和增值税电子普通发票到底有哪些不同？

细心的同学们肯定已经它和平常的增值税电子普通发票长得有些不一样，那么下面我们就来聊聊区块链发票和增值税电子普通发票到底有哪些不同。

思考题答案：

区别一：区块链发票没有"机器编号"。

区别二：密码区的编码明显不同。增值税电子普通发票的密码区编码全是阿拉伯数字，而区块链发票的密码区是英文数字和阿拉伯数字的结合。

区别三：发票代码最后一位数字不同。增值税电子普通发票的发票代码最后一位数为"1"，而区块链发票的发票代码最后一位数为"0"。

区别四：区块链发票抬头名称里少了"增值税"这三个字。

传统普通（电子）发票有数量、金额的限制，涉及要向主管税务局申请发票增量、金额不合适的时候要申请改变发票版本等问题，区块链发票则没有数量、金额的限制，适用于业务好、业务形态多样的企业。

二、传统电子发票的劣势

（一）发票真伪问题

尽管我国 84 号文已经明确了电子发票的法律地位、基本用途等和纸质发票相同，纳税人如果需要可以自行下载打印电子发票，但是目前我国电子发票在实际运用中，尤其在报销入账环节却碰到了发票真伪问题。电子发票主要是通过扫描税控码进行验证的，可以多次下载打印，由于主要是取得电子发票的消费者自行打印发票，所以在纸质的使用上和打印的效果上都存在差异,可能存在使用 PS 等技术伪造电子发票进行虚假报销的情况,给财务人员鉴别发票真伪带来了巨大的压力,而且在电子发票能否报销上也产生了很多争议,给电子发票的全面推广造成了一定的阻碍。

(二)入账报销问题

一方面,主要是在入账报销过程中电子发票必须要经过纸质打印才能报销的问题。由于缺少强有力且细化的法律法规对电子发票进行约束,仅仅对其与纸质发票相同的法律地位进行了规定,而各地关于电子发票的报销规定也有所差别,大部分地区依然要求对电子发票进行打印后才可以入账报销。从这点来看,发票电子化所带来的纸张使用并未真正减少,节约资源、保护环境的效果还远未达到,不符合税收的生态效率原则。另一方面,我国部分企业缺乏开具电子发票的积极性。就目前情况看,因申请、审批及领取上线税控设备需要较多程序,使得我国的许多中小企业还未上线电子发票,而那些已上线的许多商家,因缺乏相应的奖惩措施,缺乏开具电子发票的积极性。

(三)数据孤岛问题

第三方电子发票服务平台的出现,一方面极大地促进了增值税系统服务市场的良性竞争,另一方面造成了消费者去不同平台获取电子发票下载报销的麻烦,加大了税务机关的监管难度。目前各平台之间信息共享程度不高,规模化标准和技术标准不统一,电子发票系统平台分别储存着电子发票明细数据与版式文件数据,全国的发票数据不易得到交换,各方的信息不对称使得电子发票数据孤岛问题极易形成。

(四)社会接受度问题

作为新生事物的电子发票,目前还未被大多数纳税人信任和理解,缺乏公众认可度。让所有企业能真正转变传统观念,接受新的报销流程还需要一定的时间。部分中小微企业的财务系统无法对接电子发票平台,系统的报销流程以及信息技术等条件也不够完善,进行电子发票管理难度较大。在司法实践中,电子发票的效力也未明朗,在其相关的权益纠纷案件中,电子发票能否作为证据,能否进行公证和认定仍未有明确的规定。另外,电子发票在推广初期的领域主要是电商领域,而电商领域的主要消费者都是容易接受新兴事物的年轻人。经过近几年的发展,电子发票所覆盖到的领域范围也越来越广,各个领域所面临的消费者群体众多,情况也较为复杂,各个群体对于电子发票的认知情况也不尽相同,因此造成了大众对电子发票的社会接受度不高的问题。

思政小课堂

三十年如一日提供专业服务,所谓专业就是坚持重复做、认真做每一件小事。

"虽然是几十年老店,但我们也很乐意接受新技术。"在"食为先"工作三十年,周爱文仍活跃在酒家第一线。自称处女座的她,严控每一个服务细节,希望让顾客更满意,例如开发票这件事。像"食为先"这样的传统老店,有不少熟客会光顾。周爱文注意到,许多顾客开票时需要专门打电话询问公司的税号信息,开好票后还要反复核对确认,一前一后,时间就被耽误了。

2019年"食为先"接入了区块链电子发票,顾客结账后,扫一下二维码就能随时随地开具发票,再也不用在收银台排队等候了。周爱文没想到陌生遥远的区块链技术,原来离自己这么近。对顾客是小小一步开票的便捷,但对商家意义重大——酒家的收银效率和翻台率随之提高了。"以前我们总是担心开发票这一步会让客人等太久。现在,他们临走时我都会提醒:记得扫码开区块链发票啊!"

三、区块链发票的优势

(一)无法弄虚作假

在发票防伪认证方面,电子发票主要是通过扫描发票上的税控码来进行认证,我们开发票的时候无法辨别发票的真假,电子发票可以无限复制和重复打印,真伪难以识别,财务监管难度大,这样就存在弄虚作假的空间。区块链具有的去中心化、不可篡改、分布式一致性、隐私保护等优点,区块链发票全都具备,所以无法在区块链发票上弄虚作假。区块链发票连接每一个发票干系人,可以追溯发票的来源、真伪和报销等信息,让发票信息全场景流通成为现实,解决了发票流转过程中一票多报、虚报虚抵、真假难验等难题。区块链发票是通过扫描发票上的哈希码来进行认证的。与基于税控的中心化系统所不同的是,区块链发票系统属于分布式的系统,其结构和加密技术使得数据具有完整性,并且保证数据不被篡改,通过将各种发票数据和财务数据进行比对分析,可以确认交易是否发生,买卖双方的身份信息是否真实,是否存在虚开虚抵等情况,保证发票的真实性,这样既节省了企业的发票查验成本,也避免了因人工干预所带来的财务风险。

(二)过程简便

以前使用纸质发票的流程是排队、半小时确定发票存活,然后半小时确定发票的真假,无法估量的时间贴发票,然后在公司提交发票,公司财务还要再确定一遍发票的真假。而区块链发票打通了发票申领、开票、报销、报税全流程。有了它,你结账后就能通过微信自助申请开票、一键报销,发票信息将实时同步至企业和税务局,并在线上拿到报销款,报销状态实时可查。简单来说,有了区块链发票,我们再也不用排队开票,不用手写抬头,不用担心发票不见,不用贴发票,不用线下交单,一切流程都在手机上解决。

(三)节省成本

对用户来说,解决了发票报销无状态、大部分公司报销需要打印等问题,环保节约纸张。对企业来说,解决了无法批量查询发票真伪、开票成本高等问题,大大节约了人力成本和时间成本。对税务局来说,解决了长期存在报销无状态、中心化存储、参与方割裂的弊端,工作上更方便了,成本也降低了。区块链发票与增值税电子发票不同,纳税人不再需要税控盘,也不需要进行票种核定,发票供应不限量,节省了时间和成本。

(四)打破数据信息孤岛

区块链发票具有分布式账本的特点,由多方共同参与记账,其共识机制保证了电子发票源头的真实性,除了税务机关这一个节点外,其他任何节点写出的发票都得不到校验和认可。目前我国推出的区块链发票主要是由税务部门和各大服务商作为节点,利用区块链技术所具有的去中心化、不可篡改、可追溯等特点,进行电子数据的统一和整合,搭建各方数据链条,从而打破数据信息孤岛。

增值税电子发票与区块链发票的区别见表 4-1。

表 4-1 增值税电子发票与区块链发票的区别

类 型	增值税电子发票	区块链发票
税控盘	需要	不需要
票种核定	需要	不需要
发票领购	需要领购	不需要
发票供应	限量,需申请超限量供票	不限量,按需供应

 案例

腾讯区块链发票开具流程

与传统发票相比,区块链发票的好处在于,当用线上支付的方式完成一笔交易后,这一笔交易的数据便可视为一张"发票"。而它会通过区块链分布式存储技术连接消费者、商户、公司、税务局等每一个发票干系人。具体开票流程是这样的:

1. 完成付款后,查看微信支付凭证。但和以往不同的是,支付凭证下还有发票入口,用户可以直接点击"开发票"申请开票。
2. 填写开票信息,选择开票抬头,点击"申请开票"。
3. 点击"完成",成功开票。
4. 返回微信主页面,打开"新发票提醒",点击"查看详情"即可获得发票。
5. 完成开票后,发票已经自动存入微信钱包。

打开"我"—"卡包"—"我的票券",随时查看已开具的发票。电子发票无须再打印,于"卡包"的"发票列表"中选择发票,立刻完成报销。报销金额打回至微信零钱余额。

(材料经搜狐新闻 https://www.sohu.com/a/333555079_716463 https://www.sohu.com/a/246359851_114687 摘录及改写)

【课后作业】

找一家能够开具区块链发票的饭店,大家一起聚餐,结账时使用区块链发票体验区块链的魅力。

任务二 区块链发票系统基础架构及网络模型基础

一、典型区块链基础架构

核心技术组件、核心应用组件以及配套设施三大部分(见图 4-3)。

(一) 核心技术组件

核心技术组件包括区块链基础组件、协议和算法,可细分为通信、存储、安全机制、共识机制四层结构。通信主要通过 P2P 技术来组织各个网络节点,网络节点则通过联播来实现数据传输等功能。存储是指区块链数据将以块链数据结构存储在内存并持久地存储到数据库中,大文件也可存储在链外系统,同时保留数字指纹用以自证。而安全机制则利用多种密码学原理对数据进行加密和隐私保护,对于发票系统而言涉及金融应用,高强度和高可靠性的算法是最基本的要求。共识机制则指区块链系统中各个节点达成一致的策略和方法,可根据不同场景和应用内容灵活选择。

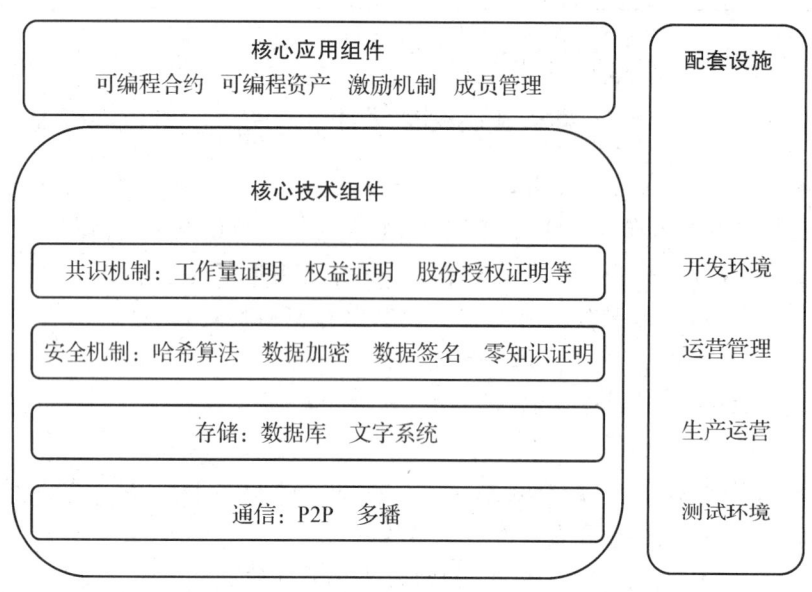

图 4-3 典型区块链基础架构

(二) 核心应用组件

核心应用组件是建立在核心技术组件之上,提供针对区块链特有应用场景的功能,可通过编程实行数字资产发行,或者用脚本语言编写智能合约操作链上资产,并通过激励机制维系整个区块链系统安全稳定运行。

(三) 配套设施

区块链系统作为分布式系统,无论是在研发阶段还是在生产阶段,都需要配备与之相适应的开发测试工具、环境和相关的维护体系及运营管理功能,可用一台服务器部署区块链系统,也可部署在多台服务器上,区别在于节点的稳定性和吞吐量。

二、目前主流区块链构建分类

主要分为三种，分别为公有链、私有链以及联盟链。具体区别和特征如下：

（一）公有链

无中心服务器，参与的节点按照规则自由接入网络，不受中心控制，无权限，节点间基于共识机制开展相关工作。

（二）私有链

建立在企业或组织内部，运行规则需要按相关要求设定，拥有修改和读取权限节点有限，但仍具有部分去中心化的特征。

（三）联盟链

介于公有链和私有链之间，具有部分去中心化的特征，也保持区块链的其他特征。

由于发票业务涉及的组织众多，如企业自身若干部门（可采取私有链）、税务局、企业供应商、客户等，区块链发票系统一般基于联盟链进行开发。

三、基于区块链发票系统的关键技术问题

共识机制和安全机制是区块链的核心技术组件，现结合电子发票应用描述共识算法、密码算法、身份认证和权限管理等几个关键技术问题。

（一）共识算法

共识算法是分布式账本为了使得所存储信息具有准确性和一致性而设计的一套机制，主要由业务与性能的需求确定。比特币使用的工作量证明（POW）共识机制激励节点进行挖矿需要耗费大量的电力和算力，POW算法下的区块链系统并发处理能力弱，并发量不大，会导致区块链交叉的现象出现。在电子发票系统中，由于节点少，各个节点可信度高，节点不需要利用工作量证明的挖矿机制来形成共识机制。

（二）密码算法

密码算法主要用于解决信任问题，也是去中心化的关键。在区块链技术下，所有的规则都按照算法程序的形式表达，不需要中心化的第三方机构进行背书，只需要信任数学算法即可建立互信，达成共识。验证机制的基础为非对称加密算法，常见的有 RSA、ECC 等，中国也发布了 SM2 非对称加密算法。

（三）身份认证

在电子发票中最重要的信息涉及授票方和收票方的隐私，需要严格控制记录发票信息的区块链访问权限，只有符合特定身份的节点和用户才能参与。由于区块链发票系统以联盟链方式构建，因此区块链的节点数量有限且行为需要得到绝对控制，因此不是每一个想加入系统的节点都能加入，新增节点需要受联盟成员的严格控制，非系统中的节点不能对链上数据进行任何操作，即对访问系统的用户进行身份验证。

（四）权限管理

经身份认证的节点或用户，进入区块链系统之后仍需要系统的超级管理员对其权限

进行配置和管理,其实际意义在于不同公司之间的敏感信息应该不能互相查看,只有拥有相关密钥的节点或用户才能解密查看到相关信息。权限的分配取决于业务层的实际需要,形成权限树。

四、基于区块链的电子发票系统网络模型及系统设计

构建具有公有网络的联盟链电子发票区块链,对于区块链制度,引入税务机关,作为监管机构,由税务机关统一制定区块链的运行标准和合约条件,各节点和加入者必须按事先制定的交易规则参与和运行。

所构建的电子发票区块链中第三方服务平台具有税务机关颁发的税务证书,并作为区块链发票的产生者,负责发票数据的真实性和有效性;区块链每个节点按照实现预定的相关发票业务的共识算法运作,维护区块链正常运行,并负责分布式记录发票账本,可在区块链中形成不可篡改、可追溯、可查阅的发票管理系统。区块链的电子发票系统网络模型见图 4-2。

表 4-2 区块链的电子发票系统网络模型图

CA 管理体系	企业级电子发票开票系统						业务应用层
	区块链数据接口权限管理						区块链系统
	发票产生接口	发票信息查验	授票信息获取	发票入账报销	发票信息检索	其他发票接口等	
	共识算法			智能合约			
	分布式存储系统						
基于 P2P 的分布式网络							网络层

由于电子发票产生、流转、存储和报销需要涉及众多政府机构和社会组织,可考虑将税务机关作为区块链共识算法制度的管理者,再将财政部门、工商管理部门、统计部门作为电子发票区块链的监督机构,授权电子发票第三方作为区块链节点发票产生者,并负责开票企业业务,如电子发票开具、上传、查询、报销入账等,并提供公众查询服务。区块链节点主要负责区块链共识算法和智能合约的执行服务,并实现对数据分布式存储功能,第三方服务商可在税务机关授权 CA 证书的情况下并入区块链并作为电子发票产生节点,负责将开票企业间接接入区块链系统。

在电子发票产生过程中,企业或第三方需要使用自己的私钥对电子发票数据进行加密和签名,保证电子发票的唯一性,同时开票企业可作为发票报销入账的发起者,通过第三方向区块链发起报销入账请求操作,第三方在区块链查询到相关电子发票信息后,实现入账报销操作,同时回写至区块链系统。区块链系统负责在区块链发票主链中追加发票状态信息,实现发票状态的实时更新,具体如图 4-4 所示。

项目四 区块链电子票据

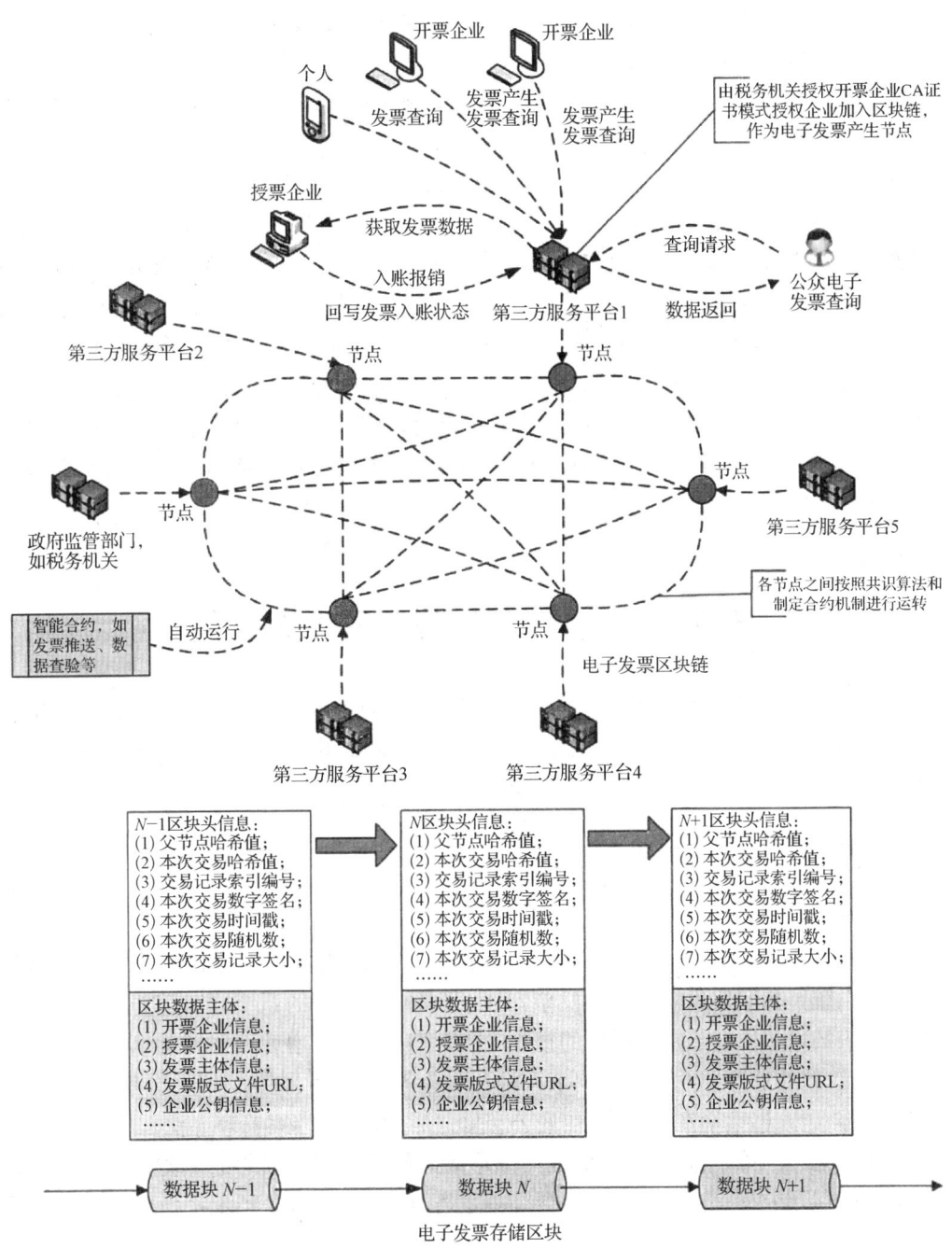

图 4-4 基于区块链的电子发票系统网络设计图

思政小课堂

习近平总书记指出,要"以高质量文化供给增强人们的文化获得感、幸福感",这就为中国网络文化发展指明了前进方向。

数字技术大大丰富了文化样式,加快了文化内容创造,给人类提供了崭新的生活体验。自拍、网红、视频上传这些都是人类追求的自我表达。同样,keep、悦跑、马甲线等反映了人类量化自我的需求。QQ、微信是新的社交方式;密室逃脱、王者荣耀、魔兽世界等电子游戏是大数据支撑的新游戏方式。AR和VR技术,可以使人类体验到更多的刺激和快乐。但是数字技术也导致过度娱乐化、价值空心化等现象。网络文化发展必须坚持正确的政治方向和文化价值导向。一要坚持以社会主义核心价值观为引领,把社会效益放在首位,实现社会效益和经济效益相统一。在传播真善美、弘扬正能量上做足文章,以优秀的数字文化产品引领社会风尚。二要坚定文化自信,要善于从中华优秀传统文化、革命文化和社会主义先进文化中汲取营养、选取素材,进行创造性转化和创新性发展,提高数字文化品质内涵,打造更多富有鲜明中华文化内涵与特色的精品力作。三要坚持以人民为中心,增强精神动力。

任务三 区块链发票应用现状及趋势

区块链发票项目已在部分地区进行试点应用,随着区块链技术的不断发展,区块链发票也在不断发展,区块链发票在发票查验、发票追溯、辅助税务局管控等方面起到了重要作用。

一、区块链发票应用现状

(一) 政策现状

国家税务总局在2015年年底发布公告,自2016年1月1日起全国推行通过增值税电子发票系统开具增值税电子普通发票,其他开具电子发票的系统同时停止使用。这项政策和相应的增值税电子发票系统的推出,主要解决了营改增后一些开票量大的行业的开票问题,这些行业存在大量的面向个人的开票业务,如电商、电信、快递、公用事业。

财政部、国家档案局在2015年年底公布修订后的《会计档案管理办法》,自2016年1月1日起实施,其中第八条规定:"单位内部形成的属于归档范围的电子会计资料可仅以电子形式保存,形成电子会计档案。"《会计档案管理办法》第九条规定:"单位从外部接收的电子会计资料附有符合《中华人民共和国电子签名法》规定的电子签名的,可仅以电子形式归档保存,形成电子会计档案。"修订后的《会计档案管理办法》从政策层面解决了电子发票的直接入账问题。增值税电子发票系统开具的增值税电子普通发票具有税务数字证书的电子签名,符合修订后的《会计档案管理办法》,可以仅以电子形式归档保存。以下是增值税电子发票系统实现方案逻辑示意图(见图4-5)。

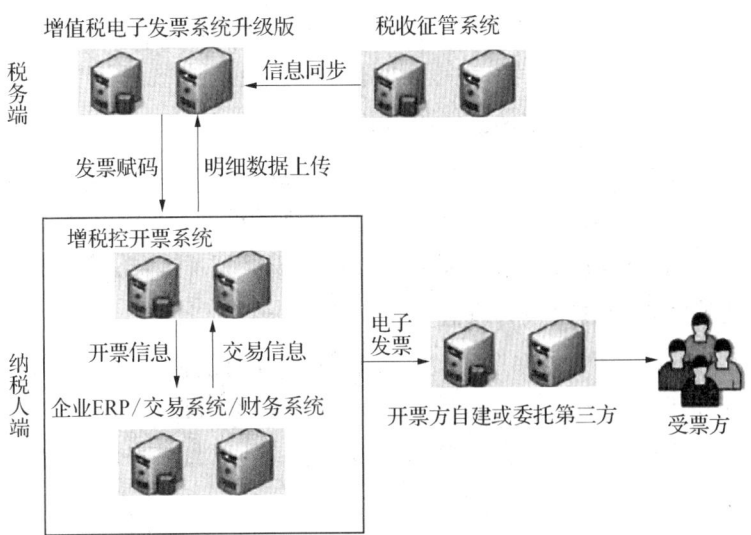

图 4-5 增值税电子发票系统实现方案逻辑示意图

(二) 区块链发票迅速推进的前景可期

区块链在政务IT层面的接受度已经空前提升,尤其是国家强调的"民生、金融、政务"等应用场景,财政部PPP新平台采用了区块链即验证了这一点。央行发布金融分布式账本技术安全规范,产业应用提速。在技术安全规范明确的前提下,区块链应用有望提速。

政府"减税降费"的决心也使得区块链发票有望"燎原"。在国务院"减税降费"部署下,电子发票去硬件化乃大势所趋,2018年以来,深圳、广东、福建和北京等地先后推出区块链发票试点,我们预计,或有更多地市税局跟进推出试点。

疫情对财税电子化的深远影响。区块链发票无须领票和购买专用设备、无票量和限额限制、天然无接触,也不会出现"发票荒",在疫情关口恰好发挥了重要作用。

(三) 区块链发票相较于普通电子发票的优势

相对于一般的普通电子发票,区块链发票能帮企业更节约成本,无须新增设备,开票成本低,具体表现在:

(1) 去硬件,更便宜。2019年7月,国家税务总局为进一步优化税收营商环境,减轻纳税人负担,印发了《税务UKey技术规范》通知。UKey较税控设备成本更低,且该成本无须纳税人直接承担,浙江、甘肃等多地已推出相关政策。税务总局印发的该文件是使电子发票开具成本降低的重要信号,而区块链发票无须硬件,开票成本更低,已有广东、深圳、福建、北京等多地出台区块链发票试点办法。

(2) 按需开票。根据深圳的区块链发票实践,使用区块链开具的电子发票可以根据业务需求不限量领取,无须审批,按需开票。这是区块链发票有别于普通电子发票的另一个鲜明特征。

二、区块链发票大规模推广的风险

(一) 区块链发票系统可靠性风险

区块链技术本身是安全的,但是基于区块链的应用程序却是可能被攻击的。基于区块链技术的电子发票,本意在于解决发票中存在的伪造发票等行为,但是由于种种原因,并不能保证基于区块链的应用程序是完全可靠的,因为也存在被黑客攻击的风险。

(二)区块链发票上链数据的真实性和准确性风险

区块链能保证数据不被篡改,但不能保证记录入链的账目信息完全准确无误。如果有人有意或无意将错误的交易信息记录上链,那么根据区块链不可撤销和更改的特点,错误信息是无法更改的,因而区块链发票需要建立奖惩机制,防止记录错误信息上链的可能。

(三)区块链发票的法律效力风险

区块链的好处之一是它为许多类型的活动提供了验证,但是目前将区块链记录作为法律证据可能不是理所当然的。虽然很多个人、企业和部门都十分认可区块链的应用前景,但是在实际生活中,关于区块链仍然有很多争议。所以目前来说,可能还无法将区块链记录作为法律证据。

1. 区块链匿名性带来的风险

虽然建立在区块链上的发票信息是公开透明的,但是基于区块链匿名性的特点,在实际操作中,很难从区块链上的信息追踪到实体的个人。

2. 区块链信息遗失风险

虽然发票信息都记录上链,不可撤销和更改,但是用户需要记住自己的密钥,所以依然存在信息遗失的风险。

三、区块链发票的未来

区块链发票的大规模推广可能需要解决许多难题,但是它还是有望使纸质发票成为过去时,成为未来新趋势。

(一)使用区块链发票,用算法取代人力审核,实现信任自动化

信任是每一种商业关系的基石,如果只是依靠人为操作,难免有很多不确定因素,因而很难保证记录的交易信息是完全可信的。区块链提供了一种自动化信任的方法,通过使用永久保留的历史数据来认证交易中涉及的每个人,来确保信息的可信度。

(二)使用区块链发票,提高交易效率和经济效率

基于区块链技术的分布式存储和智能合约,开具发票的效率将大大提高,从而推动交易支付领域的发展。区块链实际上切断了中间人,取消所有中介,使得支付和交易的处理速度更快。因为整个过程都是完全数字化的,并且数据库是共享的,每个人都可以上链查询,不再需要手动扫描发票,极大地加快了对账过程。

(三)区块链发票可以提供强有力的审计线索

区块链的所有节点将存储每一笔交易的每一个细节,可以对链上的所有电子发票进行溯源,并追踪到发票的所有者及关联者。这样,发票的来源、真伪、报销等信息都可以一目了然,这解决了发票流转过程中一票多报、虚报虚抵、真假难验等问题,构成了一个闭合数字发票生态链。此举也可以加强对欺诈行为的监控,还将为洗钱和使用童工等不合法性

问题提供透明度。尽管区块链是一项数字技术,但是它也将协助跟踪和记录实物,形成一个强有力的、记录完整的审计跟踪线索。

四、区块链发票的应用建议

(一)税务机关牢牢占住行政授信的主导地位,在税务区块链系统中心节点

区块链就是以每个区块存储所有交易账本的数据冗余为代价,实现匿名用户去中心化和去信任化的分布式数据库。区块链技术的特征也清晰地表明其内在逻辑与构建原理。中本聪在实现区块链设计时完美地用"公钥"与"私钥"加密和交易信息广播来取代行政授信环节的缺失,同时用比特币的经济驱动来鼓励用户提供算力和存储数据。而电子发票则有着清晰的行政授权,行政授权并没有缺失反而是重点优势环节。税务机关对发票的管理是征管法赋予的权利,也是税务机关的法定义务。从维护税收信息数据主权角度,税务机关不应该也绝不能主动放弃自身行政授信的地位。随着区块链技术的发展,在实务中区块链发票不是绝对去中心化,而是多中心化,比如腾讯区块链便是多中心化的联盟链,需要引入国家税务机关作为重要节点,相当于政企共建的联盟网络,参与联盟链中有多方核心。一般是由税务机关作为主导角色,其他企业节点充当公信见证的角色,共同维护区块链网络的正常运行。

(二)维护税收信息数据主权、税收信息设备主权和税收信息技术主权

税收信息数据安全是税收信息化必须坚守的底线,就是因为税收信息数据可以倒推所有经济数据,具有极高的"含金量"。通过分析企业的涉税数据,可以得出企业运行的情况。掌握一个企业所有的涉税信息,那就掌握了它的经营情况、人员情况、销售情况、进货渠道等。如果税收信息数据存储完全依赖企业构建的私有链或者联盟链,那么资本的力量就将掌握绝对的话语权。如果税收秩序不再由税务机关规范而由绝对的资本去主导,后果无法想象。因此,无论是从根本和实现路径,还是数据安全的维度,都应该维护税务局信息化建设中税收信息数据主权、税收信息设备主权和税收信息技术主权三大底线,结合区块链技术,在隐私保护等数据安全方面做好积极准备。

(三)结合区块链特性进行系统设计,完成区块链发票的全生命周期管理,助力税务改革

逐渐实现发票电子化、数字化,使电子发票真正、充分发挥数据价值。电子发票未来将可以实现"以票控税,网络比对,税源监控,综合管理"的闭环运行,帮助财税机关充分掌握各种经济形式的交易信息,助力提升财税治理能力。区块链发票目前还没有大规模地全国推广普及运用,主要是既有系统的创新和更新需要时间,需要探索。旧有的体系更新需要在实践中反复试错、验证,才能逐渐普及,才能大规模地推广。区块链技术还处于发展阶段,应用于电子发票管理还在探索之中。建立区块链需要跨行业应用融合不断创新,积极做好技术储备和应用研究,为区块链技术在税务管理的应用打下良好基础。

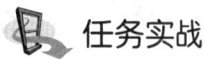**任务实战**

区块链政务-区块链发票

任务描述

通过五类角色"税务局""开票企业/纳税人""消费者"和"报销企业"围绕发票全生命周期在区块链上流转的模拟实操,深入理解区块链发票的防伪模式,以及与传统手工发票和传统电子发票的防伪模式的差异,理解区块链发票应用的主要操作流程,领悟区块链给电子税务领域的各个角色(包括税务局、开票企业/纳税人、消费者和报销企业)带来的创新价值。

操作步骤

各成员按照角色点击头像上岗,根据任务页面标注的流程顺序进行操作。

操作指引

(1) 进入平台。

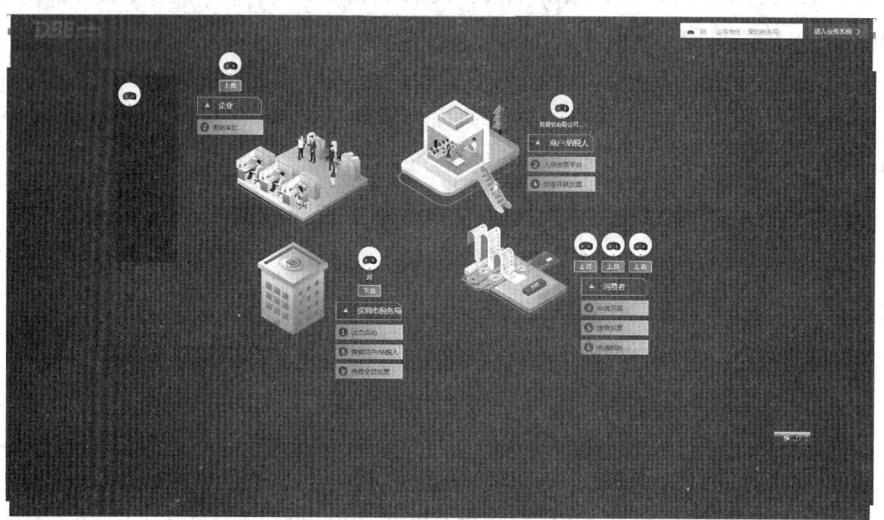

(2) 试点启动。

(3) 入驻发票平台。

(4) 申请开票。

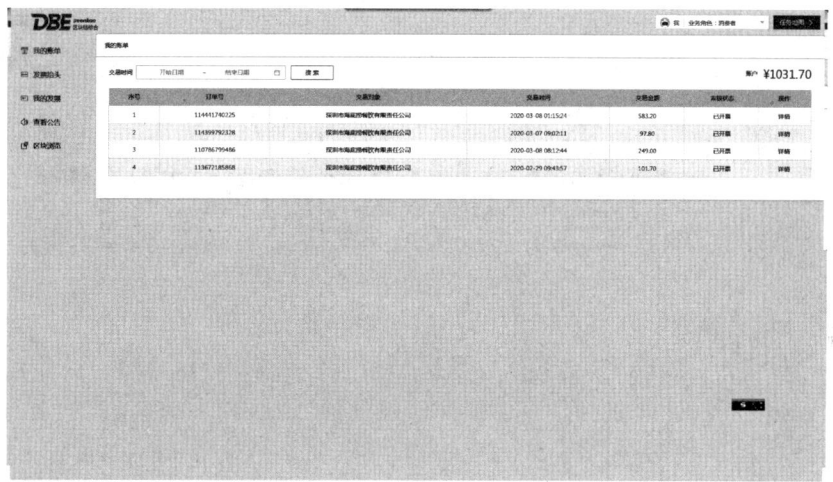

(5) 受理开具发票。

(6) 查看发票。

(7) 申请报销并上岗,企业报销审批。

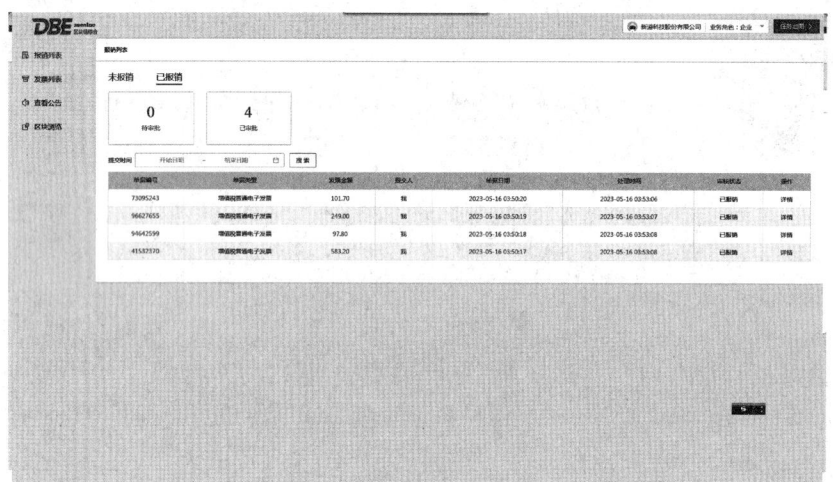

(8) 查看商户/纳税人。

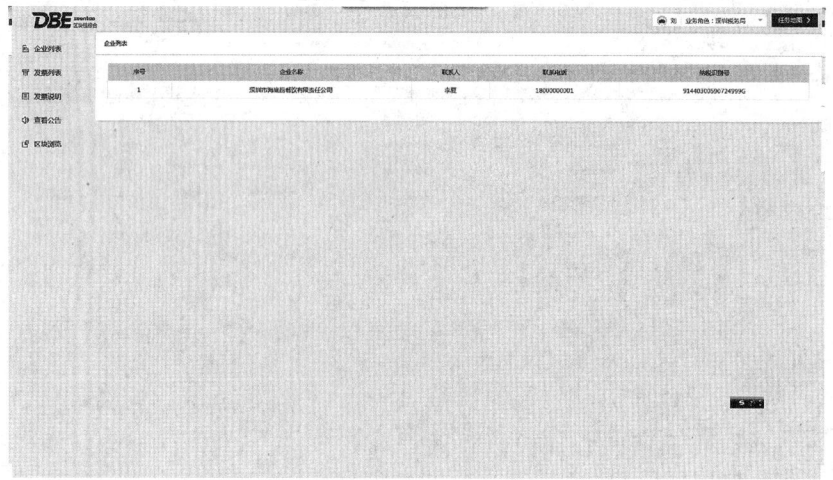

(9) 查看全部发票。

任务四　区块链财政电子票据

区块链财政电子票据已经在海南、云南、重庆、广东、浙江多地上线。

一、财政票据的概念

财政票据，是指由财政部门监（印）制、发放、管理，国家机关、事业单位、具有公共管理或者公共服务职能的社会团体及其他组织依法收取政府非税收入或者从事非营利性活动收取财物时，向公民、法人和其他组织开具的凭证。财政票据是财务收支和会计核算的原始凭证，是财政、审计等部门进行监督检查的重要依据。

二、财政电子票据

财政电子票据，是指由财政部门统一监管的，行政事业单位在依法收取政府非税收入或者从事非营利性活动收取财物时，运用计算机和信息网络技术开具、存储、传输和接收的数字电文形式的凭证，与纸质票据具有同等法律效力。其基本特征是以数字信息代替纸质文件、以电子签名代替手工签章，通过网络手段进行传输流转，通过计算机等电子载体进行存储保管。

三、财政电子票据的痛点和区块链技术优势

财政在电子票据行业已经做了非常多的工作，已经取得了相当大的成就，但是现在还面临四个痛点。区块链技术正具备解决这些痛点的优势。如表 4-3 所示。

表 4-3 财政电子票据业务痛点及区块链解决方案

序号	痛点和挑战表现	痛点和挑战	区块链技术特点	区块链解决方案
1	存在重复打印、多次报销、虚假报销、医疗骗保等风险	虚假票据风险	防篡改性	基于区块链的防篡改性，对票据做真伪鉴别、杜绝假票
2	真伪查验困难，各参与方共享意愿低，容易形成信息孤岛	共享效率低	可信流转	实现票据及数据在参与各方间可信流转，避免信息孤岛
3	数据分类分级访问、数据确权、权限校验方面存在挑战	数据安全挑战	高安全性	实现票据的保密、隐私保护、授权访问、追溯审计，提升安全性
4	应用流程涉及的环节和角色多，难以实现全流程闭环管理	难以追溯审计	可追溯性	区块链伴随票据的生成、传送、储存、使用，全过程盖"戳"，全流程追溯管理

四、区块链电子票据技术架构

从整体的技术架构来看，从底层网络到安全网络、智能网络，到整体应用环节，分为三层应用架构，如图 4-6 所示。

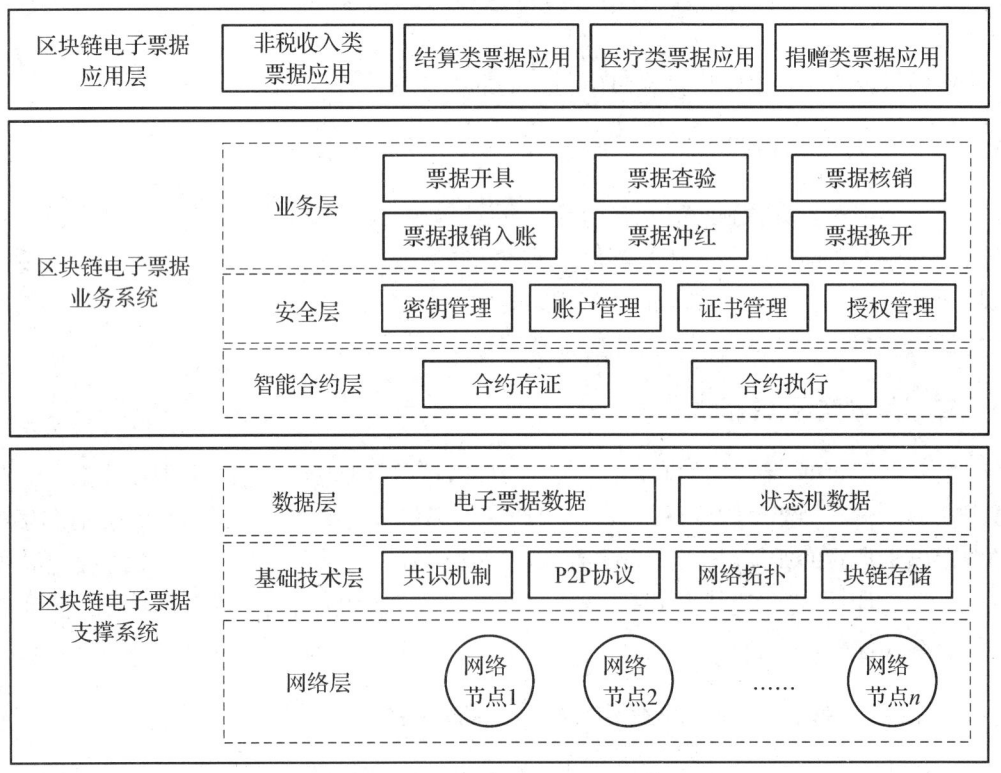

图 4-6 区块链电子票据技术架构

五、区块链电子票据的客户价值

（1）降本增效。区块链技术提升了查询效率以及票据的准确性,减轻了各个机构对票据的审核工作,降低了管理和审核的成本。

（2）促进可信的验证。可以有效解决票据造假、重复报销、医疗骗保的问题。区块链电子票据系统可信有三个方面:第一,票据源的可信。由财政部门监制通过区块链开具或者开具后上链的票据,确保票据源头的可信。第二,全链路流转使用的可信。基于区块链不可篡改和抵赖的特性,确保票据在传输、存储、应用过程中整个环节的数据可信。第三,用票的可信。基于实名认证和用票授权等保证过程的可信。

（3）塑造电子票据流通的生态链。实现电子票据应用各场景的打通,推动电子票据各使用方能够实现互联互通。

（4）增强安全防护和隐私保护。基于共识的机制,加密的算法,采用信息加密技术、点对点的技术,为电子票据提供安全和必要的隐私保护。

（5）实现穿透式监管。利用区块链不可篡改和可追溯等特性,实现对电子票据的全流程追溯和审计,协助监管方完成自动监管和智能分析。

六、区块链电子票据业态和应用

电子票据的业态分两类:

第一类,链上开票,实现链上赋码,链上开具,链上签名,链上存储及流转,形成完整电子票据应用服务方案。

第二类,开票后上链,通过区块链为财政电子票据在检验、归集、报销入账等场景提供应用保障。

案例

区块链财政电子票据

案例1:浙江财政厅携手蚂蚁链在全国打造的首个基于区块链的电子票据平台。

解决索票烦、报销慢以及监管难的问题。现在浙江省上链的医疗机构已经有2 000多家,有322家公立医院实现省内异地报销,经统计,全省少打印纸质票据大概是4.6亿张。社会效益方面,主要做两个大的应用,第一个应用是异地零星报销,比如在宁波看病,原先的方式是把纸质票据带到杭州报销,现在是这个票据流转到区块链之后,一键报销。第二个是商保理赔,原先的方式是贴纸质票据,贴完之后,保险公司去核实这个票据的真实性、看病的真实性,完成报销要一到两周时间。运用区块链电子票据后老百姓可以秒级把票据流转到保险公司,实现一键商保理赔,大大提升了民生服务的获得性。

案例2:区块链的捐赠系统。

通过区块链贯通财政、税务和捐赠体系,在慈善机构做捐款,包括公证捐款使用。把每笔捐赠记录上链,针对每笔捐赠,都开具电子票据,实现资金流跟信息流的二流合一。同时针对每笔善款支出的上链,做到支出透明化,清楚告知所有捐款者,包括监管机构,每一笔善款分别用到什么地方去了,什么时候用的,用给了谁。最后,通过区块链把票据流转给企业和个人,打通所得税抵扣。

案例3:云南财政厅的区块链电子票据应用平台。

由云南省财政厅统一提供开票和流转平台,单位可免费接入,成本降低90%左右,且整体接入时间从原来的一个月降低到一周。初步估算,云南财政纸质印刷节省大概1 000万人民币的规模。

七、区块链电子票据发展趋势展望

电子票据改革经过了十年,已经取得非常多的成绩。未来区块链的加持,将会为电子票据的发展注入更多力量和活力。

(1)应用场景更加日益丰富。比如医疗票据跟商保理赔打通,捐赠票据用于企业或个人快速纳税申报。

(2)通过政策扶持、标准制定以及应用场景落地,推动区块链加电子票据应用的产业发展。

(3)平台化的加速。如用支付宝端来触达到C端做服务,通过这种方式构建一个围绕用户的服务系统。

(4)电子票据衍生业务的扩张。如跟保险业态做整合,形成更加有利于票据流转使用的用户服务。

任务实战

智慧职链:区块链发票实操

任务描述

完成:附录1"智慧职链实验"中任务二"区块链发票系统操作"。

项目五　区块链在会计中的应用

项目导入

山东一公司"八套账"遭罚千万罚款｜商道会计机构

大家都熟知,企业中"两套账",内账和外账,内账给老板看,是相对真实的账;外账是用于报税,也为了能让企业少交税。

商道会计机构从山东某市税务局了解到,山东某钢材公司设"八套账"隐瞒销售收入,遭税务局 4 500 万元重罚!

看来"两套账"真是弱爆了,那"八套账"是什么?

(1) 反映企业实际经营情况的账——管理账。

(2) 应付税务机关的账——税务账。

(3) 贷款需要的账——银行账。

(4) 海关检查的账——海关账。

(5) 申请高新资格的账——高新账。

(6) 应付社保检查的账——社保账。

(7) 应付财政拨款检查的账——财政补贴账。

(8) 应付残疾人保证金稽核的账——残保账。

某钢材公司自 2015 年以来销售钢材业绩额达 2.76 亿元,账目设立"八套账本",隐瞒销售收入。期间,曾向税务部门报销售收入 8 656 万元,但税务大数据调查显示,账外经营方式隐瞒的销售收入共 1 900 万元,少交企业增值税 3 000 万元。

据《中华人民共和国税收征收管理法》,该企业应追缴少缴的费用,包含增值税、企业所得税、城市维护建设税、教育费附加、地方教育附加、印花税、水利建设基金等项,另外对公司处罚 0.5 倍少缴税款罚款,追缴费用和罚款累计 4 500 万元。另外,该企业财务人员也遭到了 2 万元罚款,五年内不得从事会计工作的行政处罚!

项目分析

- 了解数字经济时代会计的发展;
- 掌握区块链在会计中的应用原理;
- 掌握区块链在会计领域的典型应用场景。

思政要点

对会计师事务所和上市公司从严监管,依法追究财务造假的审计责任、会计责任。加强财会监督大数据分析,对财务造假进行精准打击。企业财务会计信息失真、上市公司财务造假等现象时有发生。为深入贯彻党中央、国务院关于严肃财经纪律的决策部署,切实加强会计师事务所监管,遏制财务造假。(国办发〔2021〕30号)

▎数字素养

提升数字素养与技能,培养互联网思维和区块链思维。

本项目重点培养区块链思维:创新要点-信任重构思维。

* 区块链应用所解决的问题是生态链上的管理问题(生态资源配置重构);

* 区块链解决的是多方信任问题,所做的改变是在缺乏信任的场景里进行信任机制(信任成本)的重构;没有信任成本重构的创新不适合区块链(如单企业的流程优化);

* 这一改变是针对数据进行的,所做的改变是形成"可信数据";

* 这一信任重构的改变通过多方数据共享来实现;

* 不是从局部的既定业务——区块链应用,而是从整体生态的运行效率、成本方面来规划区块链应用;

* 区块链针对的是社会活动上存在的"假"与"骗",应对假与骗的防范机制的重构是区块链带来的改变;

* 信任重构的这一改变是社会级、涉及政治思想和社会层面的生产分工协作关系,涉及具备公共属性的数字经济基础设施建设和运营,涉及社会制度、法律法规等游戏规则。

任务一　区块链会计变革

近年来,区块链技术开始进入会计领域,以其分布式账簿的独特优势,能够实现在账簿范围内进行审计全覆盖、实时合规性监控与自动化税务合规申报,从而显著提升用户方、会计师事务所和监管部门的工作绩效和用户体验。

一、会计行业应用区块链的价值

(一) 会计领域的痛点

(1) 安全方面:账簿丢失难恢复。由于账簿所有方都是各自负责掌握自己的账簿,因此账簿一旦损毁丢失很难恢复数据。

(2) 效率方面:对账烦琐。面临多方交易时,各方账簿很容易出现不一致,对账事务繁多复杂。监督和审计成本高昂。

(3) 风控方面:中心化记账,数据易被篡改和造假。在会计各个处理流程中,中心化人为控制,篡改和造假机会多。

(二) 区块链提供了解决痛点、融合创新的机会

会计的本质就是还原一个主体经济活动真实的世界,会计的本质就是"真实"。

1. 基于机器信用强化信任

降低信任成本,将其"信任基础"由线下高成本到线上低成本;

利用区块链多方共享,强化参与方之间的连接、协作,提升价值交换的效率;

区块链防篡改特性保证了从区块链中获取的数据的有效性;

在跨多机构的业务场景中降低了传统业务依赖中介的信用成本,如在采购业务、销售业务、物流业务以及报销业务等涉及多方协作的业务场景中能为其提供真实性的保障;

为依托于信任的广泛财会领域业务场景提供了创新的基础,使未来跨行业融合的大会计模式创新成为可能。

2. 多方协同合作

多方分布式记账保证数据一致性,节省了多方信息不对称导致的如数据传输、结算对账、人工核实等工作成本;

交易被确认的过程就是清算、交收和审计的过程,提高了支付、交易、结算效率;

监管部门可实时获取数据,不用报送,可事中监督。

3. 数据共享

区块链智能合约在架构方面为数据提供统一的入口;

保证了在区块链中业务执行的独立性,不受任何一方干扰,为记账和审计提供了可信赖的执行和处理环境;

可将业务场景中的合同合约解析成程序可执行的约束或条件,在达到约束或满足条件的情况下自动智能执行,提高数据处理效率与准确度;

业务中交易信息、资金来源、资产信息等数据可追溯;

在会计报表、发票报销等业务场景中,能够减少会计业务的造假,为会计信息的真实性和完整性提供最大限度的保障。

(三)区块链会计应用注意问题

(1)财务会计主要解决的是合规问题,区块链技术应用也应遵循这个规则。

(2)单企业内部非必要不建会计私链。区块链主要价值在于用机器信用解决多方信任问题,必须在多方参与下才能实现其价值。单企业无外部节点信用背书,不能起到增信作用。除非组织结构庞大复杂的企业或需要解决组织内信任问题才建私链。

(3)上链不能公开全部财务信息。企业财务数据为企业的商业机密,直接影响到企业的竞争力,涉及商业竞争,不能完全公开透明。

(4)不能利用区块链实现完全实时财务报告。由于区块链的效率有限,只依靠区块链不可能实现完全实时财务报告,也不可能取代中心化的高频业务处理。

二、区块链技术重塑会计程序

区块链作为一项颠覆性信息技术,推动产业由"信息互联"向"价值互联"转变。区块链技术是会计信息处理上的一次重大变革,区块链技术将对账务会计信息系统、决策支持信息系统以及公司治理和监督体系等带来影响。以区块为单位,对会计对象进行确认、计量、记录和报告。区块链在确认、计量、记录和报告这四个基本程序中具体体现分为三个层次的应用：一是存储简单的数据信息，二是复杂的逻辑数据的处理，三是借助区块链处理流程。

（一）重塑会计确认方式

在传统会计信息系统下，各交易方分别记录自己的交易事项和交易金额，各自享有自己的一套独立的会计账簿，这一中心化记账模式虽然能够追溯往来的交易情况，统计交易额，但是同时也存在不足之处。例如，账簿持有者进行舞弊，虚构交易事项并且伪造一系列的会计凭证，即使经过审计也很难发现舞弊行为，从而难以得到真实可靠的信息。

区块链技术的分布式账簿能够有效解决这些问题。区块链技术的去中心化分布式能够使得会计在记账方式上摆脱复式记账。在分布式记账中数据信息一经确认就难以更改，任何一方的更改都需要网络全体参与方的同意，由此会计确认的准确性也就大大提升了。如图5-1所示。

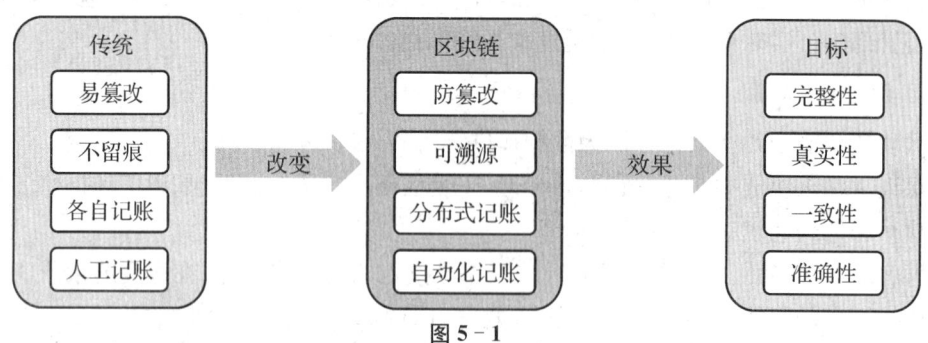

图5-1

（二）强化会计计量属性

会计计量是由计量单位和计量属性两方面构成的。在传统账簿体系下，受到诸多因素的影响，因此会计计量属性不能准确判断从而采用适合的计量属性。

在区块链分布式记账模式下，每个节点都单独保留了与交易、记录、清算在内的所有数据信息，各种数据的处理将由各个节点的计算机共同完成，保证独立存储往来交易、信息流动和价值传递的各类信息，从而使每一个影响计量属性的因素变得更加透明；共识机制保证账簿数据的一致性；哈希值和时间戳保证不可篡改和顺序性。区块链各类技术共同为历史成本、重置成本、可变现净值、现值和公允价值等各种计量属性提供更加完善全面客观的相关信息，会计计量结果随之变得更加公正，进而保障了计量结果的准确性。

（三）转变会计记账模式

对经过会计确认、会计计量的经济业务采用适当的方法记录在账簿体系中并对数据进行分类、汇总及加工，最终生成系统化的财务信息。在现行互联网模式下形成了"双重支付"问题，换句话说，如果一个没有中心化的机构想要确认一笔数字现金是否已经被交易是很难的。因此，用以反映会计科目整体变化的总账应运而生。

在区块链技术下"双重支付"的问题能够轻而易举地解决，去中心化的分布式账簿使得总账的作用被削弱。区块链使得信息一经确认就不能修改，永久有效，确保了会计记录的准确性。区块链的智能合约技术可以基于上链可信不可篡改数据,自动化执行预先的准则、规则、条款和程序,实现财务业务全生命周期的高效便捷管理。如图5-2所示。

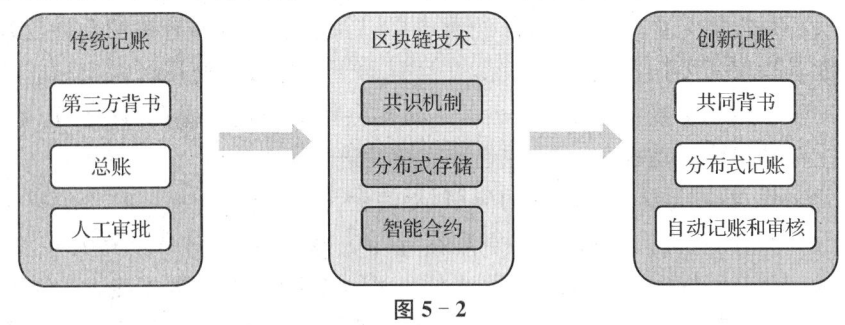

图 5-2

(四) 变革会计报告机制

在信息披露方面,基于区块链技术的企业的财务信息从主动披露转化为自动披露,并将传统的人为主导的信息搜索变为以信息为主导,从而定制分派到需求主体。另外,相比传统会计信息互联网披露方式,区块链模式下的用户可以实时获取排除掉不真实的财务信息的其他全部数据,上链外部报告使用者信息共享,降低信息不对称风险,提升决策的效率和正确度。如图5-3所示。

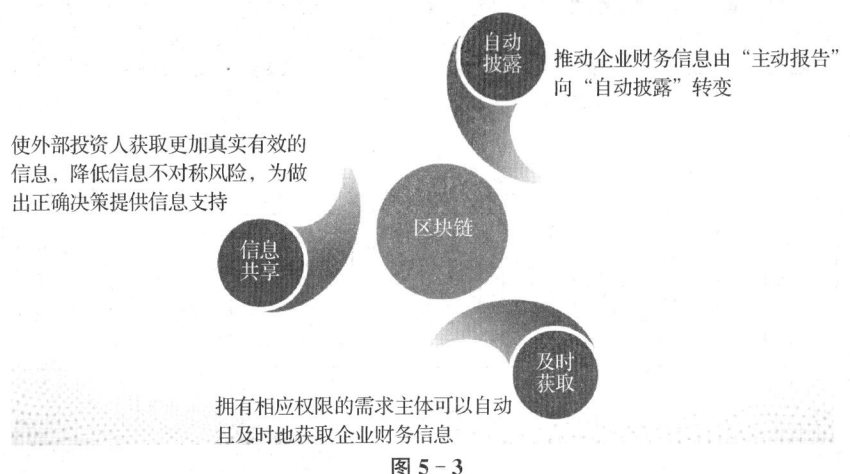

图 5-3

思政小课堂

有效合理使用互联网思维,防止滥用。

互联网思维,(移动)互联网+、大数据、云计算、区块链等科技不断发展的背景下,对市场、用户、产品、企业价值链乃至对整个商业生态进行重新审视的思考方式。互联网思维主要包括专注(标签思维、No.1思维、简约思维)、极致(产品思维、痛点思维、尖叫思维)、快(迭代思维、流量思维、整合思维)、口碑(粉丝思维、爆点思维等)。

有效合理使用互联网思维可以带来企业快速发展,提高市场效率,为社会创造财富。滥用互联网思维,可能导致利用垄断损害他人利益、转嫁风险、商业模式存在重大缺陷、造假、涉嫌重大欺诈。

三、区块链重塑会计职能和会计目标

会计目标是提供与企业财务状况、经营成果以及现金流量等有关的会计信息。它反映的是企业管理层受委托责任履行情况,并且有助于财务报告使用者做出相应的经济决策。会计的基本职能是核算和监督。会计人员对会计对象进行确认、计量、记录和报告,并对特定主体的经济活动真实性、合法性和完整性进行审查。

信息化时代,特别是区块链技术的应用,促使会计由"财务核算"向"价值提升"转变,转向数据分析和管理、价值判断、战略管理指导与决策支持,会计职能得到转型与升级。区块链技术应用必然导致企业或企业联盟去管理化和去中心化,要求企业变革企业管理授权,形成扁平化组织结构,以及与外部信息系统直接连接形成联盟,进行民主管理和自治。实现自主管理,减少人为干预,让区块链技术支持的系统自主获取数据并自动处理。区块链技术应用,财务系统开启自主管理模式,固化了原始交易流程和会计处理流程,极大地提升了会计的真实性、合法性和完整性。重构企业决策系统,变革了企业管理和组织经营模式,创造了价值。区块链会计应用带来的变革,如图5-4所示。

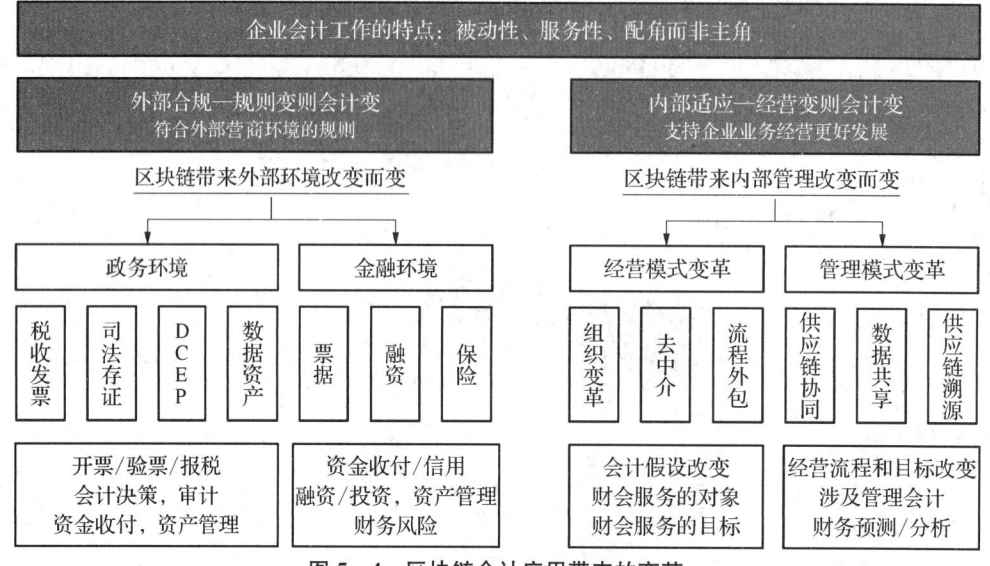

图5-4 区块链会计应用带来的变革

四、区块链财务变革

(一)业财深度一体化

区块链打破了企业业务财务的壁垒,将财务融入企业业务活动各个方面,实现业财深度一体化,打通企业内外部价值链体系,通过价值链成本管控将实现整个价值链的成本优化与价值最大化。

区块链的价值传递属性能够以极便利和低成本的方式促使价值在信息流上高效传递与共享,为实现企业深度一体化奠定基础。

区块链也将推动无边界融合式财务管理模式的实现,打破价值链上各环节的沟通壁垒,提高整个企业组织的信息传递、扩散和渗透能力,实现企业资源的最优化配置和价值的最大化创造。

可以依托区块链构建财务业务一体化平台来实现企业业财深度融合。实现企业经营线与财务行政综合线的协同和贯通,发挥财务对业务和业务前端的及时或实时延伸控制,保证后端得到真实准确的数据,支持及时和有效的决策。业务流引发资金流,业务流和资金流同步下沉到信息流,三流对应,三流合一,业财融合。业务一体化平台如图5-5所示。

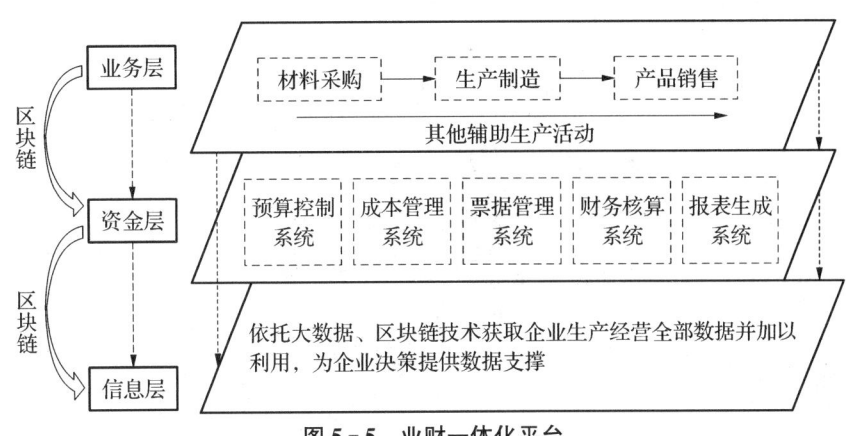

图5-5 业财一体化平台

(二) 区块链下供应链和价值链管理

在企业业财一体化的平台基础上,应用区块链技术打通整个供应链条,构建联盟区块链与企业上下游无缝对接,并通过跨链技术与金融服务、标准、监管、税务等部门进行关联,形成社会化的网点结构和价值链条。关注供应链或价值链的整体利益,兼顾相关方利益,利益和信息共享,风险共担,优势互补(退出劣势非增值环节或业务),合作共赢。基于区块链的企业价值链管理,可分为内部价值链管理(私有链)和外部价值链管理(联盟链)。外部价值链可划分为纵向和横向,因为横向企业为竞争关系,一般不会发生交易,因而区块链技术还不适用于横向价值链。区块链企业价值链管理如图5-6所示。

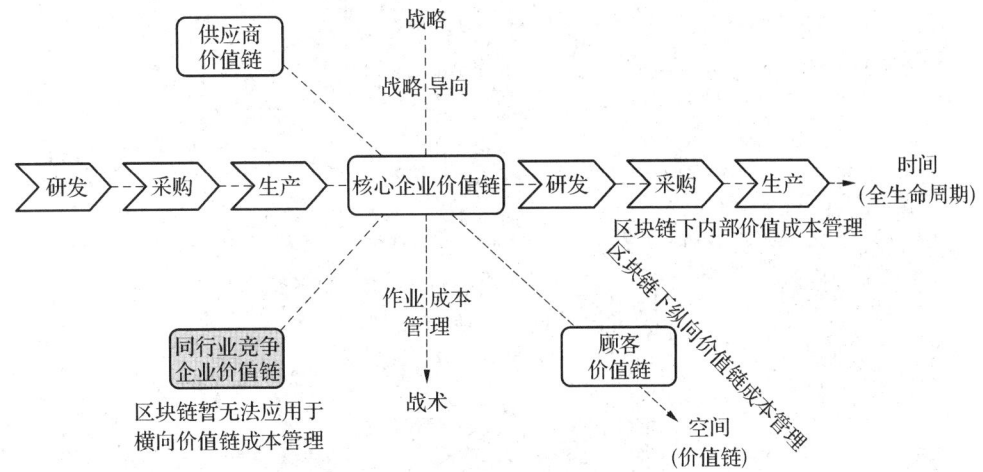

图5-6 区块链企业价值链管理图

案例

基于蚁米联盟链的集团财务管理数字化系统

广州蚁比特区块链科技有限公司开发了基于蚁米联盟链的集团财务管理数字化系统。

（1）用户小程序端录入发票。公司员工通过小程序入口扫描发票二维码，即可快速录入发票信息和进行报销流程（见图1）。

图1　发票报销

（2）监控管理系统。小程序录入发票后，基于智能合约规则定义，OA、财务、税务系统之间基于数据底座自动审批、自动处理，实现穿透式监管（见图2）。

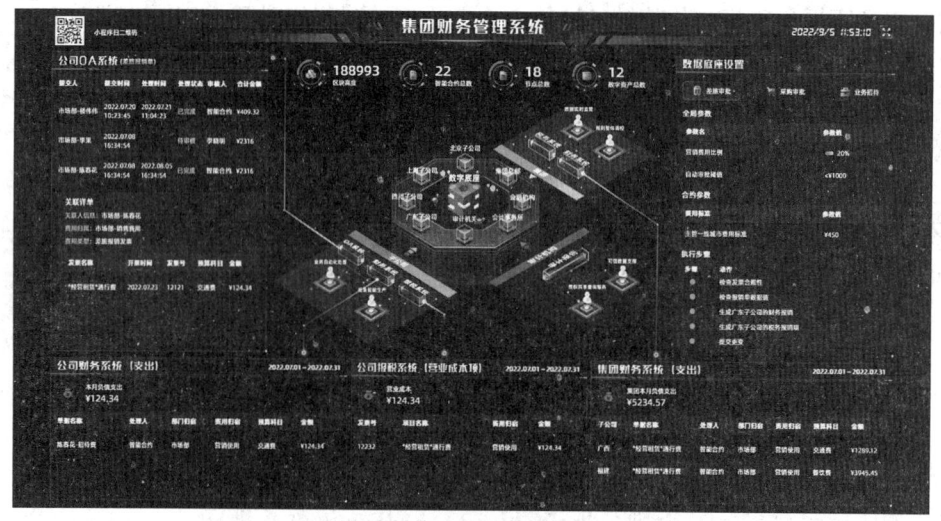

图2　区块链（私有链）财务系统

1. 财务行业发展现状及问题

财务系统的发展经历了财务电算化、财务信息化阶段,当前处于财务数字化转型阶段(见图3)。

图3　财务系统发展阶段

据上海国家会计学院、亿欧智库相关报告,新技术的发展为实现智能业财打下基础,智能业财系统成为企业数字化转型、大数据运营、降本增效提升的最佳方案。

2. 现有财务管理问题

财务管理过程本身固有的角色多、流程长、因果性强等特点,导致防欺诈和纠错成本较高(见图4)。

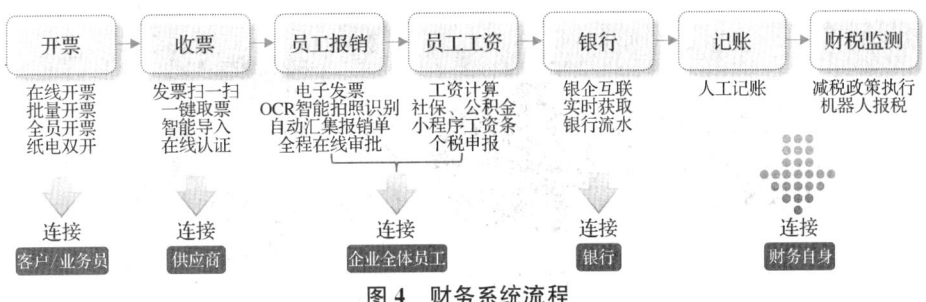

图4　财务系统流程

对于现有公司的财务管理,一般都有三套系统的协同:OA系统、财务系统、税务系统。以常见的报销流程为例(见图5):

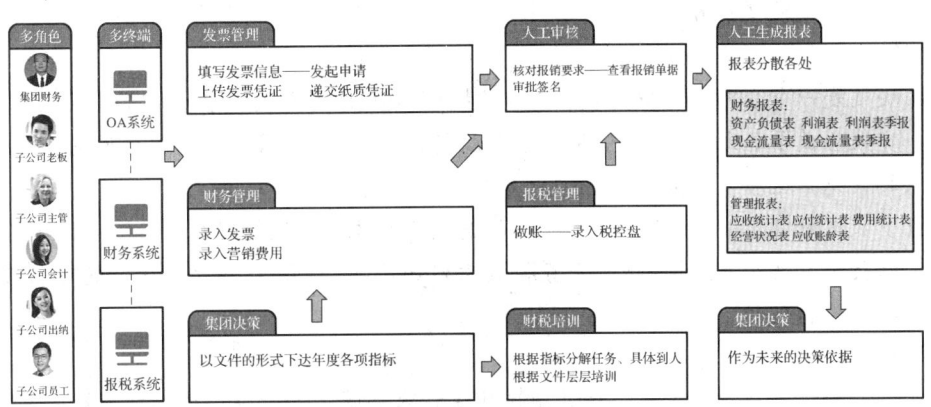

图5　公司不同系统报销流程

通过流程分析可以归纳以下关键问题：

（1）基础数据不准确且滞后。每个部门都会生成发票、费用和采购订单，财务报表缺乏数据上的一致性。只要一个业务领域的数据不准确或不完整，就会影响整个财务结算流程。

（2）账号体系不互通。对于关联的 OA 系统、财务系统、税务系统，每个员工需要三套账号，账号体系不互通。

（3）数据协同效率低。依赖手工录入，需要各环节人员配合，易出错、效率低。

（4）数据缺乏集成、数据重复录入。系统间数据格式不一致，具有不同的元数据或数据结构；一份数据在不同系统重复录入，数据不互通。

（5）信息不对称。集团需要根据财务结算报表揭示的运营状况，制定重要的战略决策，但财务信息按照周期汇总上报集团总部，监控非实时、规则执行灵活性差。

总体而言，人工做账、业财一体化流程不连贯、数据孤岛等现象带来的直接后果是基础数据不可信。

3. 区块链解决方案

为解决因基础数据不可信所导致的财务问题，蚁米联盟链提出以区块链数据底座为核心，实现集团财务的全生命周期管理、财务数据穿透式监管的方案。区块链可信任环境如图 6 所示。

图 6　区块链可信任环境

涉及的区块链技术有：

（1）数据存证技术（数据底座）。

区块链是一个分布式数据库，其中的数据以区块的形式链接在一起，并经过加密处理。一旦数据被添加到区块链中，几乎不可能更改或删除它，因为这将需要网络上绝大多数节点的共识。这些可信数据将会构成可信的数据底座。

大多数区块链是公开透明的，也可结合隐私计算技术实现数据的"可验不可见"，任何人都可以验证数据的有效性，而无法直接查看本源数据，这增加了数据存证的可信度，也实现了数据隐私保护。

（2）数字身份技术。

区块链的数字身份技术是一种利用区块链技术来管理和验证个体或实体的身份信息

的方法。这种技术可以用于安全地存储、验证和共享身份信息,同时保护用户的隐私和数据安全。

每个用户的数字身份在区块链上都是唯一的,不容易被伪造或复制,这降低了身份盗用和欺诈的风险。他人可以通过区块链上的信息验证用户的身份,而无须依赖中心化身份验证机构,这提高了身份信息的可信度。用户可以定义谁有权访问其身份信息以及在何种情况下可以访问,这杜绝了身份信息泄露的风险。

(3) 智能合约技术。

区块链智能合约技术是一种基于区块链平台的自动化合同执行技术。它允许在无须中介的情况下,以可编程的方式执行审批规则、合同条款等,并确保执行的透明性、不可篡改性和可验证性。由于智能合约的执行是由代码自动进行的,不依赖于信任任何一方,因此减少了信任问题和欺诈的可能性。

4. 实现方式

区块链财务系统设计如图 7 所示。

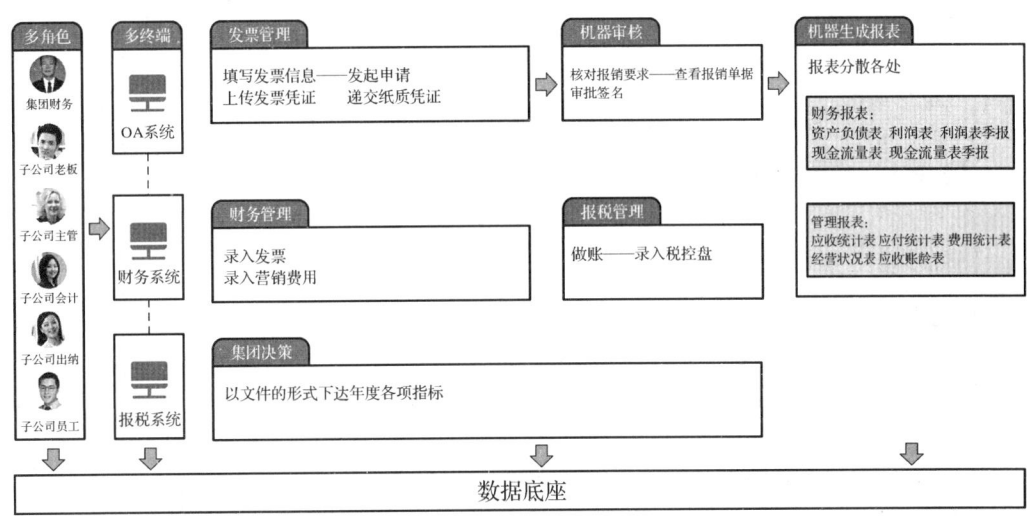

图 7 区块链财务系统设计

(1) 对于 OA、财务、税务三大系统,使用数字证书接入数据底座,协同数据存储到数据底座,同时抽象公共数据范式,规范数据内容,确保合规与精准,便于应用间协同。

用户使用个人数字身份登录所有系统,所有操作个人背书,责任清晰,便于追溯。

(2) 涉及人工审核、审批等环节,使用智能合约自动进行合规处理和数据生成,可以实现大部分业务全天候服务,使得该流程可以自动处理,瞬时完成。

(3) 通过这种以数据为中心、机机交互的方式,可以减少 95% 的日常人工操作,保障 99.99% 的合规性和可靠性。并以此通过对接数据基座可信数据,实现数据驱动和实时监管。

区块链数据流程如图 8 所示。

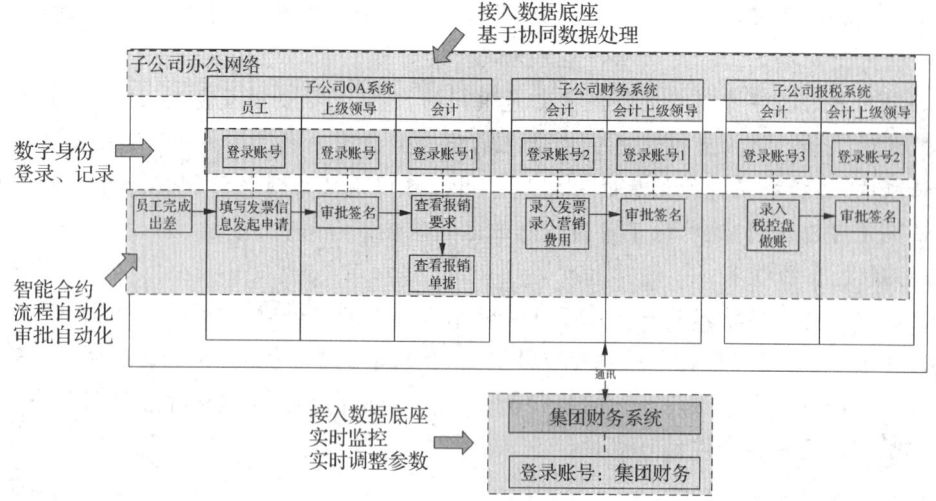

图8　区块链数据流程

区块链技术中主要的数据底座、数字身份、智能合约等技术将贯穿三大业务系统数据同步、系统间身份授权、审批审核等场景。

 任务实战

区块链商品采购销售业务

任务描述

无。

操作步骤

1. 依据采购订单—销售订单—销售出库—物流—采购入库—采购付款—销售收款的流程依次填写单据。

2. 差旅报销：线下填写好火车票、打车发票、住宿发票，然后上传。

操作指引

【进入课程-训练计划】

【区块链大会计应用-链上感知】

【区块链大会计应用-链上感知-开始训练】

【开始任务】

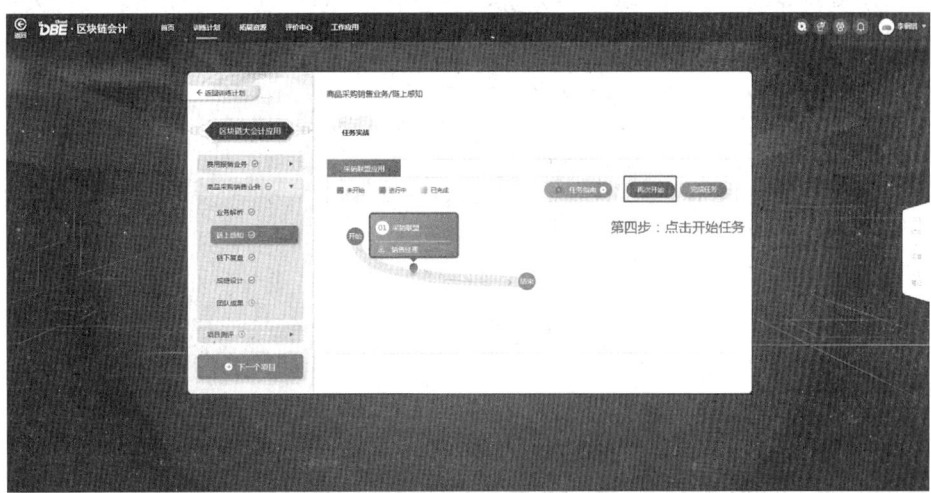

【开始采销之旅】

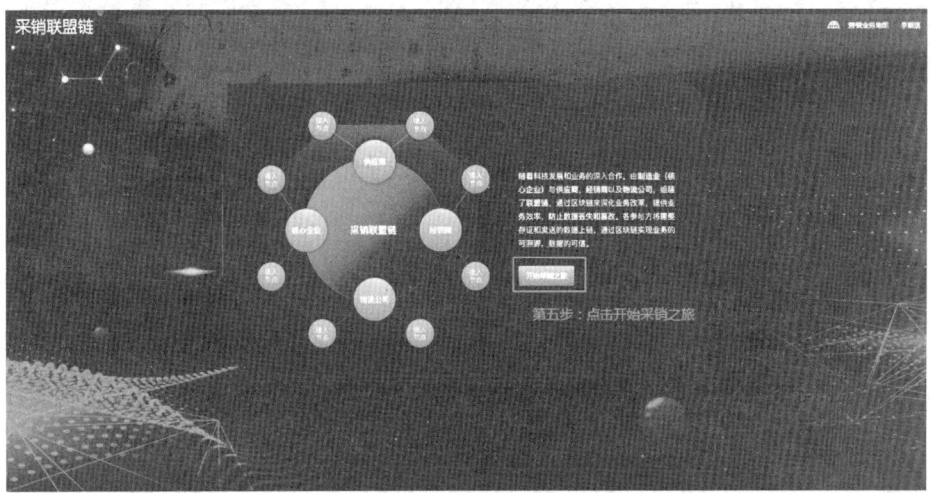

(1) 采购业务-采购订单。

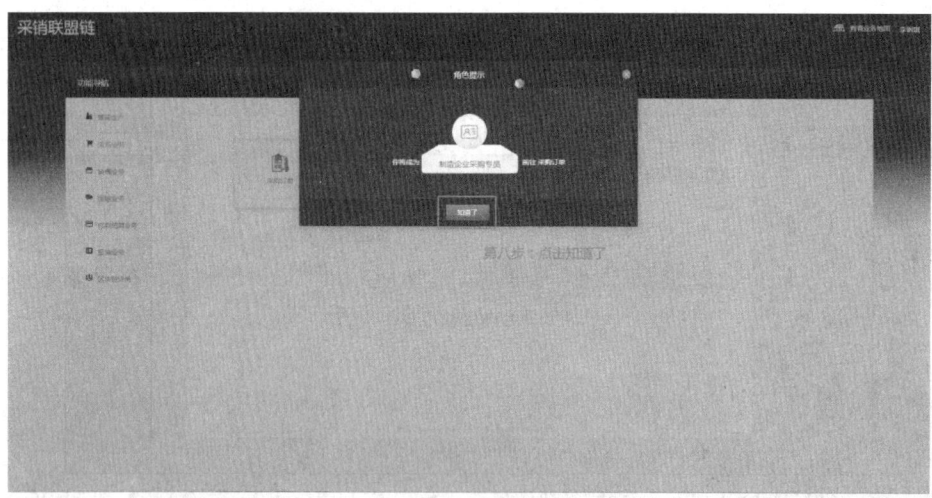

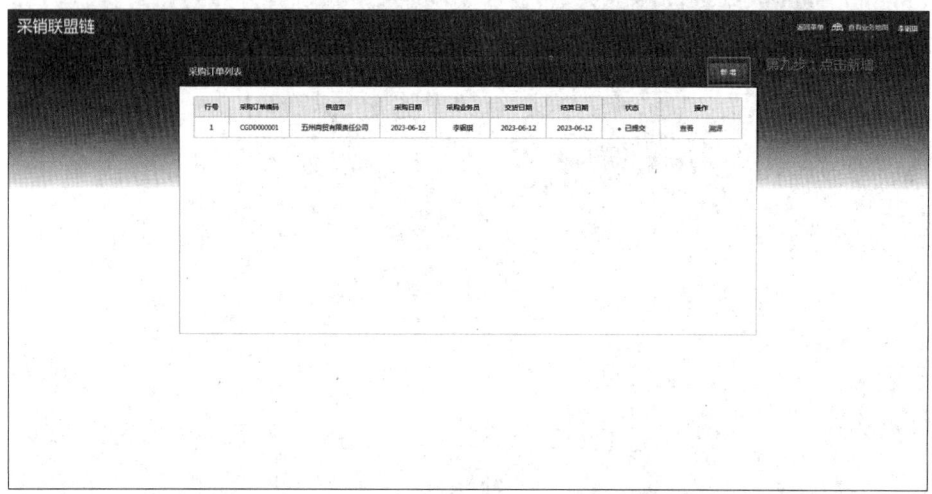

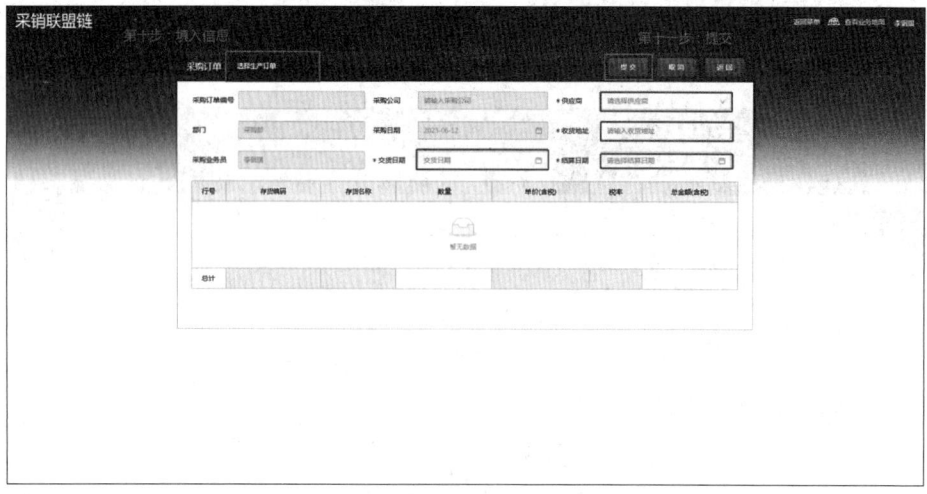

(2)销售业务-销售订单。

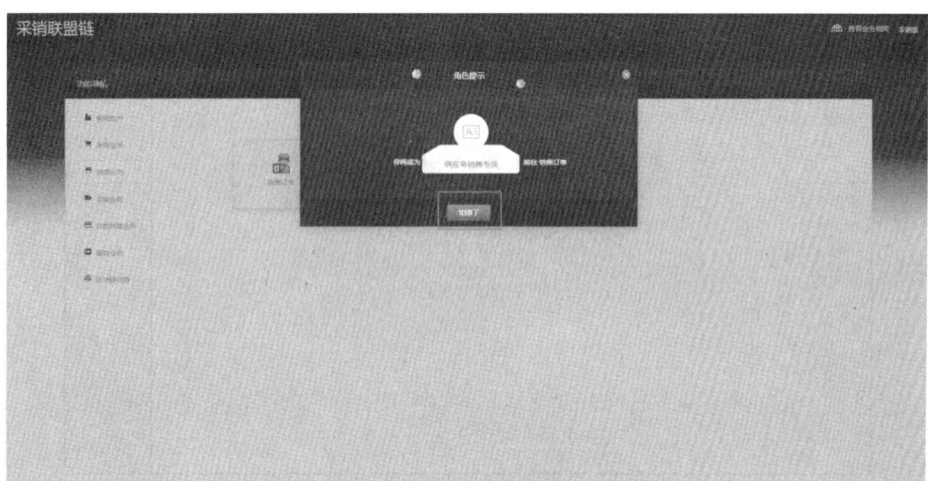

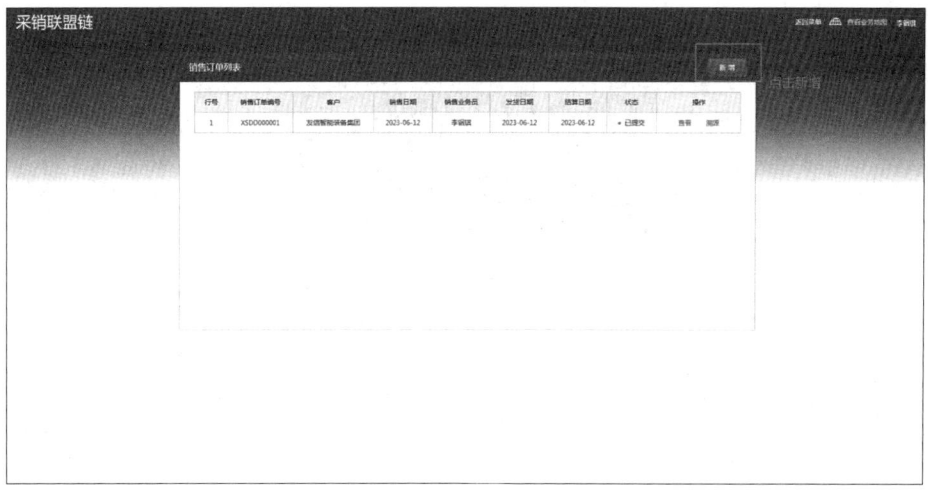

(3)销售业务-销售出库单。

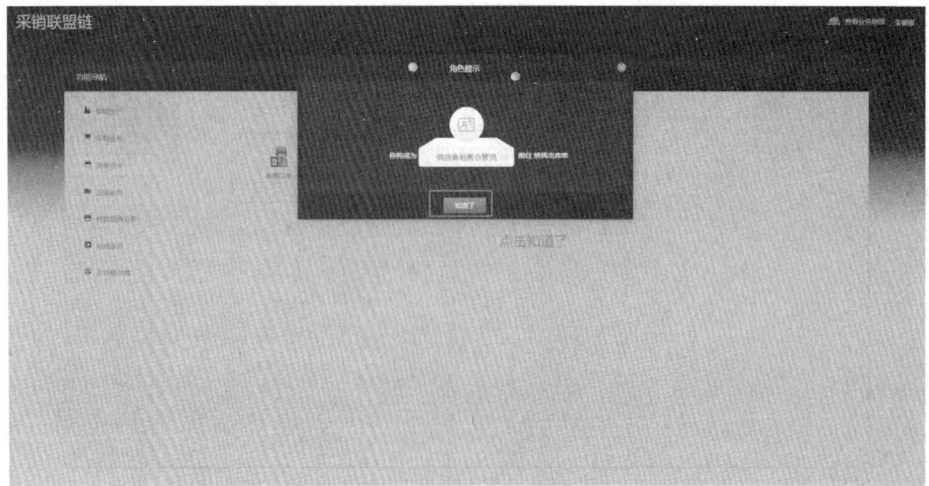

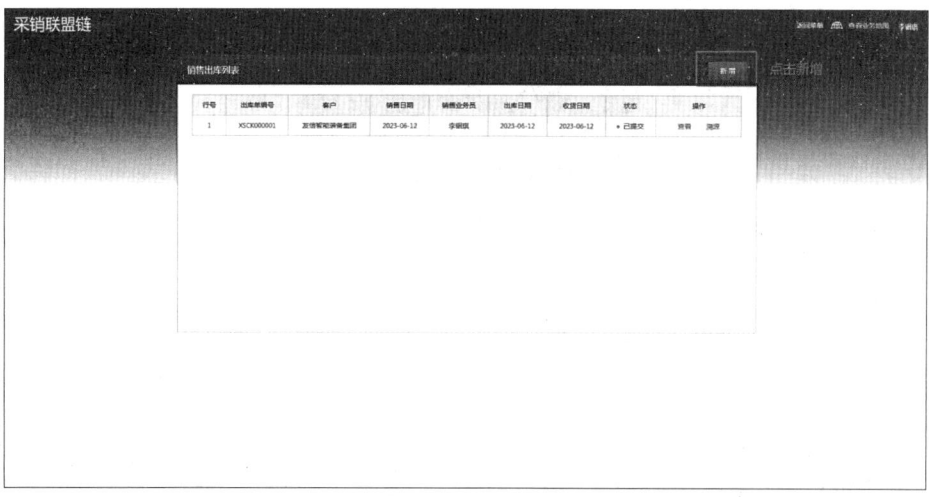

（4）运输业务-运输订单。

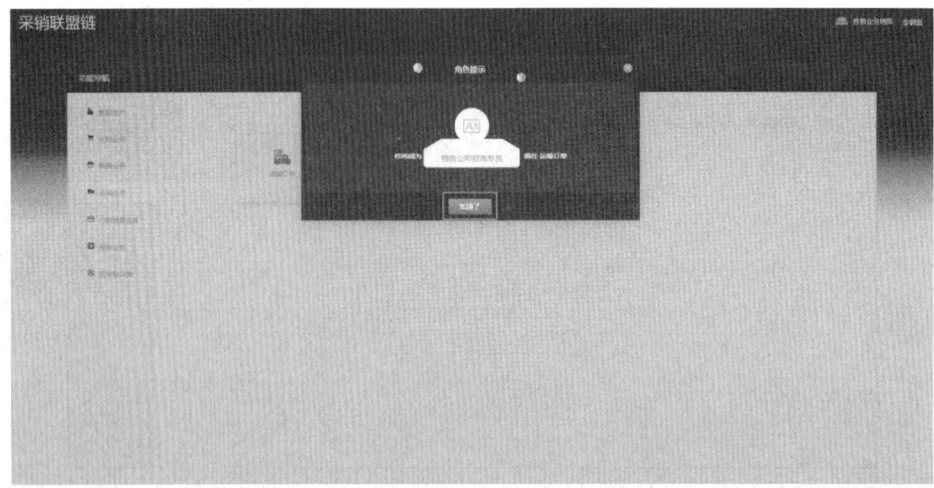

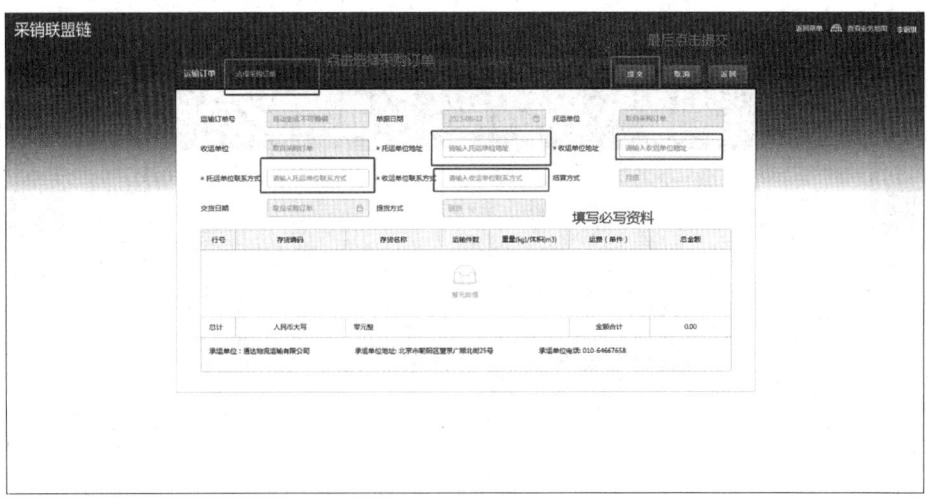

（5）采购业务-采购入库单。

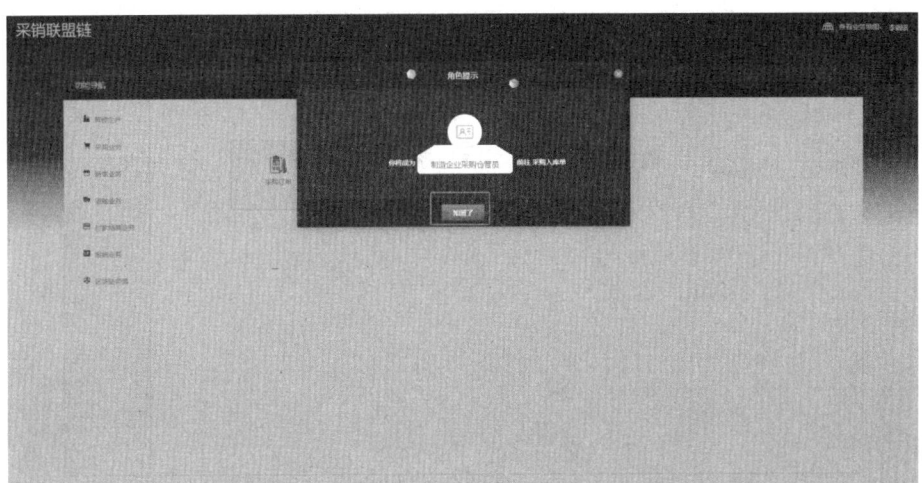

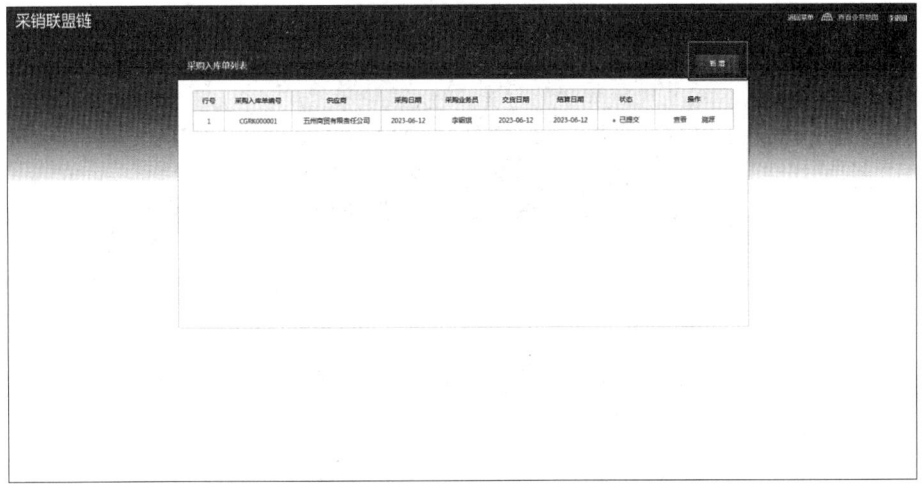

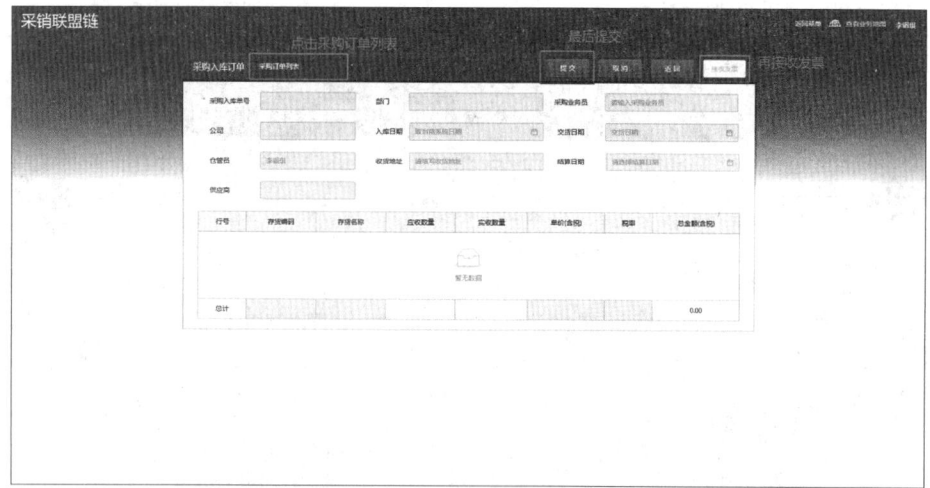

（6）采购业务-采购付款单。

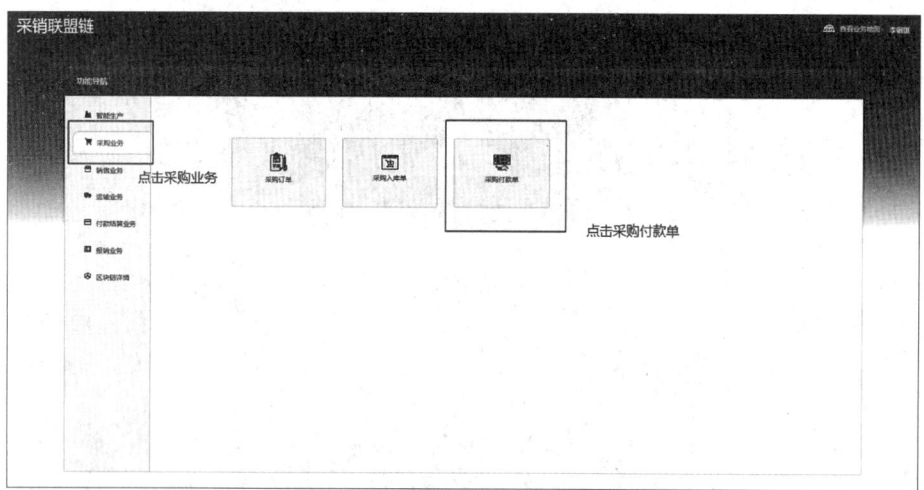

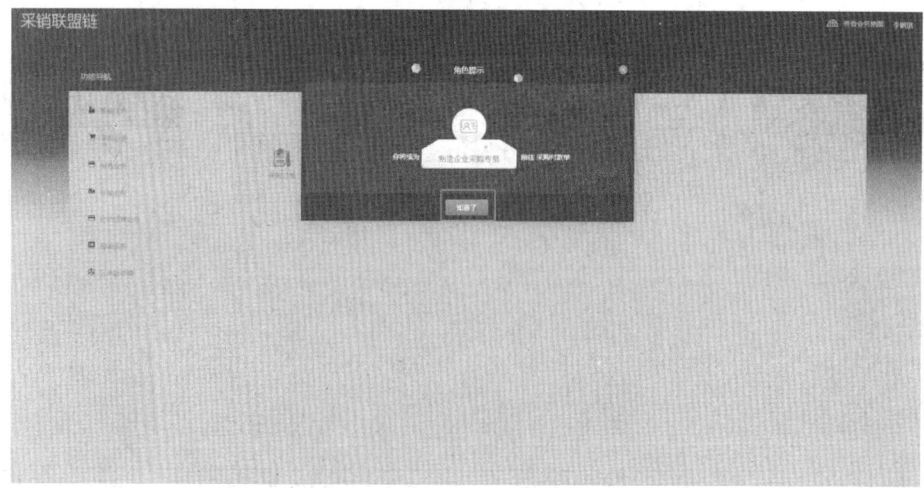

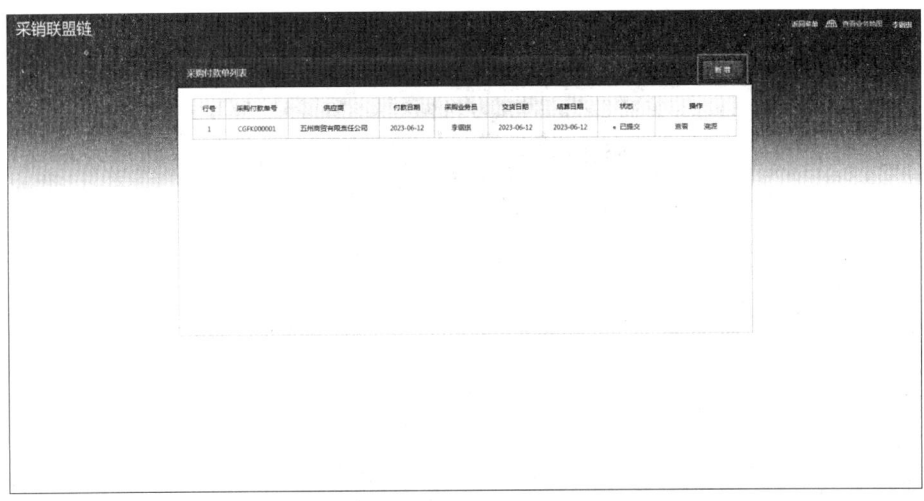

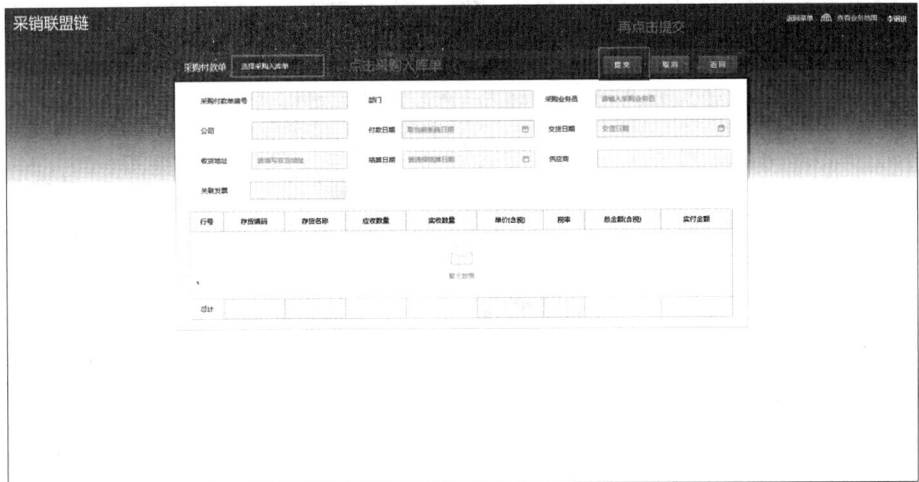

（7）销售业务-销售收款单。

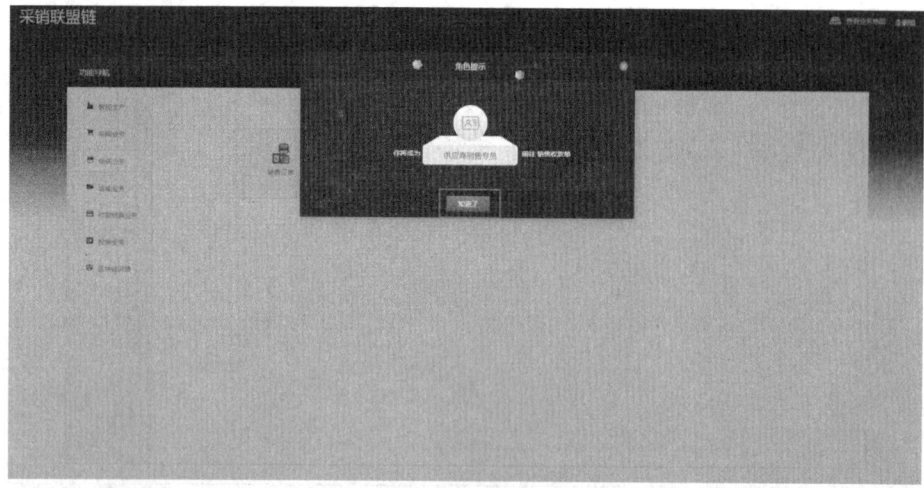

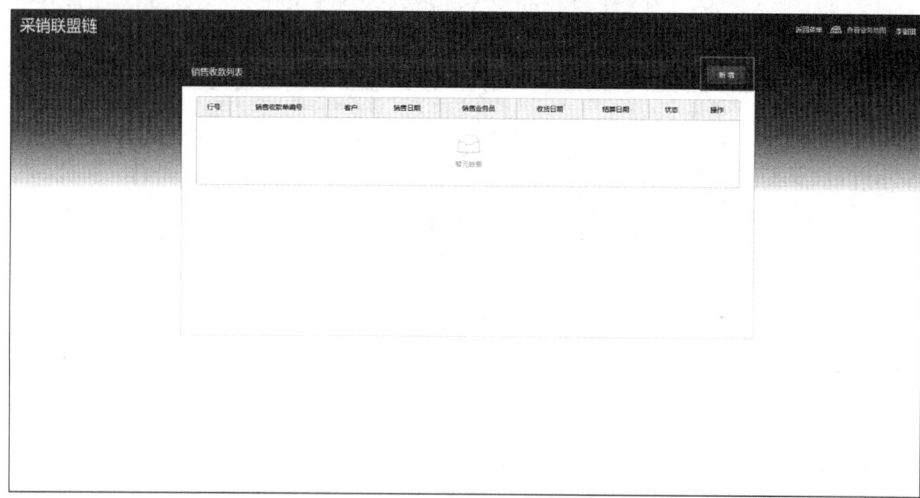

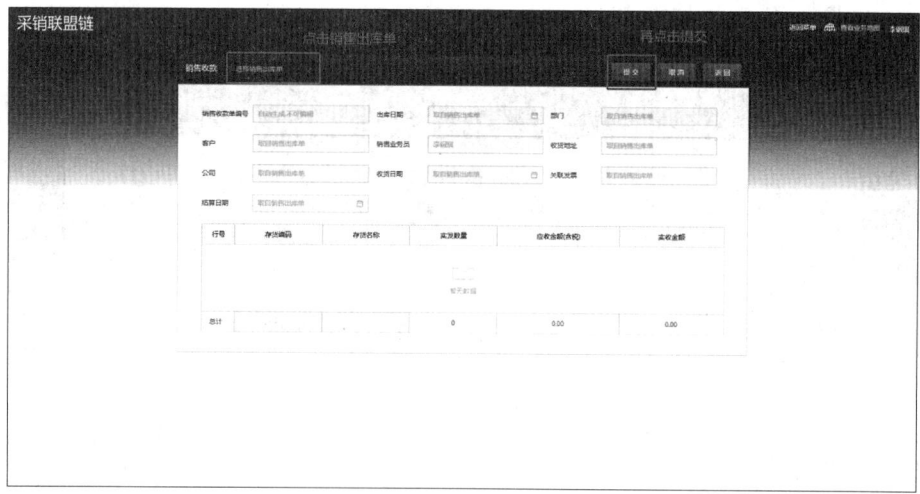

（8）报销业务-报销单。

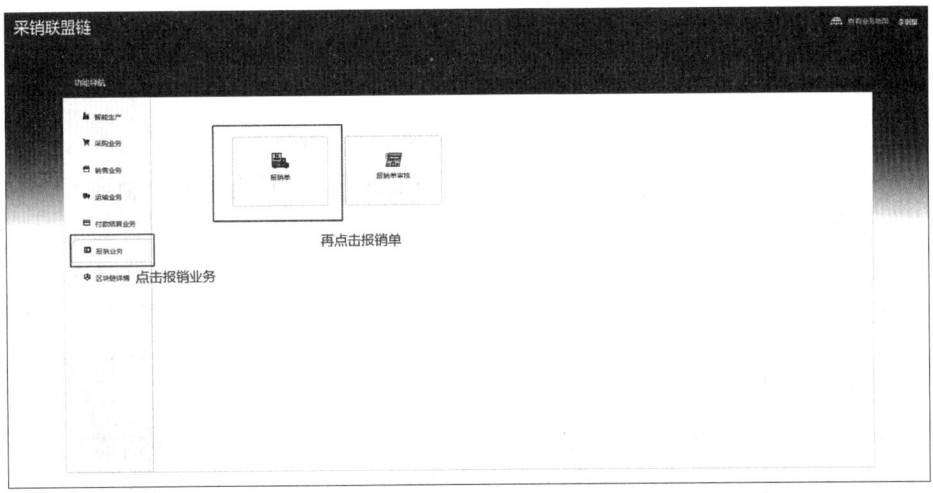

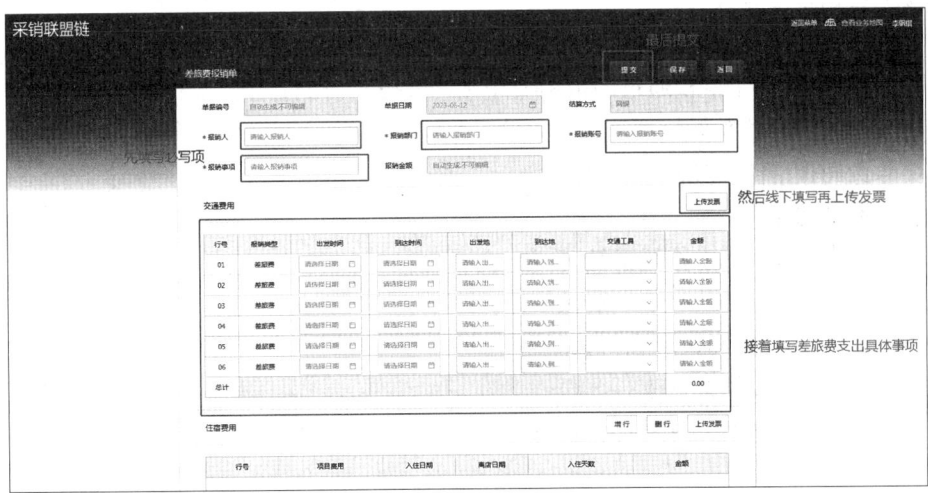

任务二　区块链差旅费报销模式设计与应用

企业差旅费报销制度是通过员工申请、管理者审批、财务人员审核的方式,来达到规范企业财务操作,加强企业内部管理,合理控制费用支出的一种合规管理制度。

在大数据时代到来之际,如果通过出租车平台跟企业用户做 API 端口对接实现了大数据自动互交的话,则会对各关联方带来效率上的革命性提升,这也是区块链技术在财务会计领域重要的商务应用。

一、传统报销方式

一种是用传统的纸质发票方式进行结算。也就是用车人在服务结束后需要自行垫付服务费,同时跟司机索要纸质发票;然后用车人会自行保存该纸质发票直到在企业开始申请报销手续;在企业管理者审批同意该报销申请后,财务人员会对每一张发票进行验真与查重,并进行基于本企业财务政策的财务审核。

另一种是近年来兴起的以电子发票方式进行结算。也就是用车人在自行垫付用车服务费后,在租车平台上填写本企业信息来索取发票;然后,用车人将电子发票的影像文件作为凭证向管理者申请报销;最后,由财务部门进行审核并做报销款项的发放。

二、传统报销流程的问题

无论是使用纸质发票还是电子发票,在用车人体验的环节,都是由执行该项事务的员工先行垫付费用,并且要求员工在取得相应合法合规的票据及附件后进行报销。

烦琐冗长的报销手续降低了员工体验并占据了员工宝贵的工作时间。

在管理者审批的环节,限于现行发票内容中只有金额跟起始时间的信息,管理者审核时的参考数据是不充分的。

在财务管控的环节,财务人员需要逐笔审核发票是否跟报销申请单证相符,每张发票都要验真跟查重,对于审核通过的报销费用则需要分别打到各个员工的银行账号,因此财务操作员的人工业务单据处理量是巨大的。

现有费用报销流程如图 5-7 所示。

传统报销的痛点:
（1）会计工作人员工作量繁复、低效;
（2）每个会计业务处理节点缺乏信任;
（3）信息沟通不及时、形成信息孤岛;
（4）重复报销或发票篡改;
（5）审核工作复杂,工作量大、效率低。

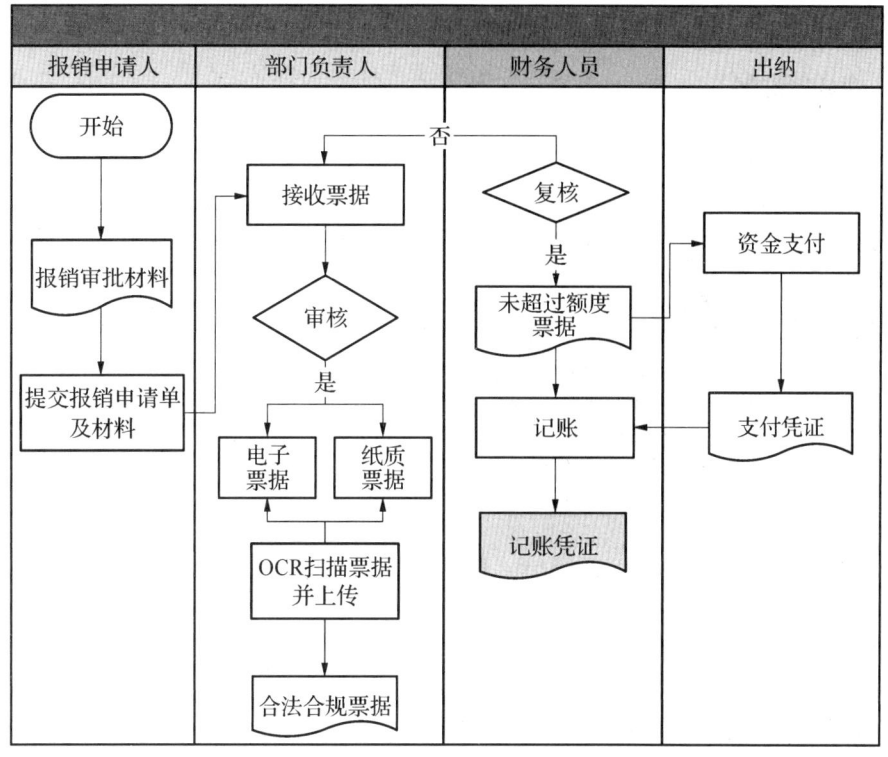

图 5-7 现有费用报销流程图

三、区块链技术解决传统报销业务难题

（1）公共账本有效解决重复报销、重复入账问题。各个节点共同维护一个公共账本，保证每个节点接收到唯一的费用报销信息。企业内各部门建立私有链，企业外部税务等监管机构、银行与企业私链接合。

（2）加密算法保证信息真实性，防止信息被篡改，保证费用报销全流程数据安全。

利用哈希算法，保证费用发生、审核和存储过程当中交易数据的真实有效；

通过加密算法，"公钥"和"私钥"的管理、数字签名身份 ID 能够对身份信息进行验证和标志；

交易数据进入区块，可追溯不可篡改，有效避免了重复报销、重复入账。

（3）智能合约共识机制提高了审核工作效率，如图 5-8 所示。

智能合约自动审计费用报销业务，共识机制有效保证各个节点审核结果的一致性。

通过利用区块链技术，借助公共账本、加密算法、智能合约，能够解决传统费用报销流程当中的业务难题，最终实现电子发票"开票即报销"，节省了企业与报销人员的时间成本，并可有效防止逃税漏税等行为的发生。

图 5-8 智能合约审核流程

四、基于区块链技术报销设计

(一) 费用报销业务系统设计思路

企业内部私有链＋外部主题联盟链。外部主题联盟链：只针对特定群体的成员和有限的第三方；内部制定多个预选的节点为记账人；每个区块生成由所有预选节点共同决定；其他节点参与交易但不过问记账过程；其他第三方通过区块链限定查询。

(二) 数字签名身份架构

大量的费用报销数据在企业内部和企业外部相关企业中进行流转，其间要求各个主体之间相互信任，形成数字签名身份架构：部门负责人身份 ID、外部银行身份证明、消费单位身份证明。

(三) 智能合约自动审核报销

智能合约自动审核报销业务分为合约生成（见图 5-9）和合约执行（见图 5-10）。

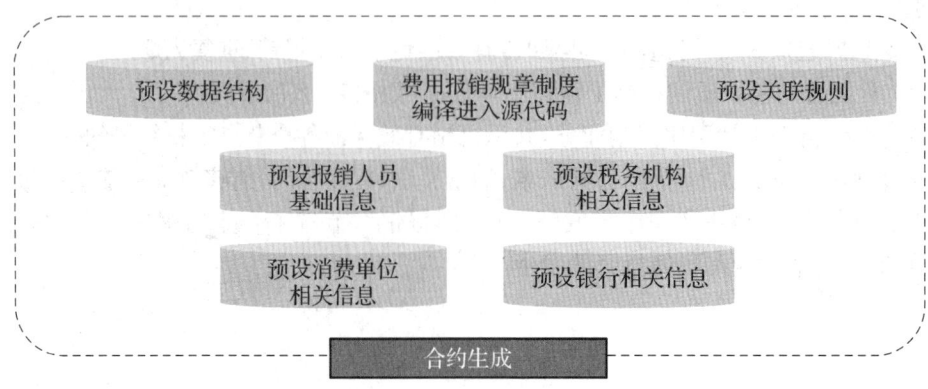

图 5-9 合约生成图

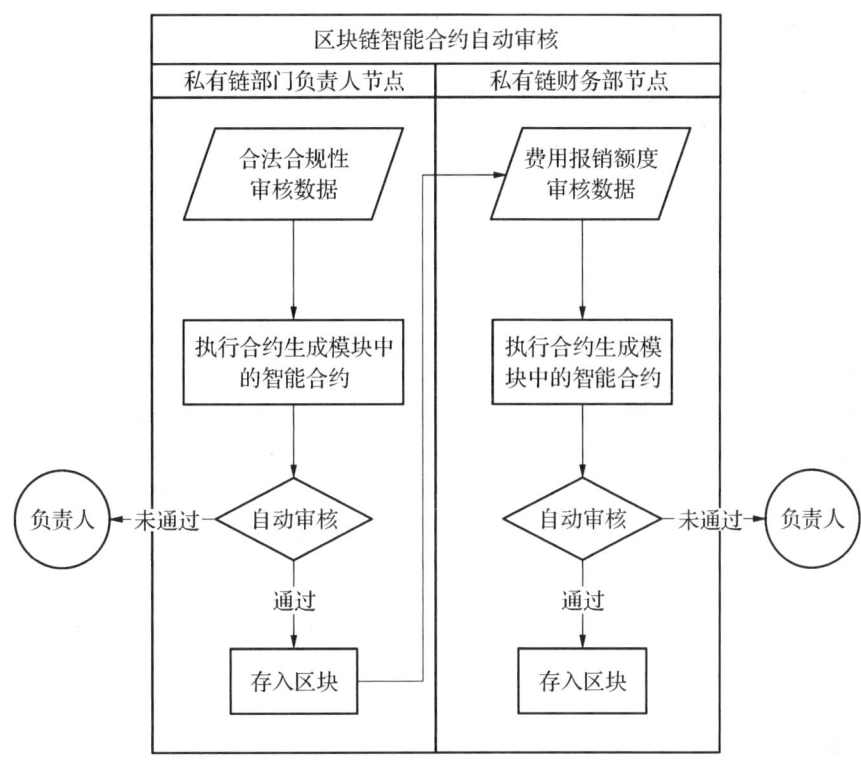

图 5-10 合约执行

系统根据代码自动推断合约的生成条件,根据代码自动匹配相关业务数据报销范围、报销标准等内容,并与电子数据签名身份做核对验证,从而达到自动审核目的。

合约执行流程:

(1) 报销业务发生,数据上传至私有链部门负责人、财务部;

(2) 部门负责人和财务部根据自己的权限执行合约自动完成审核工作,审核出现问题转交负责人进行人工审核;

(3) 审核通过后审核结果存入区块链,加时间戳进行保存。

(四) 共识机制保证审核结果一致性

(1) 报销节点数据打包封装成为区块,调用报销人员数字身份证明,传送给私有链部门负责人进行初步审核。

(2) 私有链部门负责人接到数据后,对票据的真实性、合法性和合规性进行审核,审核结果和数字签名打包发给私有链财务部。

(3) 私有链财务部门负责人根据此前审核结果、智能合约审核结果及自身验证得出最后结论,加入数字签名,得出该区块合法,各个节点结果保持一致性。

(4) 如果各节点之间存在不同的审核结果,则触发人工审核机制,由相关负责人进行人工审核。

五、基于区块链技术的费用报销模型构建

随着大数据应用技术的成熟,可以实现供应商、企业、政府、个人的区块链数据的共享。区块链技术的使用可以促进各方之间的信任,约束机会主义行为,提高信息透明度,智能合约也会避免违约问题,由此提升企业运营效率,从而推动国家级数字化社会的形成。基于区块链技术的费用报销模型如图5-11所示。

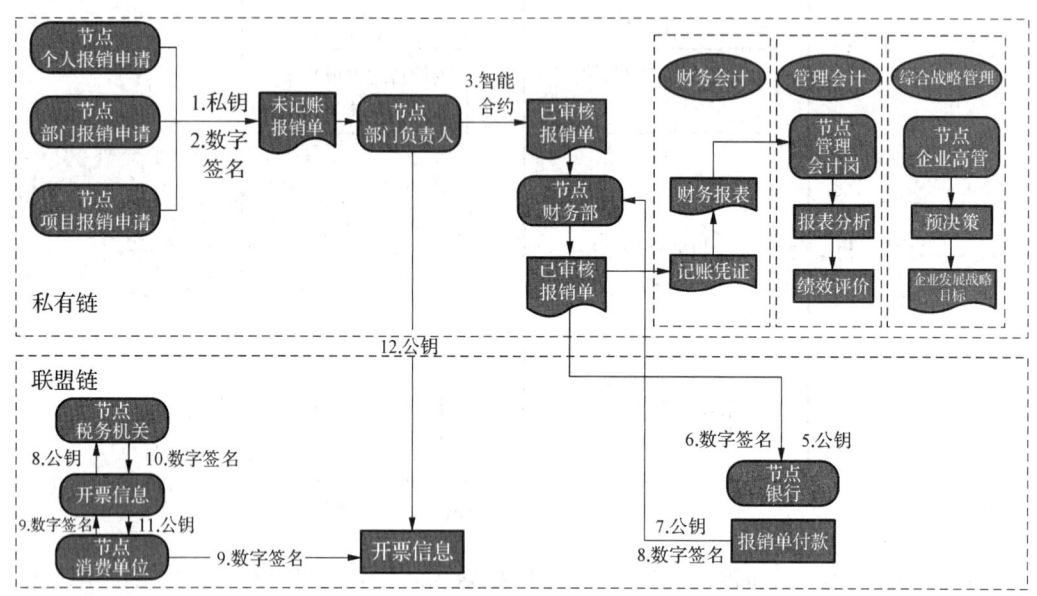

图 5-11 基于区块链技术的费用报销模型

任务三 区块链+应收账款质押应用

一、应收账款质押的场景要素

2013年博鳌亚洲论坛发布了《小微企业融资发展报告:中国现状及亚洲实践》,国内有借款的小微企业,应收账款质押的使用率仅为5.3%,中小微企业应收账款融资市场潜力巨大。应收账款质押是供应链金融的主要形式,是中小商业银行、小额借款、保理、互联网金融、信托、基金、平台金融及资产证券化等展开竞争的主战场。

我国的会计准则对应收账款的定义是:当同时满足商品已经发出且取得收取货款的凭据两个条件时,应确认收入,此时若未收到现金,即为应收账款。在制造与流通领域,应收账款主要是销售产生的债权。在法律上,应收账款是指不以票据或有价证券为代表的即未被证券化的、以付款请求权为内容的现有的及将来的债权。应收账款产生于实物交易,却是无形的财产权,缺少类似票据、存单的有价证券形式。

应收账款质押是基于未来现金流的自偿性融资,其场景要件如下。

(一) 可转让性

用于设定质押的应收账款,首先应当真实合法,不违反法律法规;不存在其他优先受偿权、诉讼时效约束、关联交易等权利瑕疵情形。当事人约定不允许转让的(如基础合同中约定),则其对应的应收账款债权就不能作为质押标的。应收账款项下的基础合同真实合法,且属于卖方正常、已确实履行合同义务取得的债权。债项的真实性由交易、单证等来证明。

(二) 特定化

应收账款特定化是法院判断应收账款质押是否存在、设立的基本依据。债务设立时必须特定化,是保证质权的独立性和完整性的基础。用于设定质押的应收账款要素均应当明确、具体、特定化,有详细描述。比如,债权人与债务人的名称、地址,服务/货物的提供、款项金额、起讫期限、支付前提条件、支付方式、产生债权的基础合同、基础合同的履行程度等。

(三) 时效性

用于设定质押的应收账款债权在有效的诉讼期内,超过则债权人的债权从法律权利转变为自然权利,若失去法律的强制措施保障,则失去质押意义。

(四) 合同、登记(公示)

当事人合意与质押登记是应收账款质权成立的要件。应收账款质押转让登记是对抗善意第三人的要件。应收账款质押和转让登记的平台为中国人民银行征信中心所属的中征动产融资统一登记系统。

在实践中,应收账款质押融资分为以下两种:

(1) 应收账款质押单笔融资。针对企业产生的单笔应收账款确定放款额度,适用于发生频率少、单笔金额较大的场景。

(2) 应收账款质押循环融资。适用于发生频密、回收期短、周转快的应收账款,特别是连续发生的小额应收账款,并且计算周期内存量余额稳定。根据平均应收账款余额核定最高放款额度,质押决算期间,借款人可以自由支配,随用随取、随借随还。授信人对融资池的债项结构进行监管。

二、应收账款质押的业务痛点

应收账款融资的主要风险来自真实性问题。如果交易为虚假,则应收账款质权不成立。在经济下行及不少行业去产能的影响下,信用环境也在不断恶化,伪造贸易背景骗贷案例常见诸报章。2014年4月,中国银监会颁布《商业银行保理业务管理办法》,强调在开展保理业务时必须严格审查交易背景的合法性和贸易的真实性。在实践中,应收账款的真实性合规性审核、价值确定及后续监管,是该类业务的关键操作要点,具体包括以下内容:

(1) 交易背景审查。提供买卖双方的过往真实交易记录;判断买方为善意的购买人,是行业排名靠前的企业,或者还款能力充分的公用事业单位、政府机关等;审查次债务人的还款能力、生产状况、经营状况、财务状况、行业地位等。

(2) 核实债项的真实性。调查双方对应收账款要件的认可程度,派人前往买方所在地现场核实;调查债务人的付款意愿;审查、核对债项的支持性文件等。

(3) 评估债项的质量。主要评估指标包括应收账款构成比例、应收账款平均金额大小、应收账款平均回收期、应收账款集中度、质押率等。

(4) 可回收性分析。分析交易的惯性、合作关系、关联交易等。

(5) 要求签订、执行"封闭回款"协议。约定"应收账款收取后直接用于归还质权人主债权,构建出质人、质权人、次债务人三方协议,对还款账号等进行监管,对符合一定条件的质权人可以直接划转"。

应收账款质押融资的典型交易结构如图 5-12 所示。

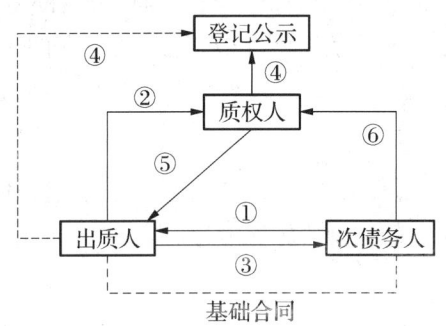

图 5-12 应收账款质押融资的典型交易结构

应收账款质押融资交易结构包括质权人(资金方)、出质人(主债务人)、次债务人(买方)三个主体。操作流程大致如下:

① 交易发生(依据基础合同),形成应收账款债项,符合可质押要求;
② 经质权人审查合格后,签订质押协议,转让应收账款;
③ 出质人书面通知次债务人的出质事项;
④ 质权人向系统"登记公示"与"确认",主债务人线上确认,质权确立;
⑤ 质权人向出质人放款;
⑥ 次债务人向质权人支付回款。

虽然上述流程基本能够解决履约过程中多方交互的问题,但在目前我国法律的规定下,应收账款质押融资仍然存在诸多尖锐的问题,主要表现在如下方面:

(1) 基础合同、票据的真实性。目前,在技术上仍然难以鉴定签章的真实性;基础合同或债权文书容易伪造,如为融资而构建的虚假交易等是风险的主因。

(2) 登记公示的作用有限。登记公示系统在于形成质物的对世权和对抗第三人。登记公示机构并不对当事人提交的资料进行内容验证,也不能保证提交资料的合法性和真实性,其作用仍然相当有限。

(3) 登记的内容缺少严格规定。对登记系统的内容、应收账款的描述和要素等如何确定,法律缺少严格的规定,在实践中尽量收集与提交单证以保证信息的充分化是降低风险的策略。

（4）登记作用弱化。应收账款质押登记属于"单方登记"，登记的真实性、内容、是否终止，以及后续还债过程等，始终由质权人"控制"。登记机构不对提交的资料做实质性审查，出质人、次债务人无法干涉，使得质权人的登记行为显得随意且不能尽职，甚至出现错误也不及时更正，弱化了登记和公示的作用。

（5）过程记录不全。应收账款的还款过程及债务存续期间的交互结果没有形成完整的记录，对后续债务争议处理不利。

（6）次债务人的抗辩，极易形成风险。包括不承认交易的真实性，否认可质押性，特定化不明确或登记瑕疵；出现《合同法》第52条规定的无效情形，如不可抗力、重大情势变更，或合同中被认定存在重大误解、欺诈，或合同解除权被激活等，导致基础合同变更、撤销、认定为无效或解除的，质权存在失效的风险。

以上问题说明在融资合同签订以前，不可能穷尽对真实性背景的调查（成本相当高）；同时，参与各方皆为互不信任的节点，为降低整个履约过程的信用成本和风险，交易各方需要在业务过程中不断积累信用，即通过不断存证、不断解决新问题并记录达成共识。这就要求交互事项应以书面的方式记录，确认后不可更改、不可抵赖。

采用技术手段来支持交互过程，并形成不可篡改的交易、交互记录，可有效降低业务成本和信用风险。

三、"区块链+应收账款质押"应用架构

以区块链作为业务平台构架，将登记公示、质权人、出质人（主债务人）、次债务人及第三债务人等纳入业务平台，实现登记公示、单证、交互与确认四大环节的协作，形成全过程的文档记录，可减少风险管理的复杂度，降低操作难度与操作成本。

（一）单证及过程文件加密、记账

收集、存储和共同确认应收账款的支持性文件：

（1）基础合同、订货单、发运单及验收证明、入库单、现场照片；

（2）证明实际销售额的增值税发票、商业发票及完税证明等；

（3）应收账款、账龄清单等总账及明细账，质权人权力清单。

（二）共同确认

当事人的流程化确认，履约过程产生的交互记录、文件，经确认后存档，最大限度上消除异议、不确定性及风险因素。

（三）争议处理

在履约过程中各方发现的新问题、新的异议（如质权瑕疵），以及主债务人、次债务人可能产生抗辩的问题，要求主债务人、次债务人书面确认应收账款的无瑕疵。

采用区块链技术对以上过程进行改造，交易流程如图5-13所示。

在图5-13中，原来手工处理单证、线下签章、单证集中保存的形式，更改为线上确认。每一个节点都保存相同的账本机制，所有规则与约定都公开、透明；所有涉及权益与合同执行的环节，如合同瑕疵、付款条件、登记确认、通知确认等，都在交互式处理下达成

共识并存证,不可更改、不可抵赖,作为日后争议的处理依据。

所有节点都参与互动和见证、监督,账本上的所有数据由每个人共同维护,参与维护的每个人都能保存一份完整的数据库备份,业务模式如图5-14所示。

区块链支持质押业务的运营,区块链成为"信任连接器",最终使得履约过程中的所有节点都无法违反、抵赖,达成一致的约定,可将沟通成本和冲突降到最低水平。

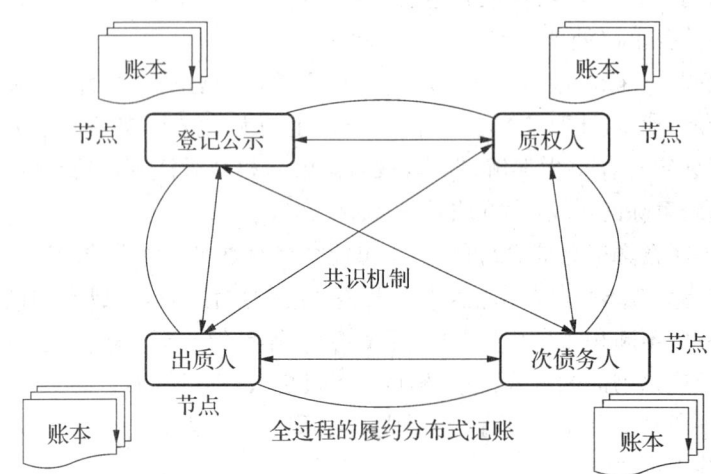

图5-13 "区块链+应收账款质押融资"交易流程

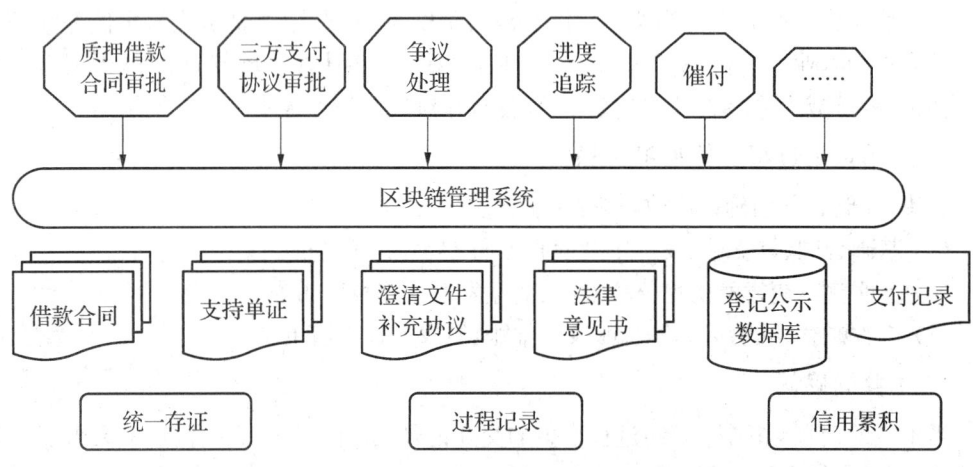

图5-14 "区块链+应收账款质押融资"业务模式

在图5-13中,出质人、质权人、登记公示、次债务人作为验证节点共同参与,形成共享账本,管理合同、单证、证据等。智能合同则可以实现对节点行为的智能化监控,并自动执行预先确定的规定,如自动划账。

系统应用架构如图5-15所示。

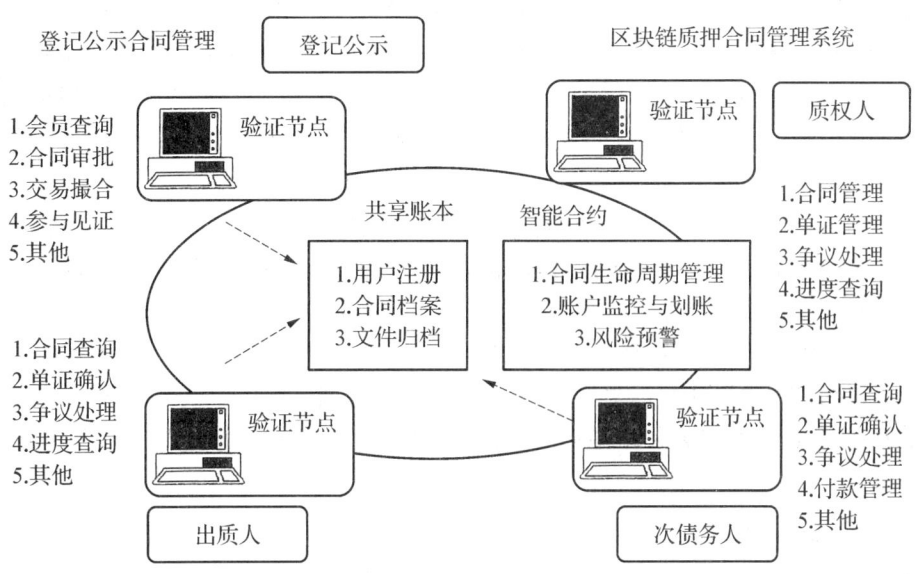

图 5-15 "区块链+应收账款质押融资"系统应用架构

四、"区块链+应收账款质押"系统功能设计

针对供应链金融的"核心企业——一级供应商"的应用场景,下面给出一个简单的"区块链+应收账款质押融资"例子。

(一) 功能描述

由于合同、单证、争议处理及过程文件等公开,并且在线签署文件(以密钥保证身份认证的安全性),可保证不被代签,保存后不可被篡改。智能合约则保证合同中所规定的处理(或操作)可得到有效执行。例如,当划账条件发生时,从次债务人账户直接划出资金,而不需要次债务人的事先同意。采用点对点的沟通,提高了效率,确保了透明。

该系统中四种角色如下:
(1) 质权人(资金提供方,如银行、保理);
(2) 出质人(借款人,如一级供应商);
(3) 次债务人(付款人,如核心企业);
(4) 公示平台。

(二) 业务流程

(1) 出质人与次债务人的应收账款形成后,出质人向质权人提交基础合同、相关单证,向质权人申请质押借款。

(2) 质权人对出质人的债项进行交易真实性调查,对次债务人进行还款能力调查,对相关单证进行真实性验证,对债项的可质押性进行评估。

(3) 质权人与出质人签订在线合同;登记公示节点,确认并生效;出质人确认所有单证和回答质权人的质问,相关文件加密保存后不可更改。

(4) 质权人、出质人、次债务人签订三方协议,规定支付事件和账户管控。

(5) 履约过程中处理各种争议,达成共识、形成文件并加密保存,不可更改。

(6) 账本公开,各方无须对历史单证进行反复查验,降低操作成本,形成信用机制。

各方操作时,确认无误后,使用私钥签名,具有法律效力。过程合同可以查询,大量支持性的文件、证据以不可被篡改的方式保存在系统中。

具体实现逻辑如下:

(1) 创建账户,为每个用户生成唯一的私钥与地址;

(2) 出质人生成质押融资申请,提交相关单证(扫描上传),保证与实物文件一致;

(3) 质权人查证后批准,并提前"登记公示"(质权生效);

(4) 在线签订三方合约,确认支付等细项;

(5) 履约过程中形成共识文件,在线共同签署后存档。

账户私钥应该由安装在本地的客户端生成,每位用户的私钥为 guid+"1",公钥为 guid+"2"。用户签名为私钥+"1"。

(三) 数据结构设计

1. 质押融资合同审批单

合同编号

出质人

法人代表

公司地址

质物金额

借款金额(质押率)

起讫日期(到期日)

次债务人

货物名称

还款方式

交易内容

权益清单

附件清单

签证人

2. 三方协议审批表(回款合同)

合同编号

质权人

出质人

次债务人

借款金融

回款方式

回款账户

划款条件

（1）用户管理：
姓名
所在地址
公司
账户地址
账户公钥
账户私钥
联系方式
用户类别
用户权限
访问记录
（2）存档文件：
文件编号
名称
关联合同号
文件签署人
文件类别
文件内容
（3）主要功能及各自实现的功能：
init：初始化出质人公司及其操作人
invoke：调用合约内部的函数
query：查询相关的信息
create user：创建用户
init create pledgor：创建出质人公司
init create subordinate debtor：创建次债务人
init create pledge loan contract：创建质押合同

任务四　区块链审计变革

在审计领域，区块链技术推动"自审计"到来，被审计单位所有交易数据均能真实完整地写在区块链上，实现连续追溯与实时监督，减轻了基础数据采集工作量与内控测试投入。这使得审计人员有时间提升专业能力，提供更多高价值咨询，而不是仅仅提供鉴证服务。

一、审计痛点

（1）企业与外部信息不透明，取证难；
（2）业务无法按时自动入账，追溯难；

(3) 中心化记账、集权化管理、事后更改数据舞弊、内部人员勾结查处难;
(4) 第三方机构函证成本高、效率低、监管难;
(5) 对审计渎职或审计合谋,监管部门和社会公众难以发现和制止。

二、区块链审计价值

(1) 基于共识机制的分布式共享技术变革联网审计,实现实时监督。审计主体利用网络互联技术和数据采集系统接入被审计单位的财务信息系统,在对被审计单位进行风险评估和数据采集分析的基础上,对被审计单位业务往来、财务收支、资金流动等事项的合法合规、真实公允以及经济效益进行实时、远程监督。

(2) 溯源和防篡改遏制会计舞弊,提高审计质量,降低审计风险。可以自动执行内部穿行测试,解决审计取证追踪难的痛点,同时也防止内部人的勾结。

(3) 链式存储和时间戳赋予区块链时间维度,使区块链上的数据具有不可逆性。任何对数据的删除、更改都会留下记录或是不可能,从而防止会计舞弊。

(4) 加密技术和哈希等技术防止篡改,也可以防止审计合谋和渎职。

(5) "自审计"改变第三方审计增信的商业模式。审计是以审计独立性、客观性和专业性为背书,为财务报表整体不存在由于舞弊或错误导致的重大错报提供合理保证。区块链基于共识机制的分布式共享技术以及去中心化的机器信任,来免除第三方增信。以区块链程序背书,带来"信任革命",实现"自审计"。

 案例

区块链电子函证平台

云象适时推出"区块链电子函证平台",该平台基于分布式数字化应用框架 YunDAP,实现电子函证全业务流程信息化、透明化,构建电子函证业务管理新模式,为提升商业银行函证业务回复效率和信息安全保驾护航。

银行函证及回函是注册会计师在获得被审计单位授权后直接向银行业金融机构发出询证函,银行业金融机构根据收到的询证函,查询、核对相关信息并直接提供书面回复函的过程。目前国内银行函证主要通过现场及邮寄纸质函证的方式实现,函证业务逐渐成为需要跨专业、跨主体、跨领域进行数据治理的重要问题。

1. 业务痛点

银行函证及回函工作是提高会计信息质量、防范金融风险、维护市场秩序的重要途径,也是注册会计师独立审计的核心程序之一,对于注册会计师在审计工作中识别财务报表错误与舞弊行为极为重要。随着银企之间资金往来形式日趋复杂多样,金融科技的快速发展以及金融产品、业务模式的不断创新,特别是银行资金归集(资金池)业务的兴起,银行函证及回函工作面临一系列新问题。此外,部分银行内部控制不完善、回函不真实、信息不完整等引发的操作风险日渐增多,函证及回函程序不规范所引发的审计失败屡有发生,在市场上造成了极大的负面影响,银行函证及回函工作也受到了广泛质疑。目前函政痛点如图1所示。

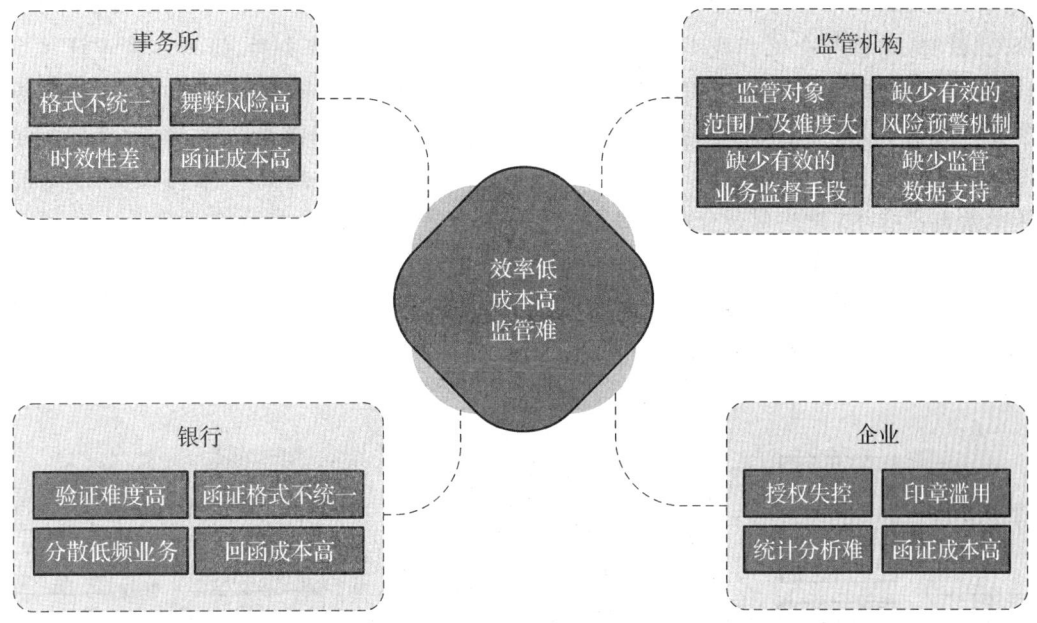

图 1　目前函证痛点图

2. 监管要求

为进一步规范银行函证及回函工作,财政部、银保监会于 2020 年 8 月发布了《关于进一步规范银行函证及回函工作的通知》(财会〔2020〕12 号)及《银行函证及回函工作操作指引》(财办会〔2020〕21 号),从高度重视银行函证及回函工作、强化银行函证及回函工作管理、切实提升回函服务质效、推动回函集中处理和数字化、加强监督管理和行业自律等五个方面对银行函证及回函工作提出了新的要求,并就其中的一些事项做了具体的明确和细化,以推进会计师事务所和银行提高函证和回函工作质量。上述通知同时指出,"银行业金融机构应当逐步完善信息系统建设,争取实现汇总提供企业在本机构的所有相关业务信息。鼓励具备条件的银行业金融机构和第三方平台按照国家有关规定,基于安全、可靠、效率的原则推动函证数字化工作"。积极推进银行函证业务的规范化、集约化、数字化,加强函证过程控制,切实解决个别函证不实、效率不高等问题。推动银行函证业务在实现规范化和集约化的基础上,逐步向数字化函证过渡。

3. 解决方案

云象适时推出"区块链电子函证平台",该平台基于分布式数字化应用框架 YunDAP,实现电子函证全业务流程信息化、透明化,构建电子函证业务管理新模式,为提升商业银行函证业务回复效率和信息安全保驾护航。

4. 社会意义

云象区块链电子函证平台有助于加快函证业务数字化,提高审计质量,防范控制银行风险,大幅提升服务质量和服务效率。

区块链函证平台与银行、会计师事务所采用 API 直连方式对接,实现了函证申请、分发、授权、回函等全流程线上化处理,最大限度减少会计师事务所、银行和被审计单位的人工操作,增强各业务环节风险管控,降低数据错漏、泄密和舞弊风险。平台既服务事务所的需求,又规范金融机构函证业务,还解决各方对函证质量的关切,切实提升了银行函证规范化、集约化、数字化水平。且领先创新函证业务新模式,采用区块链、隐私保护等前沿技术,持续创新金融产品,推动普惠金融、绿色金融健康有序发展。推进函证业务透明化,充分发挥区块链技术分布式、防篡改、可追溯等技术优势,保障函证信息的准确性、可靠性和安全性,维护金融市场秩序,推动社会信用体系和国家治理体系建设。区块链函证流程如图 2 所示。

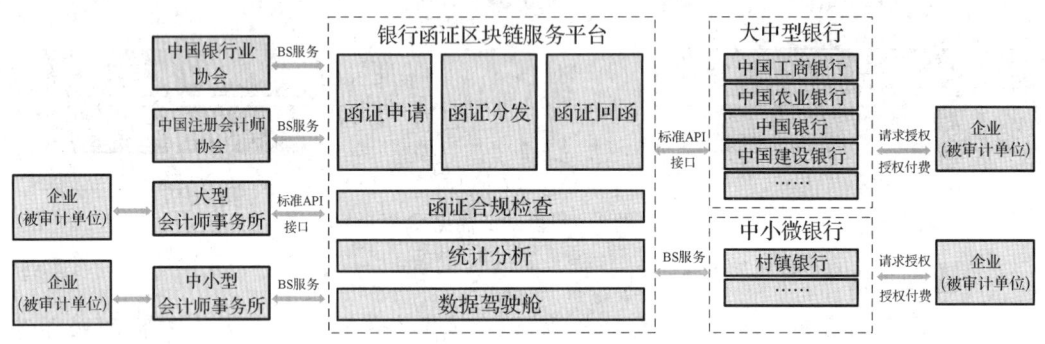

图 2 区块链函证流程图

任务实战

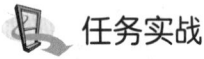

区块链审计-E 函证

任务描述

通过"平台""事务所""被审计单位""被征询单位"等角色对企业入驻、证书生成以及往来函证的建立流转等流程进行了模拟实操。熟悉往来函证的业务流程。理解区块链在往来函证过程中的应用和创新价值。

操作步骤

第一步:企业入驻和生成证书。

第二步:创建项目导入数据。

第三步:创建函证和签署。

第四步:函证统计。

操作指引

【进入课程-训练计划】

项目五　区块链在会计中的应用

【区块链函证-案例实操】

【开始任务】

(1) 以被审单位 1 身份进入系统，并完成操作。

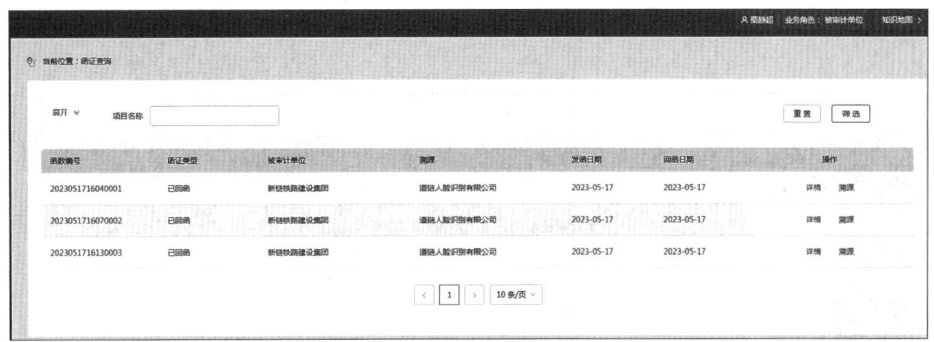

① 创建填写企业信息。

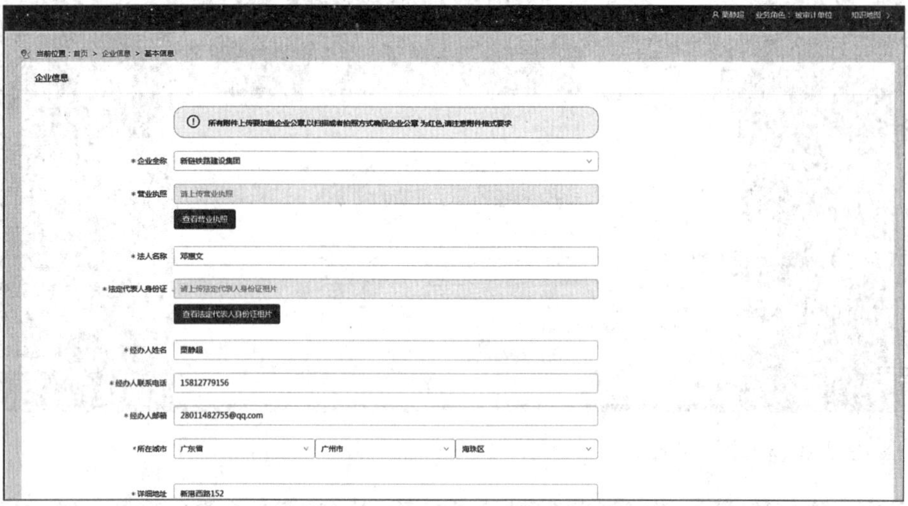

② 创建完成后申请认证,以平台身份进入系统,同意认证。

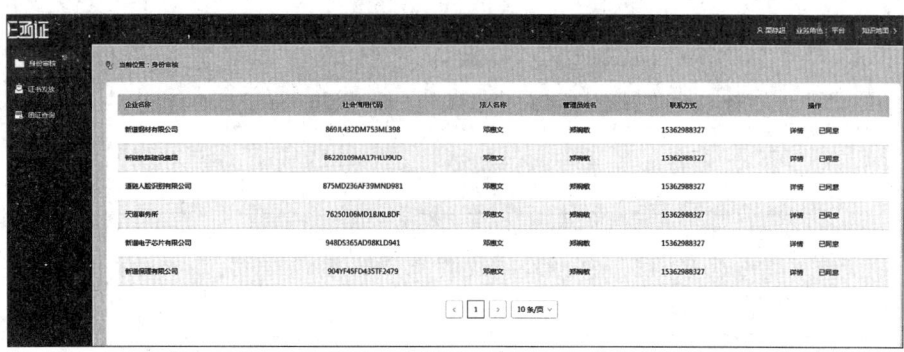

③ 用被审计单位 1 的身份回到系统，提交证书申请。

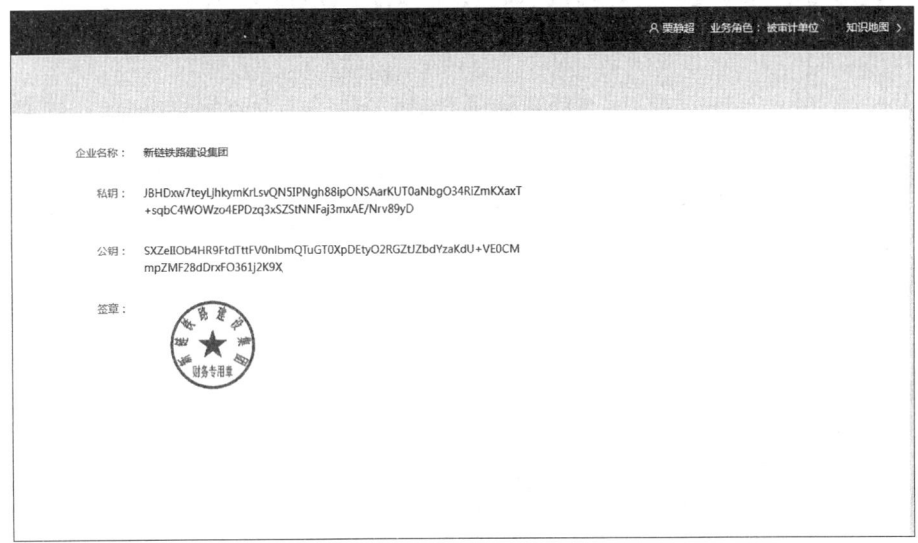

④ 用平台身份登录，并同意证书申请。

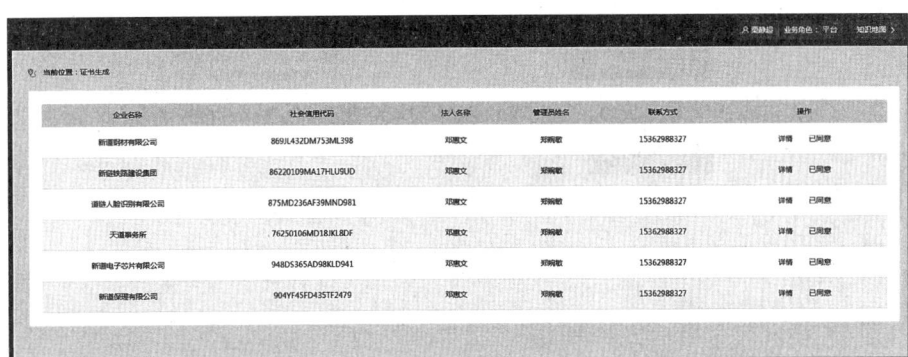

（2）以被征询单位 2 的身份进入系统，并完成操作。

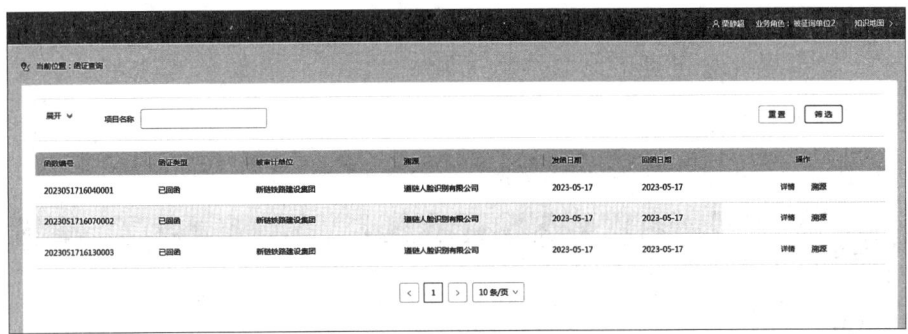

① 创建填写企业信息。

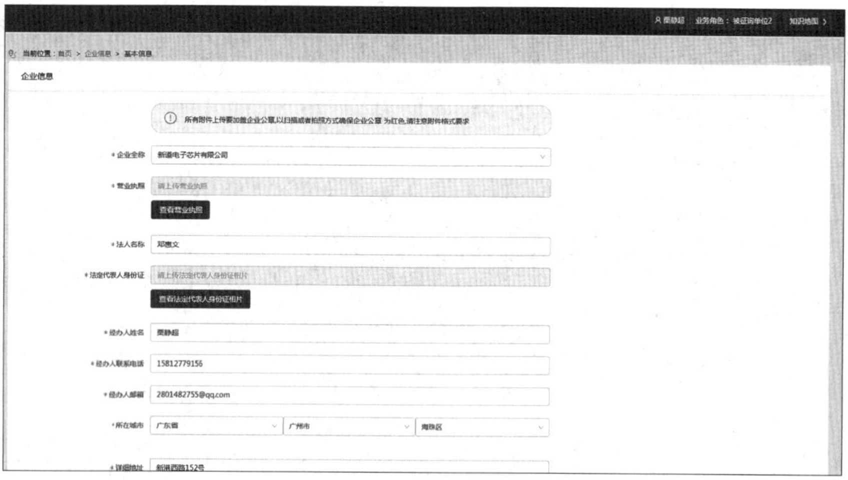

② 创建完成后申请认证,以平台身份进入系统,同意认证。

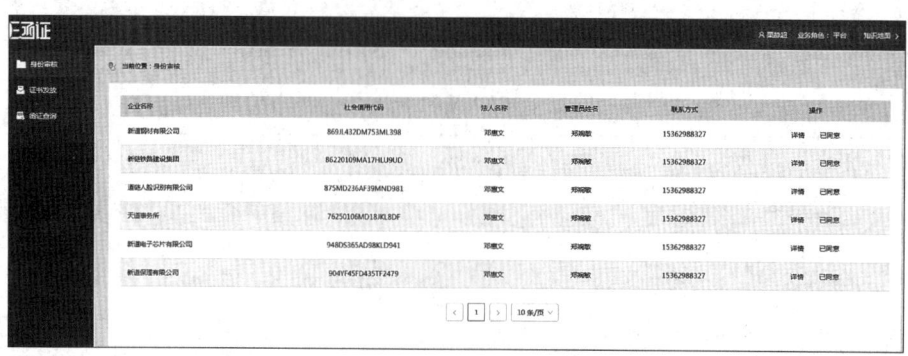

③ 用被审计单位2的身份回到系统,提交证书申请。

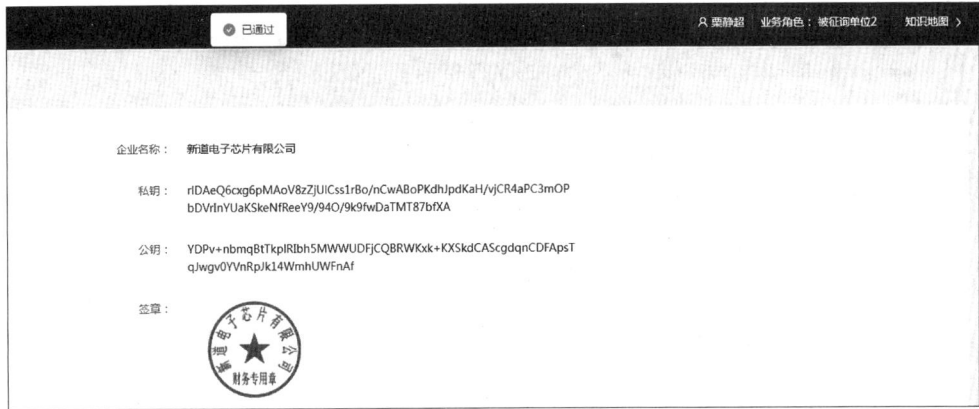

④ 用平台身份登录,并同意证书申请。

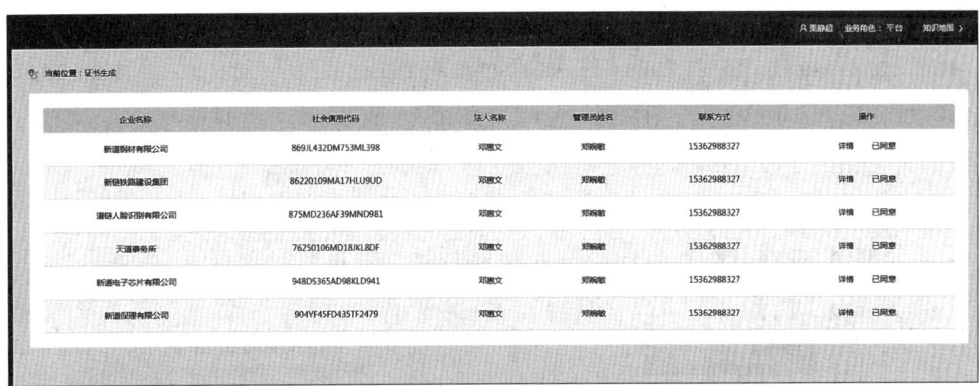

(3) 以被审单位3的角色进入系统,并完成操作。

区块链财会应用

① 创建填写企业信息。

② 创建完成后申请认证，以平台身份进入系统，同意认证。

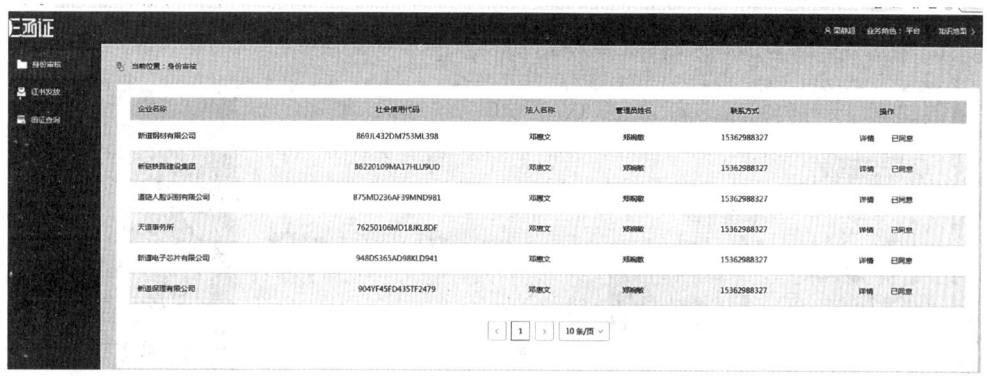

③ 用被审计单位 3 的身份回到系统，提交证书申请。

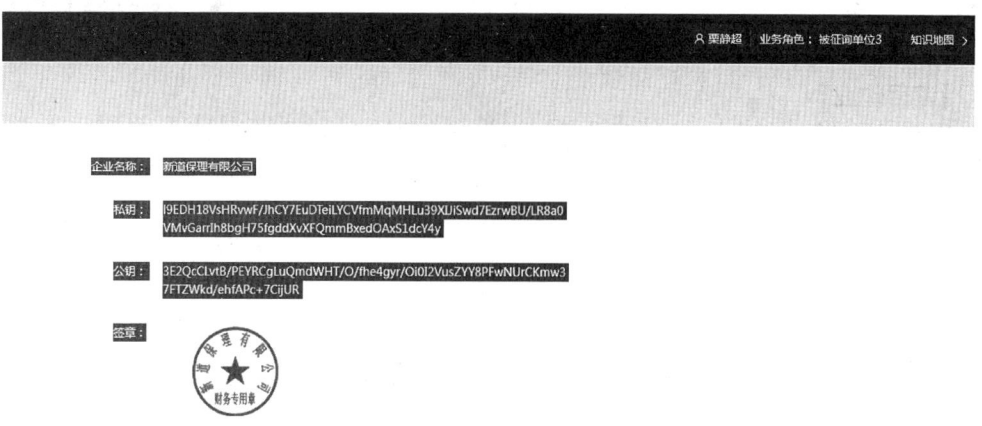

④ 再用平台身份登录，并同意证书申请。

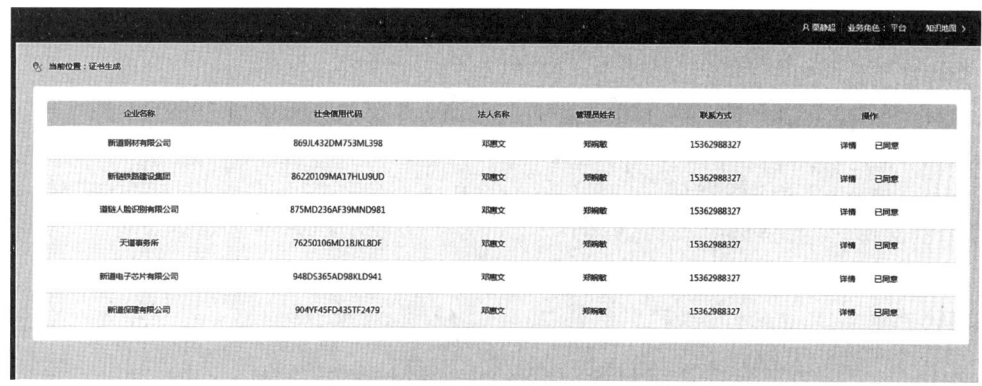

【任务完成】

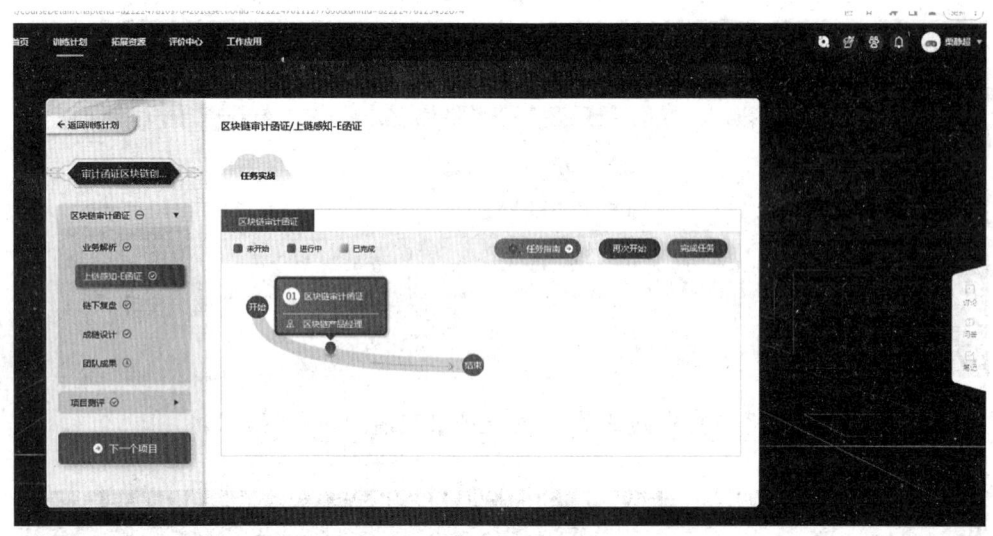

【课后作业】

百度搜索"区块链+应收账款质押应用案例",通过网络资料更深层次地理解区块链+应收账款质押应用的原理。

项目六　区块链设计和建链

项目导入

已有多家区块链可信数据服务系统或平台,如:

政府/公共部门(联盟链)社会公共数据服务:外管局跨境金融服务平台成本中心;

供应链核心企业(联盟链)供应链多方协同服务农业供应链扶贫平台:海尔食联网平台-供应链溯源成本中心;

金融科技服务企业(联盟链):社会化金融中介服务(银行、保险、证券);

银行:央行数字票据平台;

保险:区块链健康医疗平台;

证券:区块链 ABS 债券平台成本中心;

社会化中介企业(联盟链)社会化区块链平台服务:用友云友信平台;

国新金服-企票通平台利润中心;

集团企业(私有链)集团企业内部数据服务:招商银行全球现金管理私有链平台成本中心。

项目分析

- 了解区块链系统设计和开发的工具和流程;
- 掌握典型场景应用区块链的设计和开发原理;
- 提高数字化生活能力、学习能力、工作能力和创新能力。

思政要点

数字技术作为当今先进生产力的代表,已经成为社会经济发展的重要支柱和国际竞争的战略支撑。随着数字技术以新理念、新生态、新模式全面融入人类经济、政治、文化、社会、生态文明建设各领域之中,数字素养与技能教育就要顺应数字化、网络化、智能化发展趋势,聚焦数字化生活、学习、工作和创新,发展人们数字化关键能力,为建设网络强国、数字中国、智慧社会培养合格数字公民。

数字素养

提升数字素养与技能,培养互联网思维和区块链思维。

本项目重点培养区块链思维:商业落地-数据服务思维。

＊区块链的产业应用是通过构建区块链平台提供可信数据服务来实现,产品表现形

式是"服务";

*平台所提供的可信数据服务是面向多个业务方来进行,业务方越多则价值越大;

*可信数据服务只能由"可信组织"来提供;组织"不可信",则数据"不可信"、服务"不可信";

*这一可信数据服务的对立面是传统模式下的信息孤岛模式的多个IT系统之间的数据不可信;

*"假数据"上链并不能成为可信数据,链下数据上链存证(可能为假)与链上原生数据的差异较大;

*可信数据服务是建立在多个IT系统的无缝集成之上的"功能拓展",不能孤立于现有IT系统之外;

*标准化意识的体现,多个IT系统的集成是建立在两类标准之上(业务标准+技术标准);

*数据服务机制的搭建,主要取决于联盟链的盟主方的行为(与加盟方达成共识),需要找到盟主方来投资。

任务一　联盟链构建

一、非区块链系统业务模式的痛点及联盟链价值

非区块链系统业务模式下,数据通常由互联网中联起来的多个业务系统分别进行处理和储存,这样的结构导致:中间环节多;对账流程烦琐;接口开发复杂;信息易于伪造;容错能力低下。

联盟链技术将业务系统之间变成并联结构,通过点对点传输和加密技术,业务协作各方将数据读写到已达成共识的统一账本中,从而使数据不可篡改,不可删除,公平共享,并产生创新价值:降低多方对账成本;减少接口开发成本;降低技术容错成本;减少中间环节;减少数据获取成本;防止数据造假;增加政府监管治理能力。

二、开发区块链的必要条件和优先产业

(一) 必要条件

区块链不是万能的,并不是所有企业都适合区块链,那么如何评估一个企业有没有必要发展区块链并进行链改设计呢? 下面给出12个必要条件。

(1)需要去中介化。企业的业务中有多级的中间渠道或层级,增加了成本和损耗。

(2)需要建立共识。企业与消费者、产业链之间缺少信任或者需要验证信任,急需建立产业链共识。

(3)需要共享模式。企业的业务是分布式服务或紧密协同的链条,需要围绕核心资源(比如设备或人员)进行共享和协同。

(4) 高价值的资产。企业的产品或资产是高价值的资产,上链后增量价值比较高。

(5) 稀缺性或限量。企业的产品或资产具有稀缺性和限量性,容易通过紧缩政策获得溢价增值。

(6) 有规模效应。企业的业务在达到一定规模的情况下可以降低边际成本,并具有少量客户的网络效应,可以快速达到一定规模从而获得规模效应带来的少量用户。

(7) 需要流动性。企业的产品流动性比较弱,需要通过经济机制促进流动性。

(8) 需要高成本来进行信息验证。信息不对称情况突出,企业或者消费者进行信息验证需要比较高的成本。

(9) 需要数据保真。企业的数据与产品或资产关联度非常高,数据需要通过加密技术进行防篡改等保真。

(10) 需要赋能个体。企业的业务依赖于中心化,个体比较被动和低效,需要激发个体的主动性,赋能个体成为独立的经营体。

(11) 需要价值交换。企业需要零成本的支付激励手段,与产业链内外进行价值交换,获得更多的流量和更好的流动性、周转率。

(12) 需要智能设备。通过智能设备辅助业务生产或服务交付,实现产品、服务或者消费者的数字化。

(二) 优先产业

为了形象直观地评估产业发展区块链的必要性,设计了一个产业区块链评估矩阵,对各类产业进行必要性评估。其中,矩阵的横轴是建立共识和公平的紧迫性;纵轴是进行共享和去中介的紧迫性。根据高低强弱划分为四个区域,以便对各类产业进行评估分布确定(见图6-1)。

其中,A区为优先区;B区为次优区;C区为鼓励区;D区为暂缓区。

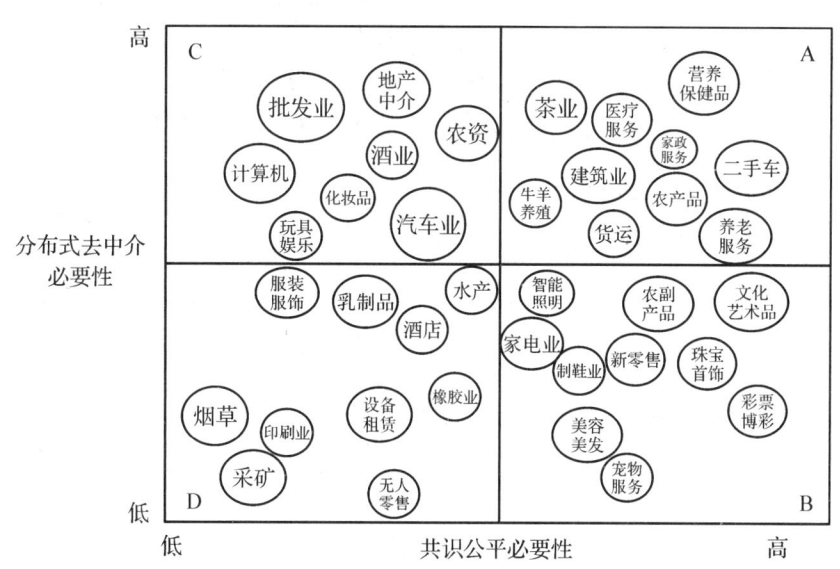

图6-1 产业区块链发展必要性矩阵图

三、企业发展区块链的前提条件

实物资产是物理世界的经济和金融体系的核心,同样以区块链为底层的数字资产也是整个产业区块链经济的核心。在进行企业区块链改进设计时会有一些遵循或者参考的前提原则,具体如下:

(1) 关注未来的收益和能力,而不是现状;
(2) 关注合约,用合约来理解和解构产业实际业务;
(3) 关注行业或产业链,先发优势突出;
(4) 关注促进产业或带来增量价值;
(5) 关注产业或者解决产业的共识问题;
(6) 关注类金融生态体系设计;
(7) 关注经济模型;
(8) 关注产业链自建交易市场。

四、区块链设计关键问题

即使做了大量的调研和分析,每个企业进行自身区块链发展设计时还会模糊不清。因为企业对自身进行区块链设计相当于一次颠覆性的围绕资产分配和生产关系的变革,所以会有相当的难度。企业进行这项工作之前,可以先考虑和解决这些问题:

(1) 产业的交易结构和盈利模式是什么?
(2) 产业的组织结构和角色关系是什么?
(3) 当前需要解决的问题和目标是什么?
(4) 解决问题所带来的增量价值是什么?
(5) 产业有哪些类型的资产?多少是不可再生限量资源?多少是可以共享资源?
(6) 产业如何建立陌生人信任?可以聚集出什么样的共识?
(7) 有哪些激发人性的激励机制和最高诚信成本的惩罚机制?
(8) 产业需要什么样的治理结构以及与投票、社区自治的关系是怎样的?

五、区块链设计工具:链改画布

链改画布通过8个核心要素简明清楚地描述和分析了链改模式,可以映射出非区块链产业的业务需求和设计链改的逻辑。8个要素涵盖了链改模式涉及的主要维度:战略、客户、价值、共识、场景、模型、治理和运营。区块链设计就如同一个设计蓝图,可以通过链、币、社区和治理来实现。可以形象地总结为"八个一",即"一句话、一个人、一幅画、一个数、一个共识、一套治理、一个模型、一套运营",如图6-2所示。

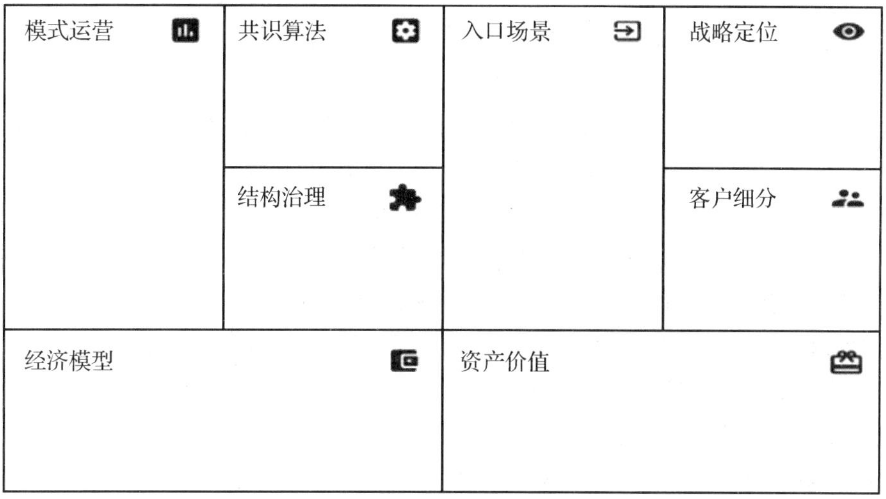

模式运营	共识算法	入口场景	战略定位
	结构治理		客户细分
经济模型		资产价值	

图6-2 链改画布

战略定位:"一句话",就是用一句话概括出企业的战略定位、品牌定位和品牌口号。
客户细分:"一个人",定位目标受众和细分客户群体。
入口场景:"一幅画",核心需求驱动的应用场景与入口。
资产价值:"一个数",数字资产的类型和内生价值可视化指数。
共识算法:"一个共识",陌生人或产业联盟达成的共识和实现算法。
结构治理:"一套治理",链改的创始结构、成本结构、流通结构的治理。
经济模型:"一个模型",资产发行和激励机制的经济生态体系。
模式运营:"一套运营",资产模式的团队、社区运营和实现路径蓝图。

 案例

基于链改画布的溯源链设计

针对企业的产品/资产现状和区块链Token的特点,依据针对不同产业进行区块链Token设计的必要性评估条件与设计方法论,并使用链改画布溯源设计模式完成对食品行业的链改方案设计。

战略定位:"一句话",用区块链实现食品品质控制和追溯。

溯源的根本目标不是为了追溯,而是为了食品品质控制和食品安全。消费者关注的是食品的品质和口感,溯源只是对品质和口感信赖的基础。

客户细分:"一个人",对品质和食品安全有高要求的消费者。

目标受众是消费升级中对品质和食品安全要求比较高的消费者,习惯通过溯源来辨别品质、安全或真伪。这类人对价格的敏感度不如对品质和安全的敏感度,他们愿意为了品质和口感而付费。

入口场景:"一幅画",溯源模式的主要场景就是扫码追溯新产品全过程加密上链信息。

消费者通过扫描产品或食品上的二维码,可以追溯到每一个环节经过节点企业或个人加密确认上链的信息,还可以对产品进行评价反馈并获得奖励。

资产价值:"一个数",溯源模式可以打造一个"时期价值协议"。因为溯源全过程是有时间周期的。尤其是农产品或生鲜食品等会因为时间延时和保鲜技术而有不同的品质和口感,所以会有一个与时间延时和周期相结合的时间价值。

共识算法:"一个共识",溯源模式的共识就是产业链内共同认可并形成的对产品的数字可信度。共识从品种和资源开始,到种养(生产制造),再到加工销售流通,最终到零售终端面向消费者,这些节点对产品品质和时间价值的共用和上链确权、链上社区自治监督、激励和惩罚机制达成共识。这个数字可信,代表了形成共识的产业对产品赋予一个共识信任,它会结合社区生态机制用一个类似信任配额的方式进行调整和均衡。

结构治理:"一套治理",溯源模式多采用不发币的联盟链,所以这个溯源模式结构治理比较简单。如果采用发行 token 的溯源模式就需要设计好治理结构,形成一个真正有价值和自发生命力的生态体系。

经济模型:"一个模型",不发币的溯源模式。主要的经济模型是数字可信的模型,通过数字可信可以将产品预测、产业社区监督、上链确权、消费者评价反馈以及投诉抽查惩罚等进行调配或平衡。溯源模式的经济模型是建立一个积极主动上链的,加密确信和追溯共识的生态机制。这个生态机制除了产业节点达成的共识之外,链上或者链下的激励、惩罚机制是不可或缺的。

模式运营:"一套运营",社区运营。溯源模式的运营关键有两个:产业的社区运营和消费者的社区运营。产业链的前端能够形成社区自治模式来进行社区监督和自我审计,而不只是信赖于设备和数据;产业链的末端能够形成消费者的社区对溯源的产品进行评价反馈和激励,或者培养产品大使之类的赏金计划、推荐计划等。

在食品供应链中,采用区块链技术实时抽取产地信息、鉴定信息、检验信息等,以不可篡改的方式提供给外部的机构,形成数据不可篡改和加盖时间戳的证据,有效防止非区块链系统模式下系统内部的道德风险。

六、联盟链应用开发关键里程碑(见图 6-3)

分析与设计	联盟链网络搭建	智能合约开发	区块链应用开发
存证痛点分析 溯源痛点分析 组织与机构分析 网络拓扑设计 业务流程分析 上链数据设计	创建组织 创建机构 组建网络 启动排序节点 启动工作节点 组建业务链 部署智能合约 运行联盟链应用 业务链监控 区块链浏览器	Go语言基础 Init函数 Invoke函数 链码常用API 样例代码解析 上链数据详细设计 存证上链函数开发 存证查询函数开发 溯源上链函数开发 溯源历史函数开发	HFClient类 BlockInfo类 BlockEvent类 TransactionProposalRequest类 SDK连接信息文件 SDK示例工程代码 Pom.xml 代码运行调试

图 6-3 联盟链应用开发关键里程碑

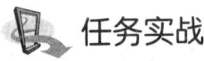任务实战

联盟链网络构建

任务描述

通过"创建盟主组织""创建机构""创建网络""创建节点""创建业务链""部署调用智能合约""成员组织加入"以及存证实操等流程,学习区块链平台的搭建以及应用。创建以一个慈善组织为盟主的联盟联,如下图所示。

慈善联盟链

操作步骤

第一步:创建盟主组织,输入组织类型、组织名称和组织介绍;
第二步:创建机构;
第三步:创建网络中心,输入网络名称和选择版本号;
第四步:创建 orderer 节点、CA 节点和 peer 节点;
第四步:创建业务链并绑定组织和节点;
第五步:部署智能合约并绑定业务链和节点,进行智能合约查看和调用;
第六步:添加成员组织。

操作指引

【进入课程-训练计划】

区块链财会应用

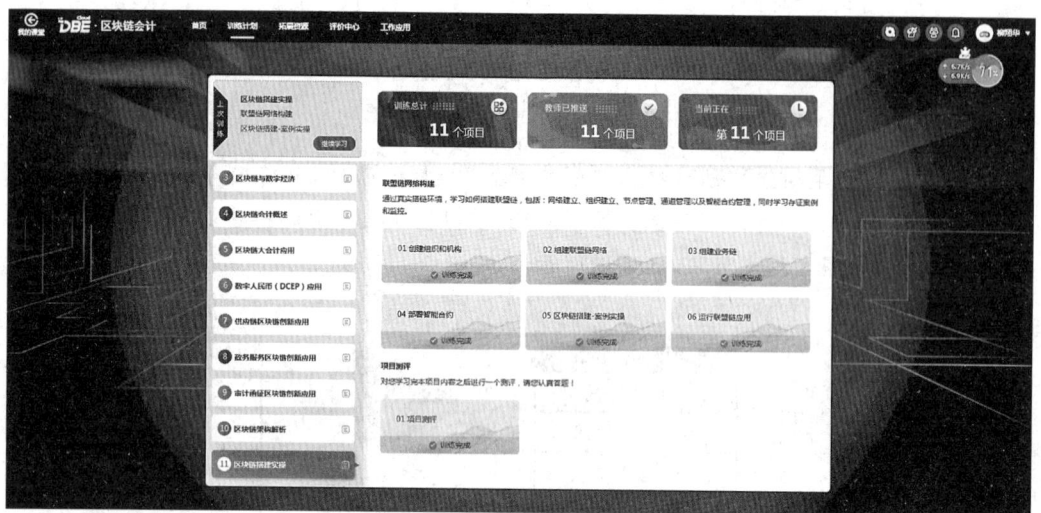

【区块链搭建-案例实操】

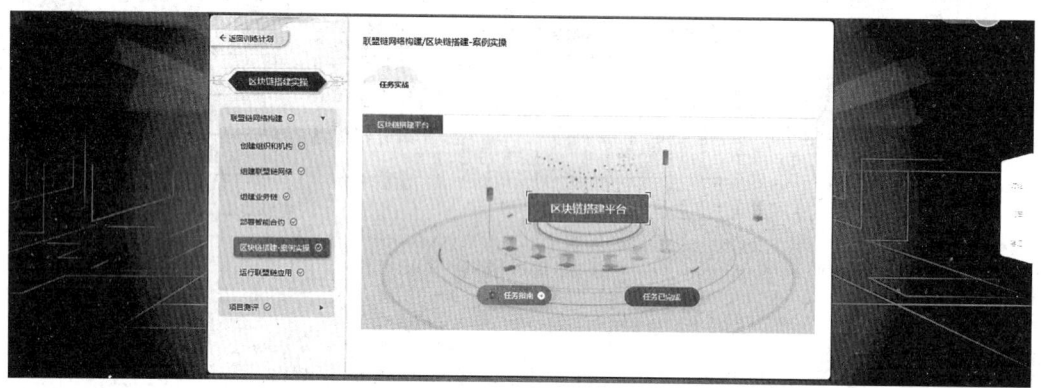

【开始任务】

（1）创建组织和机构。

① 创建盟主组织。

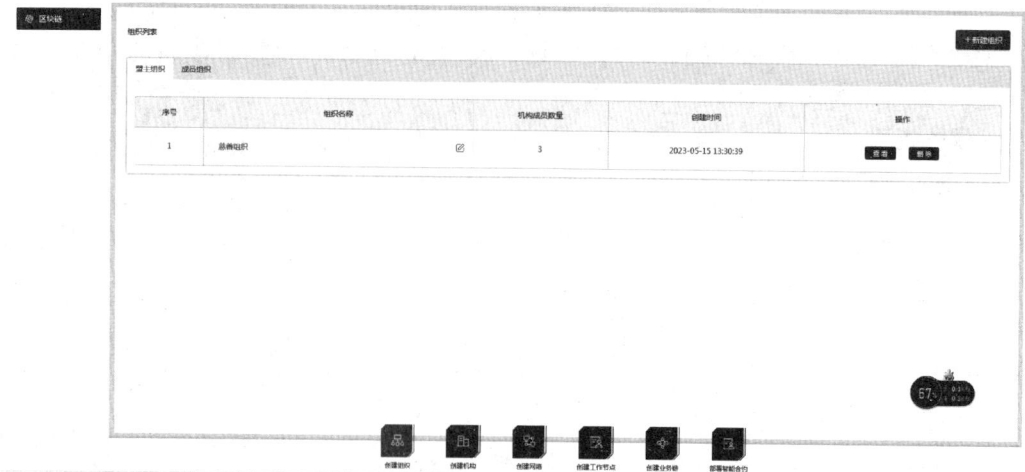

② 创建成员组织。

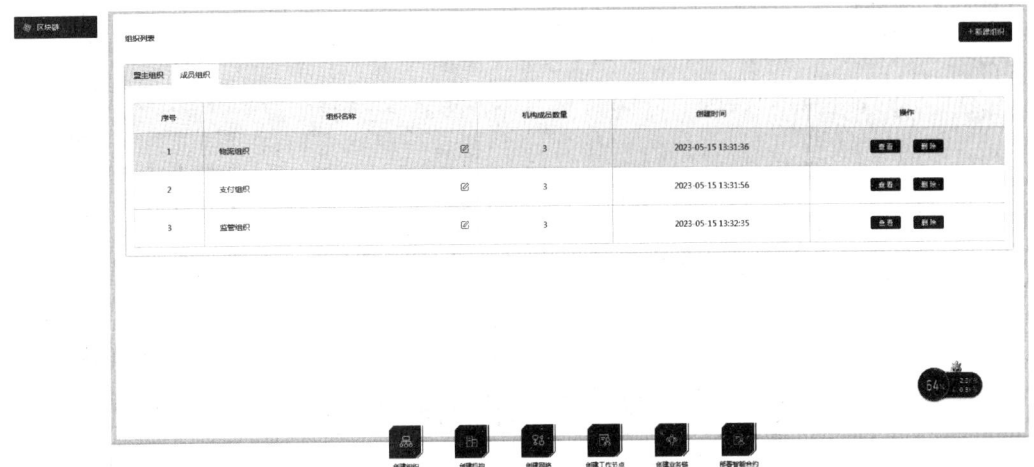

③ 盟主组织创建。

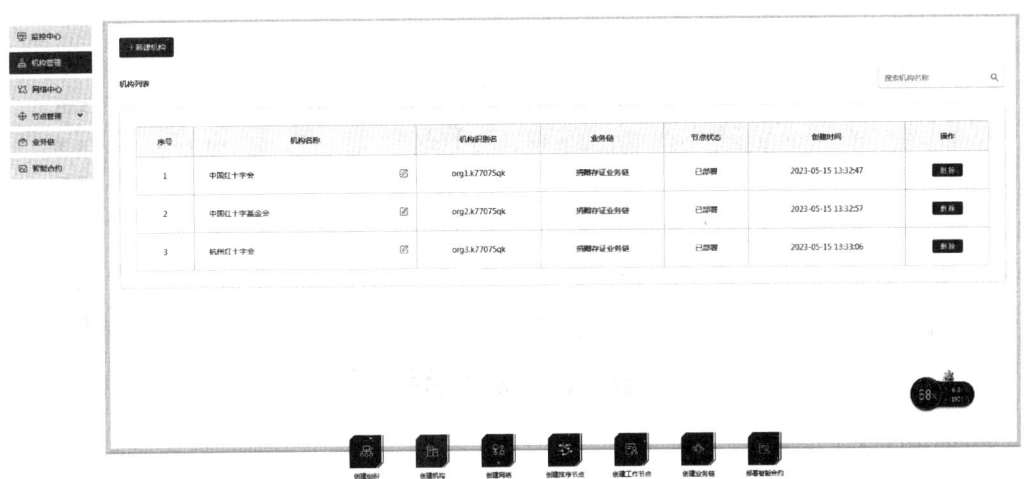

④ 成员组织创建机构。

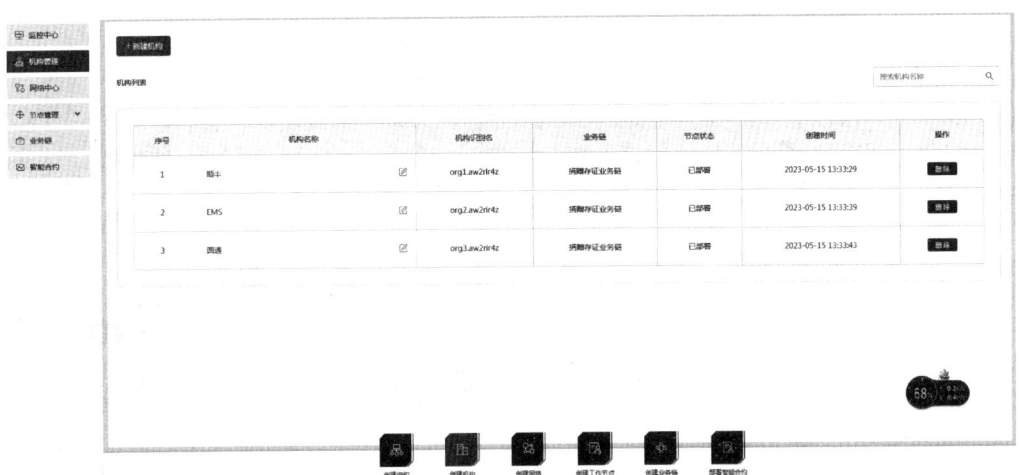

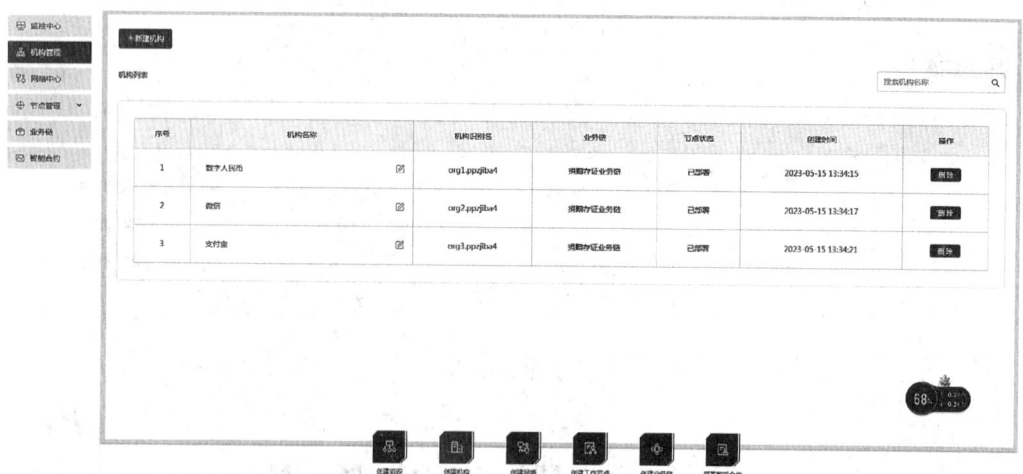

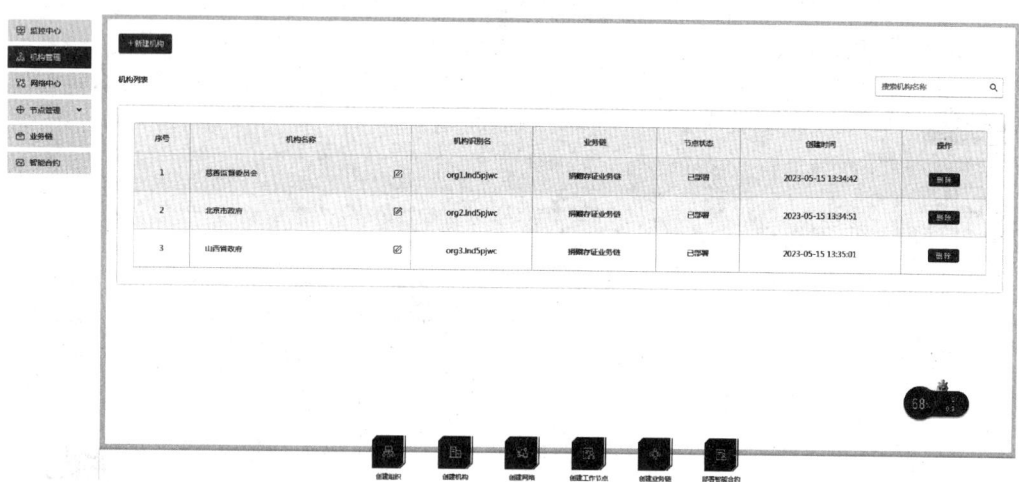

（2）组建联盟链网络。

① 创建慈善捐赠网络。

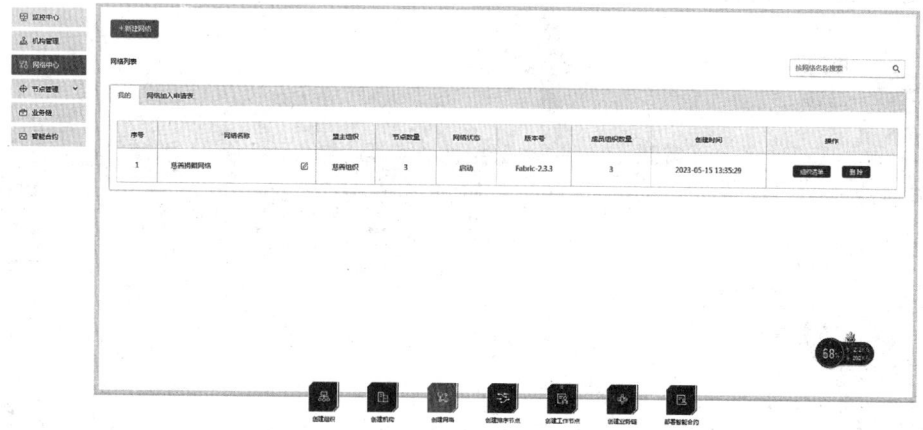

② 创建排序节点。

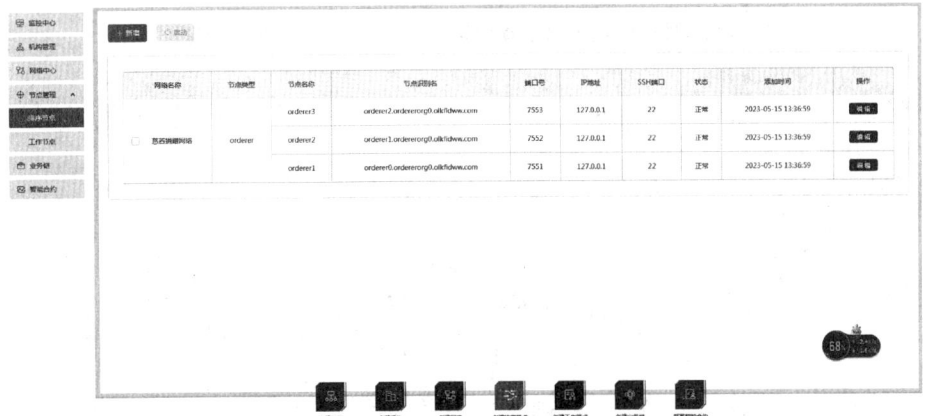

③ 启动工作节点。

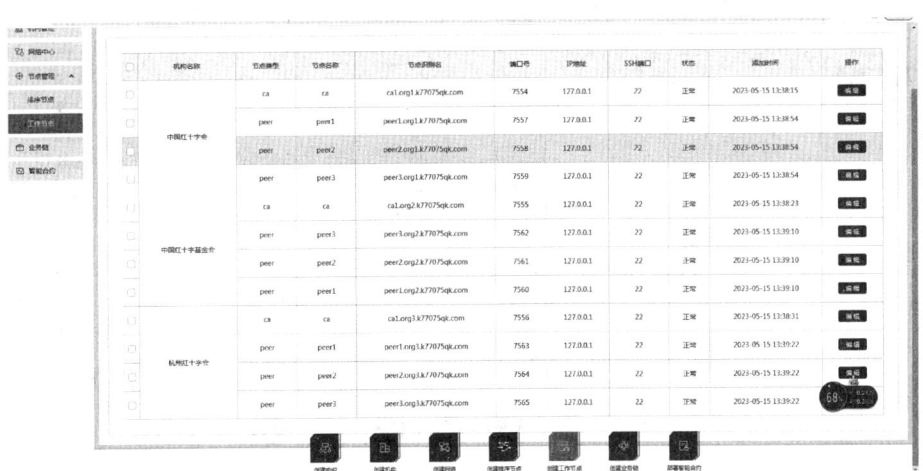

④ 成员组织加入网络。

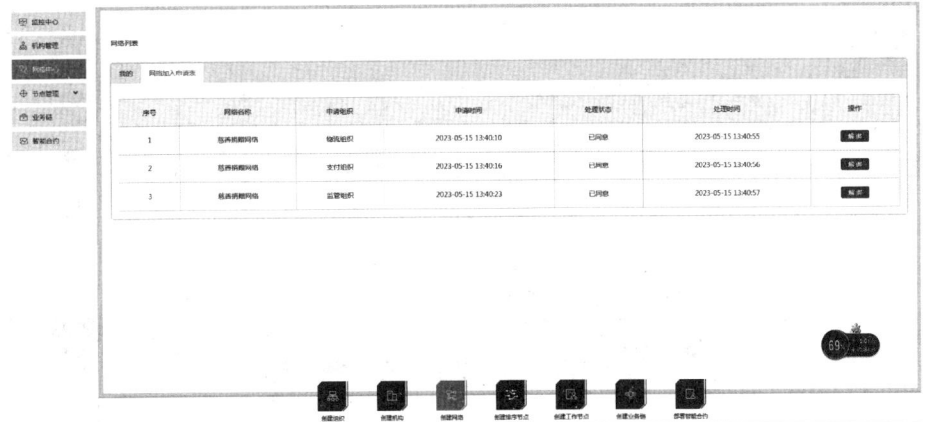

⑤ 创建成员组织下机构的工作节点。

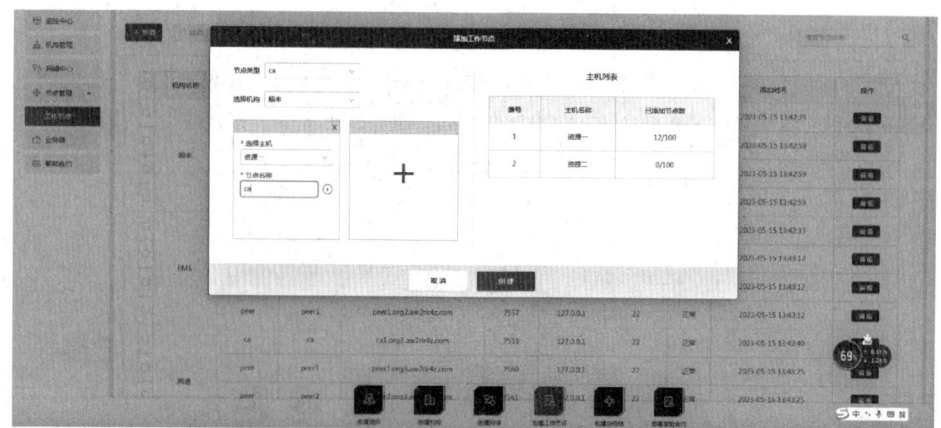

⑥ 启动成员组织下机构的工作节点。

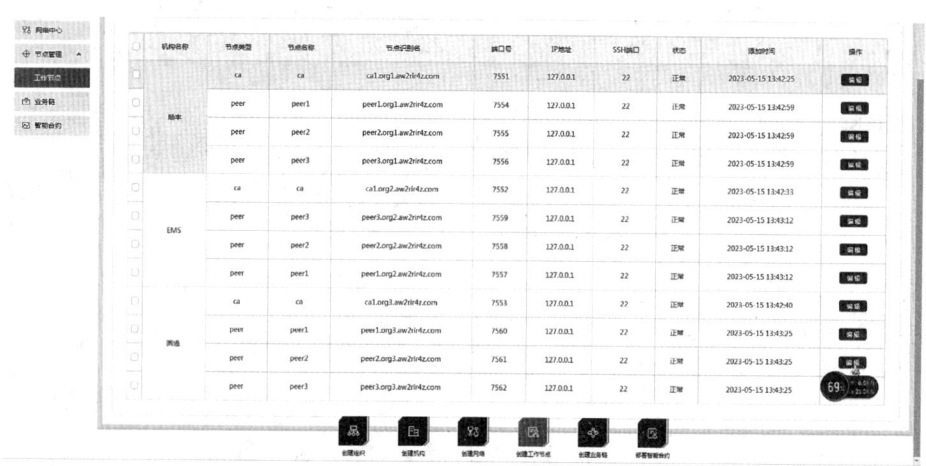

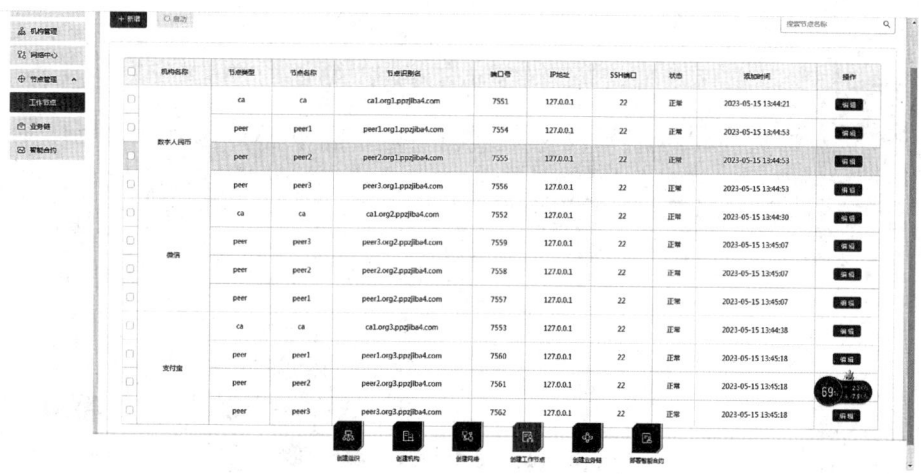

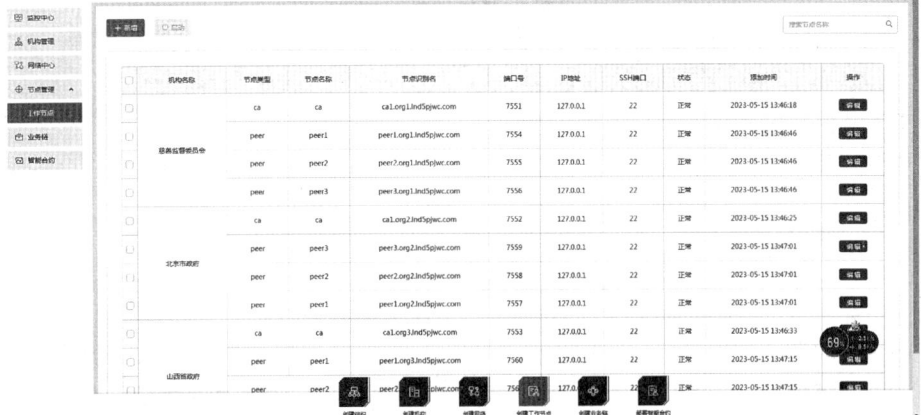

(3) 组建业务链。

① 盟主组织创建业务链。

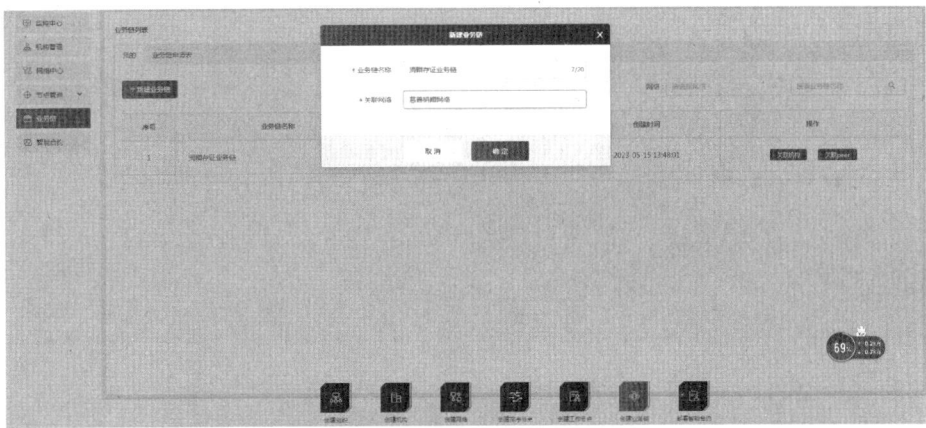

② 关联机构。

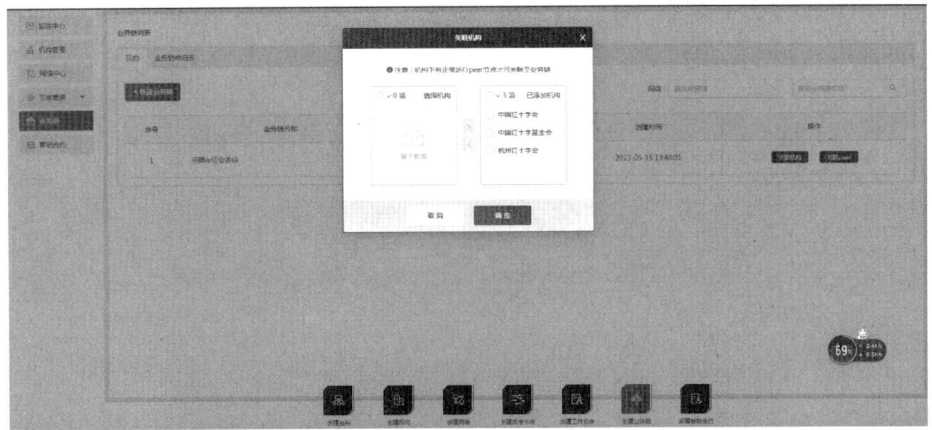

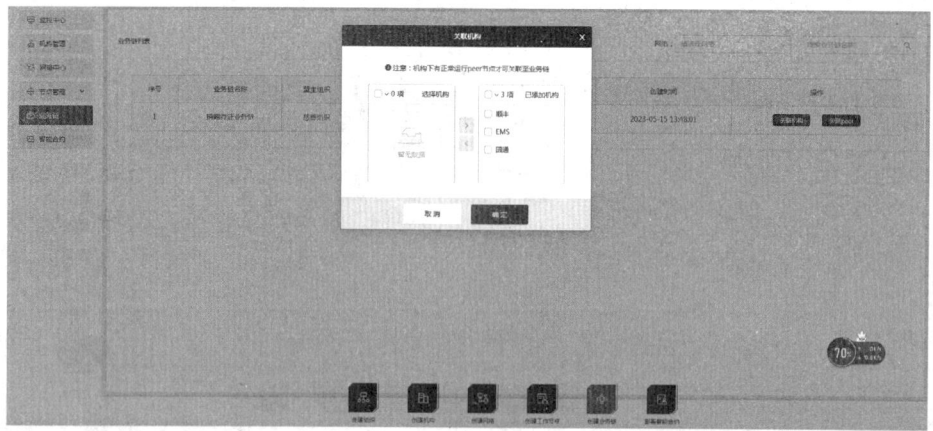

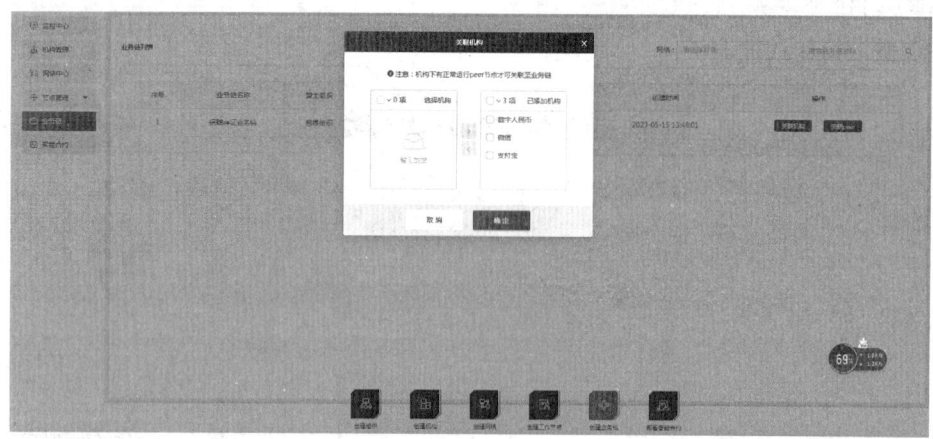

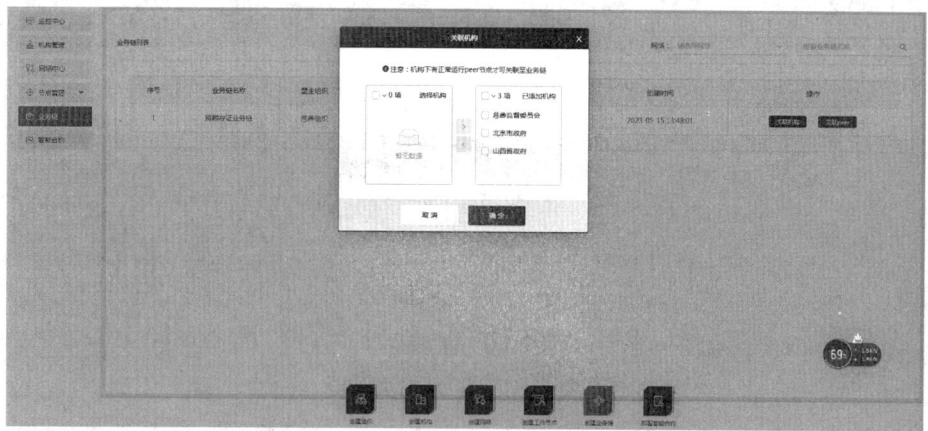

③ 关联 peer。

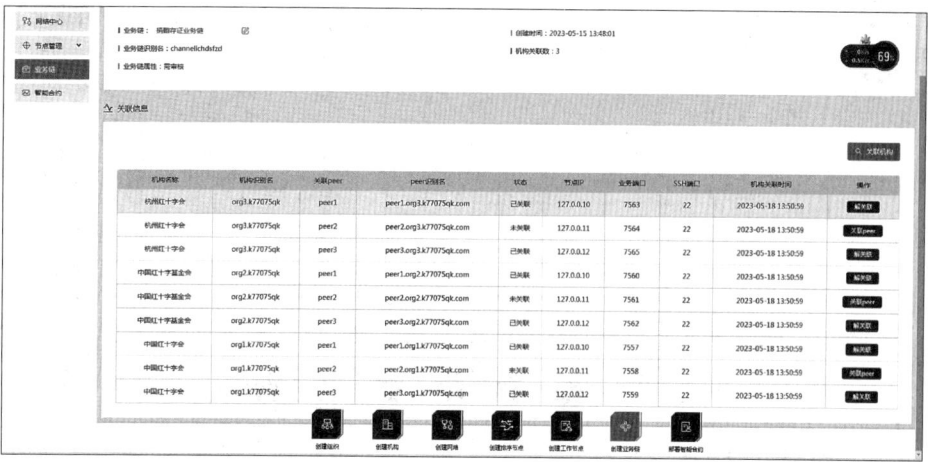

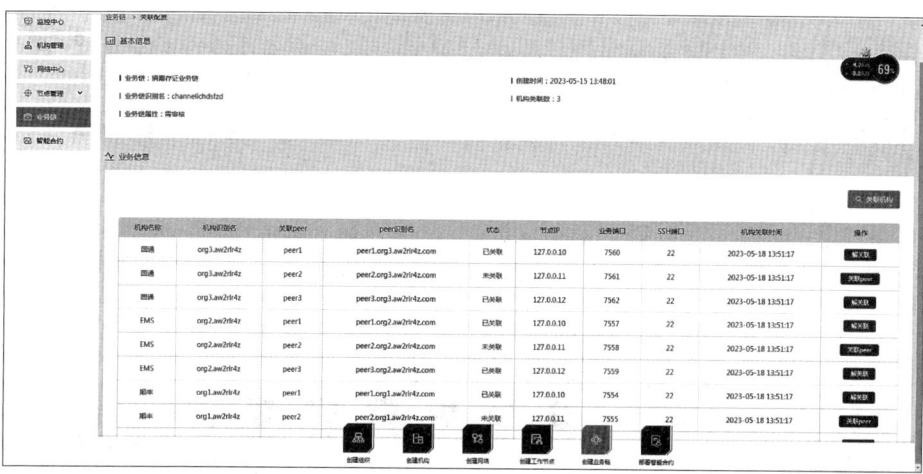

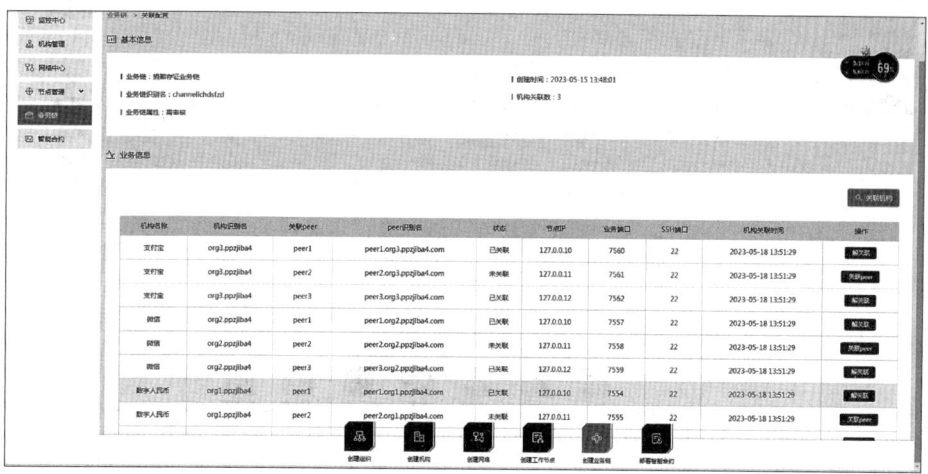

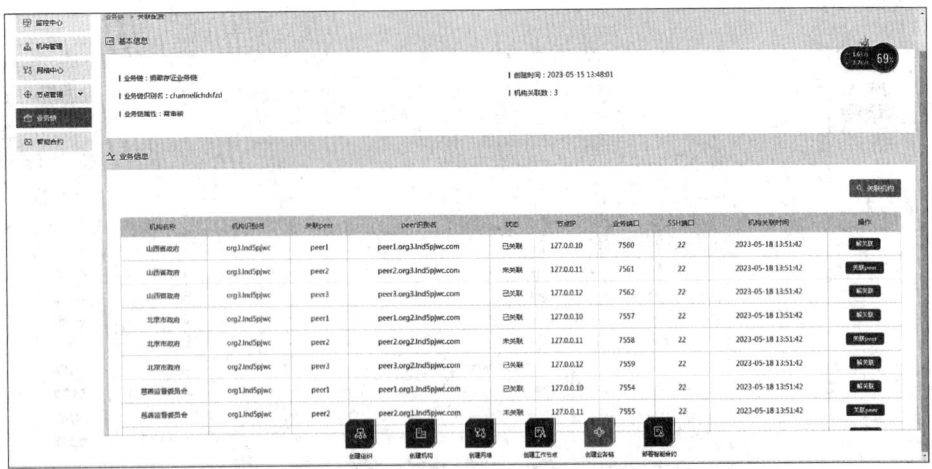

④ 成员组织申请加入业务链。

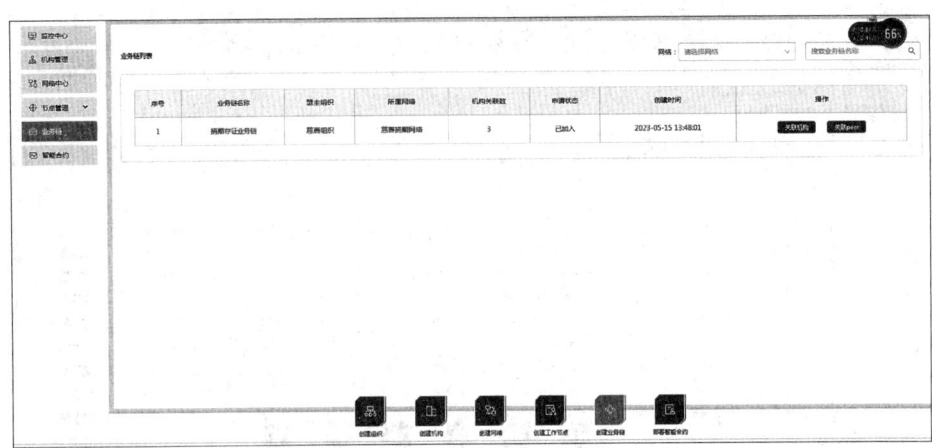

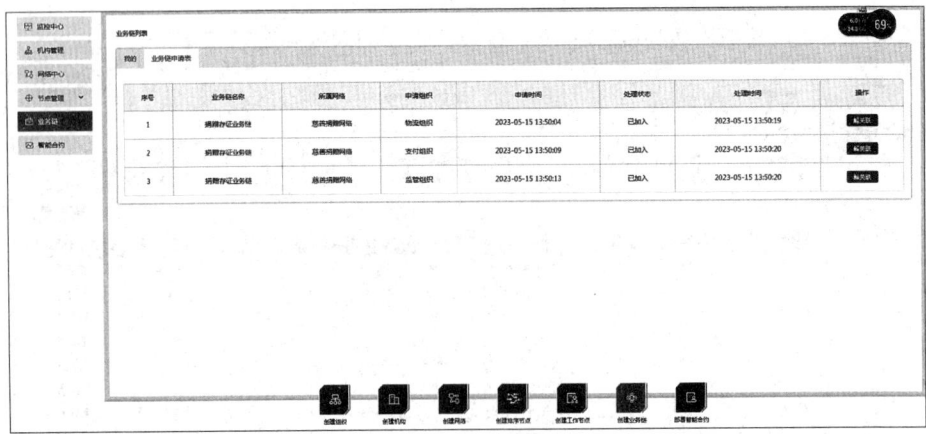

(4) 部署智能合约。

① 盟主组织部署智能合约。

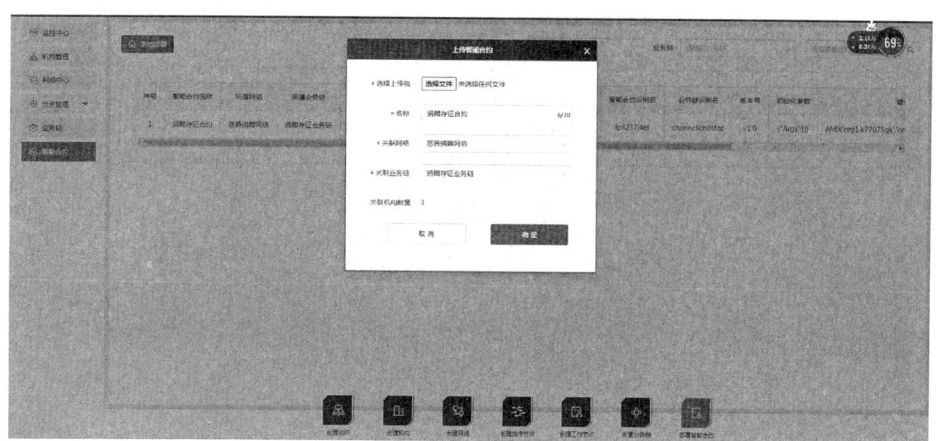

② 启动智能合约。

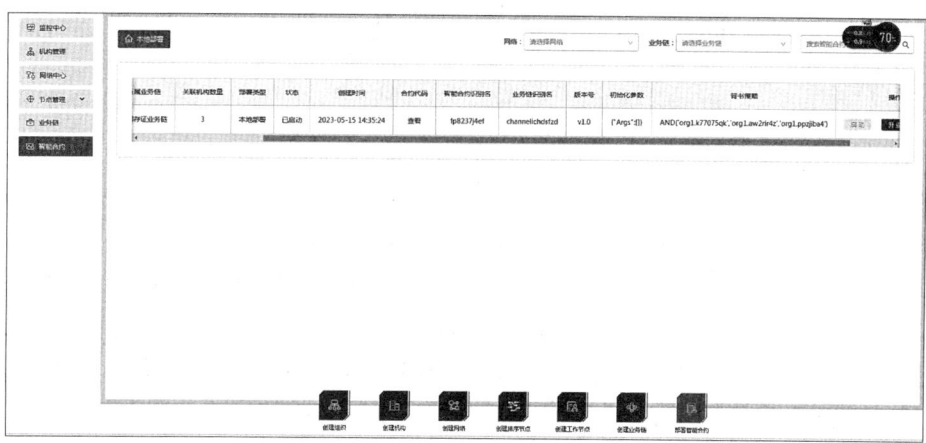

(5) 添加从网络。

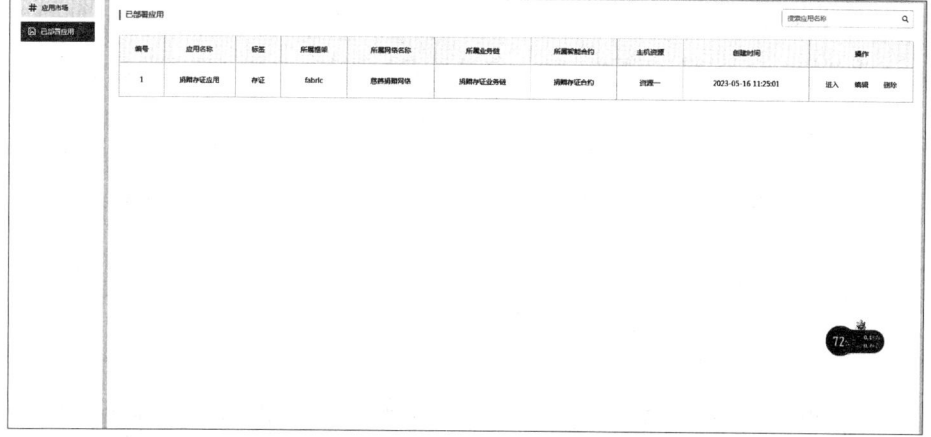

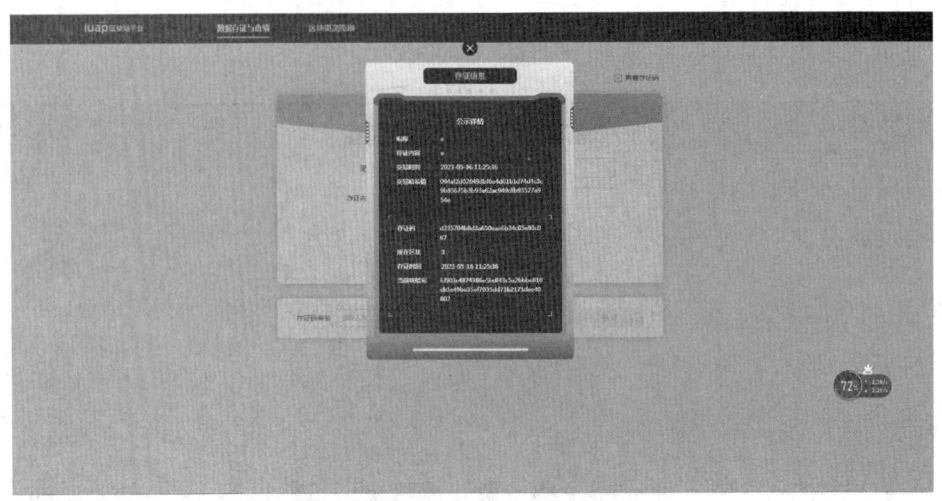

任务二 区块链供应链融资设计

一、区块链+单证

单证是使用最频繁、问题最多、参与人最多的环节。在单证处理环节中,技术应用首先要帮助用户降低操作成本,这也是系统成功推广的关键。

票据市场规模大、参与方众多,而且业务链条长,是区块链技术极佳的应用场景。单证应用对于区块链技术,同样是检验区块链技术先进性的试金石。

单证是证明交易行为的单据、文件与证书,凭借单证来处理交易的支付、运输、保险、结算等,包括资金单据(如汇票、本票和支票);商业单据(发票、收据);货运单据(发货单、仓单、提单、运单等);保险单据;其他单证(如质检单、原产地证书、寄样证明、装运通知等)。

(一)业务痛点

融资业务的单证处理属于最基础、工作量最多的环节,也是出现问题最多的环节,业务痛点主要是人工处理单证问题存在技术难度,具体如下:

(1) 无效单证类型繁多,包括假票据、克隆票据、伪造签章;无真实贸易背景或贸易背景不清的商业汇票承兑、贴现,如伪造发票、无发票、严重缺发票、发票先开后废、废票重用、陈票新用、重复使用发票等。

(2) 单证支持性资料的真实性,包括基础合同、相关运输单据、交易出入库单据、检验验收单据等资料的真实性。

(3) 串通上下游企业虚构交易开立票据。

(4) 跨流程、跨系统、跨部门、跨机构的单证审查,多借助电话、电子邮件等工具来操作,效率低下,极大地影响了融资便利性和放款速度。

银行很难深入调查企业贸易的背景,在多数情况下只能做形式要件的审核,因而对于风控因素的判断存在不足;票据的审验成本及监管对银行时点资产规模的要求,出现市场化的票据掮客,不透明、操作不规范和高杠杆错配等是潜在的风险因素。近年来票据大案频发,暴露了银行票据处理业务的诸多不足,也使得银行收缩了对中小企业票据融资的支持力度。

近年来,一些涉案资金极大的票据问题被媒体曝光,银监会也在不断强化监管,细化管理措施,强制推广电子票据系统。据不完全统计,2016年处罚的全国票据违规事件达到上千件,核心原因在于银行审核交易的真实背景时在技术层面存在较大难度。

(二)区块链存证

法律层面的争议处理,关键在于对证据真实性的确认。证据无法证明其真实性,那么其证明的力度大为减小。在现实中,对于证据真实性的判断,常常需要借助第三方的专业意见,如借条签名的真实性需要通过笔迹鉴定来判断。

在数字化时代,对于电子数据的真实判断是当前虚拟经济的难点。电子数据具有无形性、隐蔽性强、易被破坏的特点,给证据真实性的认定带来较多困难。因此,对电子数据真实性的认定是以电子数据证据原件为前提,目前在司法实践中对电子数据证据真实性的证明,有公证、可信时间戳认证等,尽管借助第三方机构可以在一定程度上解决电子数据证据真实性的问题,但是存在成本高、手续烦琐的问题。

时间戳的存在使得记录不可被篡改。区块链技术作为"创造信任的工具",具有时间戳认证及加密的功能,并采用分布式账本,在不借助第三方的情况下,提供足以保证证据真实性的证明。以基于区块链技术的比特币为例,中本聪在论文《比特币:一种点对点的电子现金系统》中描述比特币为"时间戳服务器通过对以区块形式存在的一组数据实施随机散列而加上时间戳,并将该随机散列进行广播,就像在新闻或世界性新闻组网络的发帖一样"。

区块链存证具有法律效力,需要具有证据的"三性":真实性、合法性与关联性。证据的真实性是指证据内容服务于事实的证明,不以人的主观意志为转移,以真实客观的面目出现于客观世界,且能够为人所认识和理解。证据的合法性是指符合法定的存在形式,并且其获得、提供、审查、保全、认证、质证等证据的适用过程和程序也必须是合乎法律规定的。证据的关联性是指证据必须与待证明的事实之间存在逻辑关系。区块链存证需要符合真实性与合法性要求,关联性则在具体案件中进行判断。

区块链存证的真实性主要依赖区块链的时间戳属性,即电子记录在形成时具有可信的时间证明,并且在证据存在的整个过程中排除人为干涉的可能,即区块链天然地具有证明时间的属性。以密码学为基础的时间证明,在现有科技的条件下无法对时间证明进行修改,区块链存证在时间维度上的法律效力是充足的。

区块链存证的合法性,要求以区块链技术所取得的存证,不能以违反法律规定的窃听、偷拍、胁迫或其他违法方式取得。另外,对于证据的保存,区块链技术具有天然的优势,采用分布式的账本技术,在网络节点的同步过程,无须专门的流程就可完成证据保全工作,即所有参与节点都可以提供完全相同的存证记录。

(三) 嵌入式存证

现实中大量的单证是人工处理后再录入计算机系统的,具有滞后性、可篡改性,可能出现假票、克隆票据等问题。由于计算机并不能分辨票据的真假,采用技术手段来提高单证的真实性,在线签署与自动生成单证是主要的技术手段。

1. 电子票据的不足

2005年,我国颁布《电子签名法》,明确了电子签名的法律地位。

2009年11月,电子票据诞生,由中国人民银行设计和主管。电子票据较纸质票据具有明显的先进性,可以有效地保证票据的真实性。央行数据显示,2013年电票的占比为8.3%,2014年达到16.2%,2015年达到30%。纸质票据与电子票据的主要区别在于信用环境,票据大案中以纸质票据为主。未来,数字票据的信用环境将主要构筑在企业与企业之间的贸易环节,通过构造托管于智能合约的票据池,实现实时支付、融资和清算等,可以为中小微企业提供更好的数字普惠金融服务。而由于业务上的强关联性,风险系数将大大降低。

到2023年12月1日,全国36个省市区(含计划单列市)已实现全面数字化的电子发票(数电票)试点覆盖。2016年9月,中国人民银行下发《关于规范和促进电子商业汇票业务发展的通知》(银发〔2016〕224号,下称224号文),要求扩大票据转贴现市场参与者,所有金融机构皆可参与,为票交所建立铺路;取消电子票据贴现贸易背景审查,引导电子票据使用;一定金额以上强制使用电子票据。

公共化的电子票据系统属于金融层面的应用,而供应链金融的信用是需要从业务逻辑的底层开始构建的。所以,大量供应链金融业务系统接入全国唯一的第三方票据平台,形成高度统一的票据系统,这个方案的实施难度极高。全国集中的中心化架构,对于联盟链或私有链,实质上形成了信息孤岛,与企业流程难以衔接,全国票据中心也不能个性化地服务成千上万的供应链系统。

2. 供应链金融的嵌入式存证

供应链金融的存证需要在本系统中进行构建。区块链技术对于供应链金融的业务,强化基于交易活动来形成凭证,再向金融机构来证明交易的真实性和票据的真实性。

供应链金融的嵌入式存证,是嵌套在应用系统中的"区块链+凭证",一方面可以保证票据在网络传输、本地存储、查询下载等环节都能不被恶意篡改,同时凭证的生成是在真实的服务流程中产生的,以业务逻辑和真实交易作为开立凭证的支撑,可大幅降低人工作假的可能。区块链记录摘要、附加时间戳的方式,基于共同账本解决电子化环境下的信任问题。

在供应链融资中,各方建立稳定的合作关系形成生态圈。在供应链生态圈中建立公共账本,以区块链技术作为底层支撑,形成节点数据共同维护、共同见证和确认、可追踪、减少人工错误的高质量凭证。"区块链+单证"较好地解决了以下业务痛点:

(1) 彻底解决电子凭证的真伪性问题,恶意篡改或伪造的可能性几乎不存在。

(2) 去中心化、不需要第三方托管,直接在业务系统生成凭证,能有效证明业务的真实性,从多个连续的业务环节、按业务逻辑来形成电子凭证,防止人工作假的可能性。

（3）以参与节点见证、共同确认的方式存证，电子凭证附带了企业负责人的信用背书，解决了互信机制问题，交叉的信用背书使得单一环节的作假难度极大。

（4）全程记录电子凭证摘要、流转，使得电子凭证可追溯，满足了融资业务监管和审查的需求。

（5）凭证无纸化和业务逻辑的结合，极大地提高了审查效率和贷后的业务跟踪。

（6）结合物联网等技术，支持证据以技术实时方式采集到系统。例如，入库时的检验照片、位置信息可以由监控系统、GPS跟踪系统生成并上传到区块链记录，使得交易的支持单证更为全面，为日后的争议处理、信用调查等提供充分的准备。

"区块链+单证"嵌入式存证原理如图6-4所示。

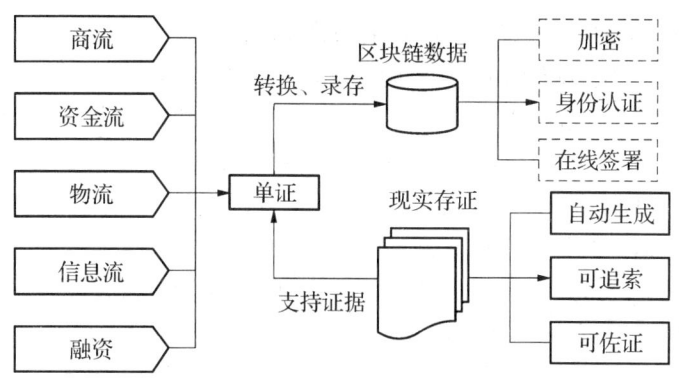

图6-4 "区块链+单证"嵌入式存证原理示意图

在图6-4中，供应链业务具有严格的业务逻辑（如BOM、订单），基于业务逻辑采用加密（不可篡改）、身份认证（不可抵赖）、在线签署（实时取证）、自动生成等机制来形成虚拟世界中的单证信息，使得虚拟世界具有反映交易真实性和单证真实性的结构与内涵。

由系统自动生成的单证或系统确权的单证，其信用高于人为处理、人工确权的单证。供应链金融的相关单证应尽量由系统自动生成，并且不受人为干涉，可极大地提高单证的可信度和处理效率。

在供应链金融中，"区块链+单证"不再需要人工审核、验证相关凭证的真实性，极大地提高了凭证的真实性和融资效率。以应收账款为例，应收账款出让方和受让方，从合同签订到仓库收货的整个流程、双方资产情况等凭证都记录在区块链上的智能合约中，并保存在链上金融机构的分布式账本中，在应收账款融资中，只需要应收账款出让方、受让方和对接金融机构在链上查询相关凭证，即可完成融资。

（四）系统实现

1. 设计思路

供应链融资采用联盟链，按业务逻辑设点取证，存储凭证的摘要、时间戳等信息，经节点共识记录到区块链中；需要业务节点共同确认的信息（如合同签署、支付批准）；经节点决策人以密钥认证身份登录后确认，记录区块。这使得凭证的信息公开、公正，各参与方以自身信用叠加形成对凭证的公信力,账本实时同步至各节点,业务不受单一节点影响。连续记录的过程化凭证形成后,可以链接到其他业务系统或公有链,使得凭证可以多次重复使用,而无须反复验证凭证来源的真实性,从而提高业务效率。

2. 存储架构

"区块链＋凭证"在供应链环境下各个子系统中生成,采用云存储是比较好的解决方案。云存储为供应链提供更为安全、可靠的凭证托管服务,为社会化机构、平台、金融机构等提供便捷化的凭证查询服务。云存储不仅能够降低存储成本,为将来形成供应链金融生态系统、接入电商平台提供开放式的架构,而且实现从联盟链到公有链的搭建。

3. "物联网＋区块链":电子证物

要达到法律规定的"电子证物"效力,依据我国法律必须要满足下面三个条件。

(1) 及时性:数据必须及时收集,并同步于业务操作。

(2) 过程性:过程的数据必须被记录,并同步于业务过程,连续记录。

(3) 不可篡改性:收集、存储的数据必须证明没有被篡改过。

物联网的核心理念是通过传感器等感知设备将物理世界的隐性数据转换为显性数据,进而从显性数据中获得客观世界的运行规律和相关知识。在需要取证的环节布置传感器对实时信息进行读取,实现对标的物状态信息的取证,并以区块链加密的方式存证,具有证据公开透明、不可伪造、不可篡改、不可撤销的特点,能极大地证明交易的真实性问题。

结合物联网和区块链来获得和存储供应链融资过程的电子证物,将极大地提高账本记录数据的信用力,这将对大额的单笔交易、容易产生争议的交易环节起到巨大的信用支撑作用。物联网技术作为智能化技术,对于计算信用的产生起到关键作用。将物联网技术与产权变动结合,使得系统自动生成的单证及时获得产权变动信息,这对贷后管理极为重要。

可以预见,未来物联网将成为虚拟世界中信用创造的重要角色。

(五) 交易真实性证明的应用原理

交易真实性证明依据供应链中的交易链结构,获取关键环节数据,参与人确认结合区块链的时间戳机制与数据不可篡改性,从根本上解决传统方式难以实现的交易背景真实性的审查。

从供应商、核心企业、分销商到承运人、仓储监管公司、供应链平台、金融机构等其他参与者,基于区块链架构共享各自交易结构的信息,信息通过全网认定,使得各节点获得高信用(无须反复审核验证的信用),业务开展和责任的界定趋于简单化,这对于贷后管理也提供了有力的支持。

确保交易的真实性是风险控制的出发点。供应链金融的业务处理是将人工操作纸质单证及流程转换为数字化、网络化作业的过程,将现实世界与债务有关的操作在虚拟世界与真实世界中交替操作。

交易真实性具有如下内涵:

(1) 交易是真实的。交易真实性的判断来自采购或分销等行为,有业务单据的支持和驱动(如订单、预付款),有多方参与人的确认(签字、盖章);有与交易有关的物流发生(如入库单),有第三方物流、供应链服务商的参与。记录这些方面的信息,并且有核心企业的信用背书(核心企业不参与虚假交易),那么交易的真实性可信度高。

(2) 单证的真实性。单证是交易过程中的人工产物,是债务或债权成立、支付成立、资产转移成立等环节的证明。单证也能由系统自动产生,并且系统信用将高于人工信用(避免道德风险);单证由利益相关者在线签署,且不能被篡改,那么单证的可信度高。

(3) 已经确认、记录的交易,单证信息不能被篡改。如同现实世界的事件发生后不能再被篡改一样(时间永远向前),虚拟世界中的交易信息同样不能被篡改,使得虚拟世界与现实世界具有一致性。

现实世界的交易是按时间序列不断发生的且不可逆的事件序列。区块链技术记录并反映交易事件的时序性和不可逆性,在同构的基础上进行记录存储。区块链以加密、共同账本、分布式存储机制构建去中心化、不可篡改的"共享"信息,以相互信任的方式形成金融业务所需的业务数据平台。

以采购为例,假设采购交易从签订合同开始,合同文本需要双方或多方签署,预付、订货单、发票、发货单、验货单、入库单等,构成一个完整的记录序列。

采购交易的区块链记录原理有四个步骤(合同签订、发订货单、预付货款、入库单),如图 6-5 所示。

在图 6-5 中,现实中的真实交易将产生一系列按时序发生的事件,并形成资产关系的变化。

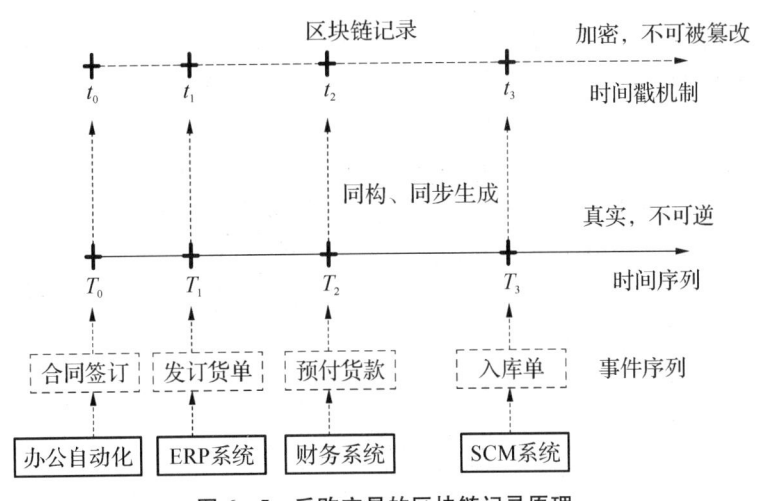

图 6-5 采购交易的区块链记录原理

(1) T_0 时刻"合同签订",表明双方债权利关系确立,法律关系成立,合同签订事件从办公自动化系统中抽取出来,形成区块链的 t_0 记录,不可被篡改,并且是下一个事件"订货单"的链接。

(2) T_1 时刻采购方发出"订货单",要求供应商按订货单发货,债务关系成立,不可逆(假设订货不可撤销);"订货单"事件从 ERP 系统中抽取出来,形成区块链的 t_1 记录,不可被篡改,并且是下一个事件"预付"的链接。

（3）T_2 时刻采购方进行"预付"，要求银行按约定时间放款，融资成立，不可逆（假设付款不可撤销）；"预付"事件从财务系统中抽取出来，形成区块链的 t_2 记录，不可被篡改，并且是下一个事件"入库单"的链接。

（4）T_3 时刻采购方对供应商送货进行验收，合格后入库并立即生成"入库单"，交易完成（假设合同为 1 次送货、入库）；"入库单"事件从供应链管理系统中抽取出来，形成区块链的 t_3 记录，并且不可被篡改，形成一个完整的区块链记录。

以上四个主要步骤从不同的系统中生成，并且与不同的参与人（公司）确认、签署，区块链及时记录事件与单证，以加密和时间戳的方式记录，前后串联，形成理论上不可被篡改的记录。区块链记录将现实世界的时间秩序和真实性，以同步同构的方式构建于虚拟世界，形成虚拟世界不可被篡改的基本秩序。

上述例子中，合同信息储存在办公自动化系统中，订货信息存储在 ERP 系统（和相关 BOM 等关联信息）中，预付信息存储在财务系统中，入库信息存储在第三方物流公司的系统中，资金信息则存储在金融机构系统中，供应链参与主体都难以了解交易事项的进展情况、异常情况等，信息孤岛导致信用孤岛，从而影响协作效应，最终导致核心企业的信用难以贯穿到整体供应链，大量节点企业的融资需求难以得到满足。

区块链技术跨系统抽取关键信息而形成具有计算信用的虚拟世界，取代了第三方信用的角色。这种与现实世界秩序同构的方式，符合人们在现实世界的观察与记录方式，以此作为虚拟世界的基础进一步构建更高层次的事件和操作。

（六）交易信用评级代替债项信用评级

信用评价是以真实事件和真实信息为基础的，接受虚假信息或在刻意作假的环境中极易产生错误的判断而形成风险事件。融资建立在交易真实的基础上，真实性产生信用，虚假产生风险。

交易信用是债项信用的基础，债项是交易的结果，是授信的业务单元，交易真实是债项真实的必要条件。捕捉交易的真实与实时信息，同步记录、单证互相验证和在审批中植入安全验证是实现交易精确管理的基础。

交易信用由一系列链式的环节和关系构成，整体表达为交易信用。对信用的审查需要从主体真实开始，一直到债务为止。

交易信用评级的逻辑结构如图 6-6 所示。

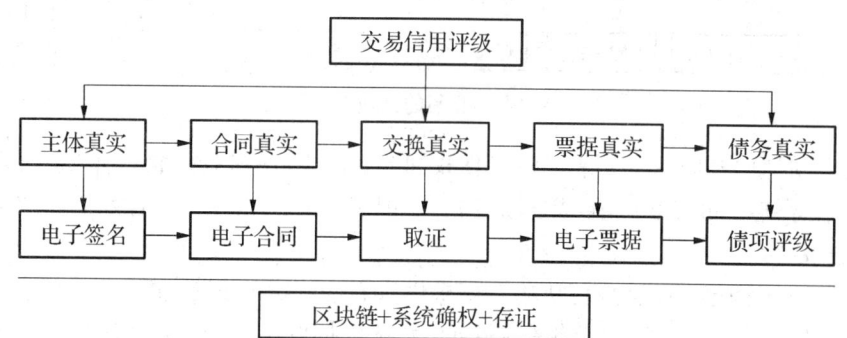

图 6-6 交易信用评级的逻辑结构

在图6-6中,交易真实性形成的基础包括主体的真实性和合同的真实性,基于交易真实性的信用评级,金融机构可以实现债项信用更为真实的判断,有效降低业务风险。供应链金融风控逻辑的起点是从交易背景开始,交易真实性是解决供应链金融覆盖所有节点、减少单证审查和背景调查的关键。

供应链金融现有债项评级的方式,仍然不能全面获得债项信用形成的路径和真实性溯源。债项评级主要审查债权关系、权益的完整性,而难以获得交易开始与执行过程中的大量信息,而这些交易过程信息能全面反映债项的真实性、债权的完整性和风险因素。

区块链技术对交易过程的完整性记录,将交易信用评级作为构架供应链金融的新主线,把信用管理与信用创造延伸到供应关系的底层和全链。"区块链+交易"实现信用创新,为供应链金融业务架构奠定坚实的基础。"区块链+"以其不可篡改、不可抵赖的机制来告诉人类,在缺少第三方信用的约束下,计算信用仍然可以作为人类社会经济活动有序进行的中介,即让交易双方都认可机器计算所表达的结果,从而自愿达成一致,构建信用关系,保证各方按交易约定来自觉执行。

在现实中,节点企业输出的仅仅为交易的结果,而大量有关交易信用的信息隐藏在各个节点的信息流、物流、资金流信息中。区块链技术打破各企业各自为政的信用孤岛现象,以第三方信用的角色抽取与交易有关的关键数据,形成能让各方认可的共享信用信息,在虚拟世界中建构金融业务不可或缺的真实性。

二、区块链+交易

"区块链+单证"用以验证单个业务环节的真实性,实现该环节对于信用链的支撑。

供应链融资是基于交易真实性的契约架构,"区块链+交易"以单证的真实性交易业务逻辑和节点交叉验证,来解决金融业务最为关键的交易真实性审查问题。

(一)交易真实性是融资契约的基础

交易真实性证明的价值体现为以下几个方面。

(1)大量减少"可信赖第三方机构"的参与。

交易在本质上交换的是价值的所属权,"产权交换"是交易真实性的内涵,区块链支持产权交换的真实性证明、节点参与记账和交易行为的证明,从而绕开特定的独立第三方记账人,为供应链金融创造宽松的信用环境,为金融服务提供有效可靠的所属权证明和相当强的中介担保机制。

(2)交易真实性有效约束主体的道德风险。

区块链构建的资产交易系统,账本中记录交易生命周期的历史信息,任何一个节点要发起一个交易行为,都需要将交易行为信息传递到联盟链的所有节点,确保保存于所有节点上的账本都能准确更新并验证这笔交易行为。若违反业务逻辑、节点试图发起虚假的交易,那么它的节点信息将无法和网络其他节点达成共识,因为其他节点不参与作假就不会确认其交易写入账本。

(3)信用自证功能。

以弱中心化的形式实现供应链网络、供应链生态内的自我增信,而无须将各类单证由中心化的第三方机构(如合同管理中心、银行、交易中心所等)进行统一的账本记录、更新和验证。交易者在信用自足的真实交易环境下,交易双方无须第三方中介授信即可达成交易。

(4) 大幅降低操作成本。

在"区块链+交易"的环境下,为导入金融服务提供了简便易行的管理工具,贷前查询可以用少量的人工完成网络化追踪记录存储、检查验证结果等,贷中和贷后也无须以金融机构为中心进行集中管理,对交易各方的数据交换也无须第三方参与解决融资管理的多个痛点问题。

对于贸易真实性的审查,需要完成以下尽职调查:

(1) 严格按照权限和程序审查、审批业务,不得绕开审查、审批人,超越、变相超越权限或不按规定流程审批;

(2) 实地查看,如实报告授信调查掌握的情况,强调风险点,不得主观改变调查结论;

(3) 独立审贷,客观公正、充分、准确地分析业务风险,提出降低风险对策;

(4) 不得以"低风险"业务为名,不按规定开展贷款三查(贷前调查、贷时审查和贷后检查)。

(二)基本假设

先给出供应链金融的基本假设,作为进一步分析的基础。

(1) 假设核心企业守信。

核心企业没有必要也不愿意串通节点企业或接受节点企业的串通邀请来进行虚假交易;在实践中,制造业多从核心企业的信息系统中展开融资信用分析,核心企业作为信用源点,一般不对核心企业提供的数据或单证做过多的质疑。否则,供应链金融业务无法找到着力点。

(2) 假设节点具有守信的内在动力机制。

供应链内部属于重复交易、熟人交易模式,核心企业对失信者的惩罚是失去市场(如中止、减少采购量),节点为获取长期收益,守信是供方的最佳选择。因此,节点有动力提供真实有效的运营信息,且在相互验证节点数据时采取合作的态度,或者不会轻易与其他节点有作假行为(害怕惩罚)。对于供应链系统内的一般性业务信息,如进货、付款等,无须进行过多的真实验证;借助核心企业的 ERP 系统,基本上可以验证交易的合理性、真实性。

(三)系统确权与系统取证

系统外的观察者无法从系统外部来观察和操作系统内部的运作。金融机构对于供应链金融信息的获取与验证,不能深入供应链系统内部,只能由供应链系统本身提供"输出"(信息)。所以,确保系统内部抽取的信息客观、公正是金融机构的需求所在。

在排除人为干扰的情况下,在系统运行过程中,实时抽取关键数据和证据,提交给外部的金融机构,属于系统取证。在系统取证的同时,以区块链加密的方式向外部传送,以保证证据的真实性、原始性和不可篡改性。

系统确权是系统在运行过程中,对涉及当事人权益的变化由系统自动确定,包括所有权的转移、债权的成立、债务的清偿等。系统确权表现为自动生成单证,而无须事先人工确认,且系统确权后具有与现实权益变更相同等的法律地位,系统确权后无须人工再次确认。系统确权的单证,其信用高于人为处理、人工确权的单证。供应链金融的相关单证应尽量由系统自动生成,且不受人为干涉。系统确权采用区块链账本记录,可极大地提高单证的可信度和处理效率。

而中心化应用模式,无论是源头企业,还是渠道商,在掌握中心化系统的过程中,从自身利润最大化的决策目标出发,当系统记录信息不利于自身时,将可能篡改账本信息或隐藏不利的账本信息,或者消灭账本信息。

另外,目前在供应链系统中,市场参与者(特别是渠道商)各自维护自己独立的账本(进销存系统),采用接口对接或导入数据。对于各自控制的系统与账本,操作者可以对自己的系统进行大面积的篡改,这类系统最终提供的信息完全不能达到溯源的要求。

案例

"印记"区块链电子印章

"印记区块链电子印章"入选国家工业和信息化部公布的"2022年区块链典型应用案例名单"中,是"创新技术及产品"十个典型案例之一。

印记区块链电子印章含签章生成、用章授权、自定义审核流程、可信查证等多个核心功能板块,支持PC网页客户端及微信小程序双平台,使用户足不出户即可快速完成文件线上签署,并提供文件可信验证,发生司法纠纷时,司法机关可调取链上数据进行审判。

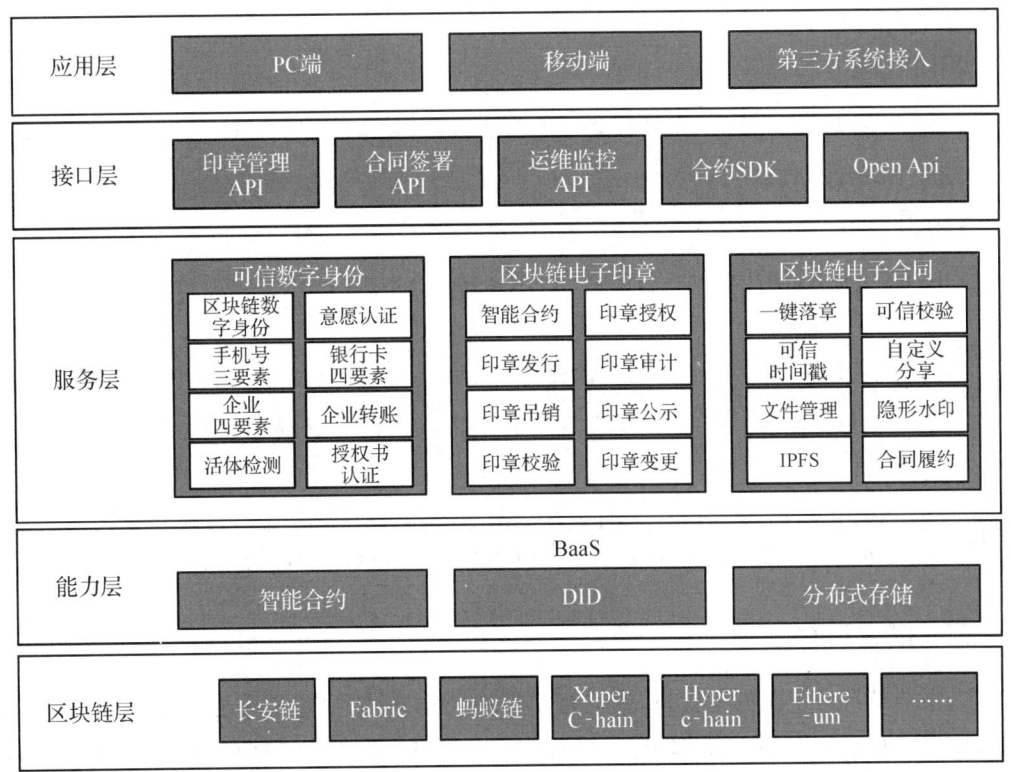

图 6-7 印记产品结构图

基于区块链技术发行电子印章，将身份鉴别、印章管理、在线签章流程逻辑上链，做到了印章的唯一性、防伪性和可溯性。链上数字化快速签署，永久无纸化保存，有效地简化操作流程、提高生产效率，降低使用成本。同时，采用分布式数字身份 DID 以及智能合约生成的区块链签章，将签署逻辑进行上链，可以有效解决中心化服务依赖的现状，从根本上解决盗签、冒签的问题。结合隐私计算和 IPFS，可以很大程度上保证数据的安全。印记区块链电子印章，拥有更高的法律效力、更低的使用成本和更安全的数据保护体系。

任务三　搭建一条以太坊私有链

一、Go-ethereum 客户端安装

Go-ethereum 客户端通常被称为 Geth，它是个命令行界面，执行在 Go 上实现的完整 HYPERLINK "https://learnblockchain.cn/2017/11/20/whatiseth/" 以太坊节点。Geth 得益于 Go 语言的多平台特性，支持在多个平台上使用（比如 Windows、Linux、Mac）。Geth 是以太坊协议的具体落地实现，通过 Geth，你可以实现以太坊的各种功能，如账户的新建、编辑、删除、开启挖矿，ether 币的转移，智能合约的部署和执行等。所以，我们选择 geth 工具来进行开发。

Mac 中 geth 安装如下：

```
brew tap ethereum/ethereumbrew install ethereum
```

检查是否安装成功：

geth -- help

如果输出一些帮助提示命令，则说明安装成功。

其他平台可参考：

```
    HYPERLINK " https://github.com/ethereum/go - ethereum/wiki/Building - Ethereum "
```

Geth 安装：

```
    HYPERLINK " https://learnblockchain. cn/2018/03/18/create _ private _ blockchain/" \l "%E6%90%AD%E5%BB%BA%E7%A7%81%E6%9C%89%E9%93%BE
```

二、搭建私有链

以太坊支持自定义创世区块，要运行私有链，我们就需要定义自己的创世区块，创世区块信息写在一个 JSON 格式的配置文件中。首先将下面的内容保存到一个 JSON 文件中，例如 genesis.json。

JSON 文件内容如下：

```
{
"config": {
"chainId": 10,
"homesteadBlock": 0,
"eip155Block": 0,
"eip158Block": 0
},
"alloc": {},
"coinbase" : "0x0000000000000000000000000000000000000000",
"difficulty" : "0x20000",
"extraData" : "",
"gasLimit" : "0x2fefd8",
"nonce" : "0x0000000000000042",
"mixhash" : "0x0000000000000000000000000000000000000000000000000000000000000000",
"parentHash" : "0x0000000000000000000000000000000000000000000000000000000000000000",
"timestamp" : "0x00"
}
```

HYPERLINK " https://learnblockchain.cn/2018/03/18/create _ private _ blockchain/" \l "%E5%88%9D%E5%A7%8B%E5%8C%96 -%E5%86%99%E5%85%A5%E5%88%9B%E4%B8%96%E5%8C%BA%E5%9D%97"

三、初始化:写入创世区块

准备好创世区块 JSON 配置文件后,需要初始化区块链,将上面的创世区块信息写入区块链中。首先要新建一个目录 data0 用来存放区块链数据(其实,这个目录 data0 就相当于一个根节点。当我们基于 genesis.json 生成根节点后,其他人就可以来连接此根节点,从而能进行交易)。data0 目录结构如图 6-7 所示。

接下来进入 privatechain 目录中,执行初始化命令:
cd privatechaingeth -- datadir data0 init genesis.json

上面的命令的主体是 geth init,表示初始化区块链,命令可以带有选项和参数,其中--datadir 选项后面跟一个目录名,这里为 data0,表示指定数据存放目录为 data0,genesis.json 是 init 命令的参数。

运行上面的命令,会读取 genesis.json 文件,根据其中的内容,将创世区块写入区块链中。如果看到 log 信息中含有 Successfully wrote genesis state 字样,说明初始化成功。

初始化成功后的目录如下:

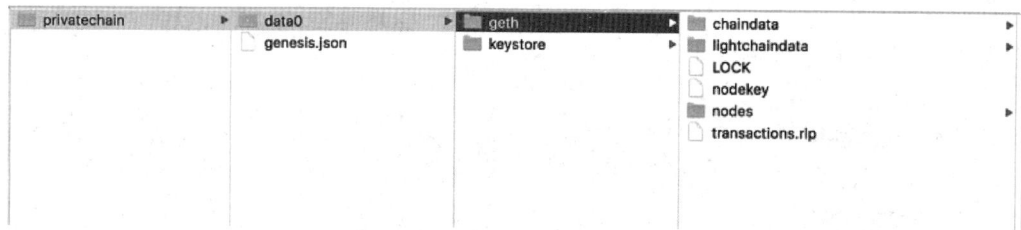

其中，geth/chaindata 中存放的是区块数据，keystore 中存放的是账户数据。

HYPERLINK " https://learnblockchain. cn/2018/03/18/create _ private _ blockchain/" \l "%E5%90%AF%E5%8A%A8%E7%A7%81%E6%9C%89%E9%93%BE%E8%8A%82%E7%82%B9 "

四、启动私有链节点

初始化完成后，就有了一条自己的私有链，之后就可以启动自己的私有链节点并做一些操作，在终端中输入以下命令即可启动节点：

```
geth -- datadir data0 -- networkid 1108 console
```

上面命令的主体是 geth console，表示启动节点并进入交互式控制台，--datadir 选项指定使用 data0 作为数据目录，--networkid 选项后面跟一个数字，这里是 1108，表示指定这个私有链的网络 id 为 1108。网络 id 在连接到其他节点的时候会用到，以太坊公网的网络 id 是 1，为了不与公有链网络冲突，运行私有链节点的时候要指定自己的网络 id（上面命令可能会运行失败，直接重启 Mac，再进入 privateChain 目录中）。

运行上面的命令后，就启动了区块链节点并进入了 JavaScript Console：

这是一个交互式的 JavaScript 执行环境，在这里面可以执行 JavaScript 代码，其中>是命令提示符。在这个环境里也内置了一些用来操作以太坊的 JavaScript 对象，可以直接使用这些对象。这些对象主要包括以下几个：

* * eth：* * 包含一些跟操作区块链相关的方法。
* * net：* * 包含以下查看 p2p 网络状态的方法。
* * admin：* * 包含一些与管理节点相关的方法。
* * miner：* * 包含启动 & 停止挖矿的一些方法。
* * personal：* * 主要包含一些管理账户的方法。
* * txpool：* * 包含一些查看交易内存池的方法。
* * web3：* * 包含以上对象，还包含一些单位换算的方法。

HYPERLINK " https://learnblockchain. cn/2018/03/18/create _ private _ blockchain/" \l "%E7%8E%%A9%E8%BD%ACJavascript -Console "

五、玩转 JavaScript Console

进入以太坊 JavaScript Console 后，就可以使用里面的内置对象做一些操作，这些内置对象提供的功能很丰富，比如查看区块和交易、创建账户、挖矿、发送交易、部署 HYPERLINK " https：//learnblockchain. cn/2018/01/04/understanding - smart - contracts/"智能合约等。接下来介绍几个常用功能，下面的操作中，前面带> 的表示在 JavaScript Console 中执行的命令。

HYPERLINK " https：//learnblockchain. cn/2018/03/18/create _ private _ blockchain/" \l "%E5%88%9B%E5%BB%BA%E8%B4%A6%E6%88%B7 "

（一）创建账户

前面只是搭建了私有链，并没有自己的账户，可以在 js console 中输入 eth.accounts 来验证：

> eth.accounts[]

此时没有账户，接下来使用 personal 对象来创建一个账户：

```
> personal.newAccount()> Passphrase:> Repeat passphrase:
" 0x4a3b0216e1644c1bbabda527a6da7fc5d178b58f "
```

Passphrase 其实就是密码的意思，输入两次密码后，就创建了一个账户。再次执行命令：

```
> personal.newAccount()> Passphrase:> Repeat passphrase:
" 0x46b24d04105551498587e3c6ce2c3341d5988938 "
```

这时候再去看账户，就有两个了。

```
> eth.accounts
[" 0x4a3b0216e1644c1bbabda527a6da7fc5d178b58f ", " 0x46b24d04105551498587e3c6ce2c3341d5988938 "]
```

账户默认会保存在数据目录的 keystore 文件夹中。查看目录结构，发现 data0/keystore 中多了两个文件，这两个文件就对应刚才创建的两个账户，这是 JSON 格式的文本文件，可以打开查看，里面存的是私钥经过密码加密后的信息。

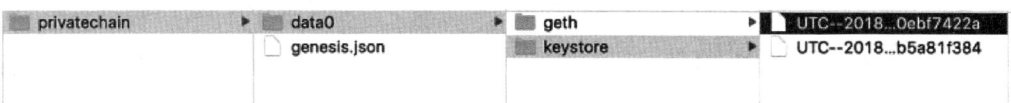

JSON 文件中信息格式如下：

```
{
" address ": " 4a3b0216e1644c1bbabda527a6da7fc5d178b58f ",
" crypto ": {
" cipher ": " aes -128 -ctr ",
" ciphertext ": " 238d6d48126b762c8f13e84622b1bbb7713f7244c2f24555c99b76396fae8355 ",
```

```
" cipherparams ": {
" iv ": " d0f5a3d3e6c1eeec77bf631bc938725d "
},
" kdf ": " scrypt ",
" kdfparams ": {
"dklen ": 32,
" n ": 262144,
" p ": 1,
" r ": 8,
" salt ": " 70dc72c4eb63bea50f7637d9ff85bb53f6ca8ace17f4245feae9c0bc9abaad82 "
},
" mac ": " bd7fc0c937c39f1cbbf1ca654c33b53d7f9c644c6dacfeefe1641d2f3decea04 "
},
" id ": " 57803d82 -0cd4 -4a78 -9c29 -9f9252fdcf60 ",
" version ": 3
}
```

HYPERLINK " https://learnblockchain. cn/2018/03/18/create _ private _ blockchain/" \l "%E6%9F%A5%E7%9C%8B%E8%B4%A6%E6%88%B7%E4%BD%99%E9%A2%9D "

（二）查看账户余额

eth 对象提供了查看账户余额的方法：

```
> eth.getBalance(eth.accounts[0])
0
> eth.getBalance(eth.accounts[1])
0
```

目前两个账户的以太币余额都是 0，要使账户有余额，可以从其他账户转账过来，或者通过挖矿来获得以太币奖励。

HYPERLINK " https://learnblockchain. cn/2018/03/18/create _ private _ blockchain/" \l "%E5%90%AF%E5%8A%A8-%E5%81%9C%E6%AD%A2%E6%8C%96%E7%9F%BF "

（三）启动 & 停止挖矿

通过 miner.start() 来启动挖矿：

```
> miner.start(10)
```

其中 start 的参数表示挖矿使用的线程数。第一次启动挖矿会先生成挖矿所需的 DAG 文件，这个过程有点慢，等进度达到 100% 后，就会开始挖矿，此时屏幕会被挖矿信息刷屏。

如果想停止挖矿，并且进度已经达到 100%，可以在 js console 中输入以下内容：

```
miner.stop();
```

注意：输入的字符会被挖矿刷屏信息冲掉，没有关系，只要输入完整的 miner.stop() 之后回车，即可停止挖矿。

挖到一个区块会奖励 5 个以太币，挖矿所得的奖励会进入矿工的账户，这个账户叫做 coinbase，默认情况下 coinbase 是本地账户中的第一个账户：

```
> eth.coinbase "0x4a3b0216e1644c1bbabda527a6da7fc5d178b58f"
```

现在的 coinbase 是账户 0，要想使挖矿奖励进入其他账户，通过 miner.setEtherbase ()将其他账户设置成 coinbase 即可：

```
> miner.setEtherbase(eth.accounts[1])true
> eth.coinbase
"0x46b24d04105551498587e3c6ce2c3341d5988938"
```

挖到区块以后，账户 0 里面应该就有余额了：

```
> eth.getBalance(eth.accounts[0])
```

2310000000000000000000

getBalance()返回值的单位是 wei，wei 是以太币的最小单位，1 个以太币 = 10 的 18 次方个 wei。要查看有多少个以太币，可以用 web3.fromWei()将返回值换算成以太币：

```
> web3.fromWei(eth.getBalance(eth.accounts[0]),'ether')
2310
```

HYPERLINK " https://learnblockchain. cn/2018/03/18/create _ private _ blockchain/" \l "%E5%8F%91%E9%80%81%E4%BA%A4%E6%98%93"

（四）发送交易

截至目前，账户 1 的余额还是 0：

```
> eth.getBalance(eth.accounts[1])
0
```

可以通过发送一笔交易，从账户 0 转移 10 个以太币到账户 1：

```
> amount = web3.toWei(10,'ether') "10000000000000000000" > eth.sendTransaction({from:eth.accounts[0],to:eth.accounts[1],value:amount})Error: authentication needed: password or unlock
    at web3.js:3143:20
    at web3.js:6347:15
    at web3.js:5081:36
    at <anonymous>:1:1
```

这里报错了，原因是账户每隔一段时间就会被锁住，要发送交易，必须先解锁账户，由于我们要从账户 0 发送交易，所以要解锁账户 0：

```
> personal.unlockAccount(eth.accounts[0])Unlock account 0x4a3b0216e1644c1bbabda527a6da7fc5d178b58fPassphrase:true
```

输入创建账户时设置的密码,就可以成功解锁账户。然后再发送交易:

```
> amount = web3.toWei(10,' ether ')"10000000000000000000"
> eth.sendTransaction({from: eth.accounts[0], to: eth.accounts[1], value: amount})
    INFO [03-07|11:13:11] Submitted transaction fullhash=0x1b21bba16dd79b659c83594b0c41de42debb2738b447f6b24e133d51149ae2a6 recipient=0x46B24d04105551498587e3C6CE2c3341d5988938"0x1b21bba16dd79b659c83594b0c41de42debb2738b447f6b24e133d51149ae2a6"
```

我们去查看账户 1 中的余额:

```
> eth.getBalance(eth.accounts[1])
0
```

发现还没转过去,此时交易已经提交到区块链,但还未被处理,这可以通过查看 txpool 来验证:

```
> txpool.status
{
pending: 1,
queued: 0
}
```

其中有一条 pending 的交易,pending 表示已提交但还未被处理的交易。

要使交易被处理,必须要挖矿。这里我们启动挖矿,然后等待挖到一个区块之后就停止挖矿:

```
> miner.start(1);admin.sleepBlocks(1);miner.stop();
```

当 miner.stop() 返回 true 后,txpool 中 pending 的交易数量应该为 0 了,说明交易已经被处理了,而账户 1 应该收到币了:

```
> web3.fromWei(eth.getBalance(eth.accounts[1]),' ether ')10
    HYPERLINK " https://learnblockchain. cn/2018/03/18/create _ private _ blockchain/" \l "%E6%9F%A5%E7%9C%8B%E4%BA%A4%E6%98%93%E5%92%8C%E5%8C%BA%E5%9D%97"
```

(五) 查看交易和区块

eth 对象封装了查看交易和区块信息的方法。

查看当前区块总数:

```
> eth.blockNumber
463
```

通过区块号查看区块:

```
> eth.getBlock(66)
{
```

项目六 区块链设计和建链

```
difficulty: 135266,
extraData: " 0xd78301080284676574688f6676f312e31308664617277696e ",
gasLimit: 3350537,
gasUsed: 0,
hash: " 0x265dfcc0649bf6240812256b2b9b4e3ae48d51fd8e43e25329ac111556eacdc8 ",
logsBloom: " 0x 0 0 000000000000000000000000000000000000000000000000000
000000000000000000000000000000000000000000000000000000000000000000000000
000000000000000000000000000000000000000000000000000000000000000000000000
000000000000000000000000000000000000000000000000000000000000000000000000
000000000000000000000000000000000000000000000000000000000000000000000000
000000000000000000000000000000000000000000000000000000000000000000000000
0000000000000000000000000000000000000000 0 ",
miner: " 0x4a3b0216e1644c1bbabda527a6da7fc5d178b58f ",
mixHash: " 0xaf755722f62cac9b483d3437dbc795f2d3a02e28ec03d39d8ecbb6012906263c ",
nonce: " 0x3cd80f6ec5c2f3e9 ",
number: 66,
parentHash: " 0x099776a52223b892d13266bb3aec3cc04c455dc797185f0b3300d39f9fc0a8ec ",
receiptsRoot: " 0x56e81f171bcc55a6ff8345e692c0f86e5b48e01b996cadc001622fb5e363b421 ",
sha3Uncles: " 0x1dcc4de8dec75d7aab85b567b6ccd41ad312451b948a7413f0a142fd40d49347 ",
size: 535,
stateRoot: " 0x0c9feec5a201c8c98618331aecbfd2d4d93da1c6064abd0c41ae649fc08d8d06 ",
timestamp: 1520391527,
totalDifficulty: 8919666,
transactions: [],
transactionsRoot: " 0x56e81f171bcc55a6ff8345e692c0f86e5b48e01b996cadc001622fb5e363b421 ",
uncles: []
}
```

通过交易 hash 查看交易：

```
CONTROL Forms.HTML:TextArea.1 \s
> eth.getTransaction(" 0x1b21bba16dd79b659c83594b0c41de42debb2738b447f6b2
4e133d51149ae2a6 ")
{
blockHash: " 0x1cb368a27cc23c786ff5cdf7cd4351d48f4c8e8aea2e084a5e9d7c480449c79a ",
blockNumber: 463,
from: " 0x4a3b0216e1644c1bbabda527a6da7fc5d178b58f ",
gas: 90000,
gasPrice: 18000000000,
hash: " 0x1b21bba16dd79b659c83594b0c41de42debb2738b447f6b24e133d51149ae2a6 ",
input: " 0x ",
```

```
nonce: 0,
r: "0x31d22686e0d408a16497becf6d47fbfdffe6692d91727e5b7ed3d73ede9e66ea",
s: "0x7ff7c14a20991e2dfdb813c2237b08a5611c8c8cb3c2dcb03a55ed282ce4d9c3",
to: "0x46b24d04105551498587e3c6ce2c3341d5988938",
transactionIndex: 0,
v: "0x38",
value: 10000000000000000000
}
```

 思政小课堂

2021年9月15日,中国人民银行、中央网信办、最高人民法院、最高人民检察院、工业和信息化部、公安部、市场监管总局、银保监会、证监会、外汇局联合发布《关于进一步防范和处置虚拟货币炒作风险的通知》。《通知》明确:虚拟货币不具有与法定货币等同的法律地位。虚拟货币相关业务活动属于非法金融活动。境外虚拟货币交易所通过互联网向我国境内居民提供服务同样属于非法金融活动,并提醒参与虚拟货币投资交易活动存在法律风险。

【课后作业】

1. 调研一家供应链上游企业,了解该企业的融资问题,并结合区块链技术的特性为该企业的融资问题设计一套解决方案,并画出相关业务流程图。

2. 在以太坊测试发行代币。

3. 在长安链或HyperLedger fabric建立一条测试链。

附录1　智慧职链实验

实验资料

2017年3月9日,顺发实业与达安总包就某一地块创意园中心项目达成总承包工程协议,签订了《工程总承包合同》,合同总价(含税)约为20.22亿元。双方约定,合同签订后,顺发实业在30个工作日内向达安总包支付合同总价款的10%(2.02亿元)作为启动款项;工程实施中顺发实业根据实施进度给予达安总包工程进度款,总额为工程总量的85%(17.19亿元),双方约定在取得工程质检报告后6个月内支付;后续顺发实业保留5%(1.01亿元)的质保金在项目竣工一年后根据项目质量情况双方结算。该项目开工日期为2017年6月1日,竣工日期为2019年9月30日。

项目开工后,达安总包向中兴劳务公司雇请了3 000个建筑工人,月度工资支付达到1 500万元;又就上述项目的水泥事宜与华发水泥签订了水泥采购合同,合同总价为5亿元,华发水泥按照项目进程提供水泥,供货后180日内结算货款。

由于达安总包需要垫资支付劳务工资和华发水泥采购款,已产生拖欠,存在现金流压力,资金缺口为2.3亿元,有融资需求。

2018年4月22日,达安总包拟以顺发实业的应收账款向招商银行××分行申请应收账款保理融资。

2018年5月20日,招商银行××分行在对顺发实业和达安总包进行尽职调查后,对顺发实业核准了10亿元授信额度,年化利率10%,期限3年。

截至2018年5月30日,达安总包已按照合同要求完成工程量5.02亿元的工程任务。按照合同要求,达安总包向顺发实业开具了5.02亿元增值税发票,扣除预付款2.02亿元,达安总包应收顺发实业3亿元工程款。

达安总包的资金需求为2.3亿元,但招商银行××分行为控制风险,在核准的授信额度内,需要达安总包提供整个3亿元的应收账款进行打包转让。达安总包转让该笔应收账款至招商银行××分行,2018年5月30日,招商银行按照应收账款保理业务融资方式,对底层资产审核通过后,线下发放了3亿元融资款至达安总包的银行账户上。达安总包收到3亿元融资款后,其中2.3亿元用于支付建筑工劳务工资和华润水泥采购款,剩余部分存入银行。

2018年11月30日,顺发实业应付达安总包的工程款支付日期到期,转账支付3亿元至达安总包。达安总包将该3亿元作为本金偿还,同时还提取银行存款1 533.33万元作为利息,归还至招商银行××分行。至此,该笔应收账款融资业务结清。

实验目标

- 了解用户注册及数字身份验证。

- 掌握区块链财会系统各子系统功能及流程。
- 掌握区块链合同管理签订及合同上链展示。
- 掌握区块链票证发行及管理操作。
- 区块链发票开具报销及上链展示。

思政要点

培养创造性思辨能力,追求科学和科学家精神,弘扬社会主义核心价值观;培养知行合一、精益求精的工匠精神;培养团队合作精神;培养互联网思维、创新意识和创新思维、计算和数据思维、区块链思维;增强网络和信息安全意识。

任务一 系统注册和数字签名

一、后台管理

未购买智慧职链软件,试用请访问地址:http://124.232.152.147:8080。

购买了智慧职链软件,本地安装可联系实验员,如 http://172.16.154.11:8080/♯/user/login。

财会区块链教学平台 http://172.16.154.11:8300/ylitech-bigdata/portal/login。

(一)批量创建组和用户

(1)使用管理员账户登录系统。

默认管理员:admin。

默认密码:123456。

(2)批量创建界面如下:

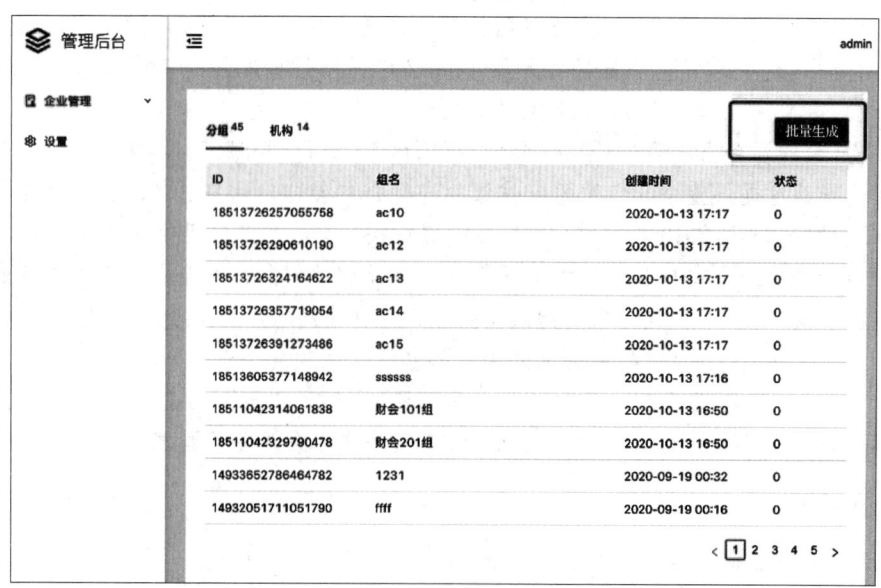

点击"批量生成"按钮,可以批量创建多个组和对应的机构,各个组内的机构名称相同。

在下图中,按照要求填入多个组,每填入一个组,回车,即可填写下一个组。

(3) 机构要求:

核心企业一个;

银行一个;

供应商多个;

税务一个。

填写完成后,点击"确定",即可批量创建分组和机构。

创建完后,可以要求学生按分组在首页注册用户。

(二) 注册用户

(1) 点击首页的"登录"按钮。

(2) 在弹出的对话框的左下角,点击"注册账户"。

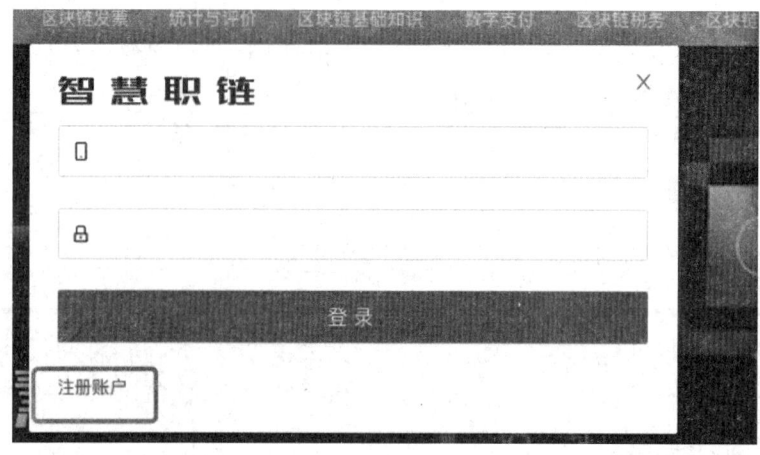

(3) 按要求选择分组、机构,以及填写用户名、密码、学号、姓名等信息,即可注册。

(三) 修改密码

点击首页的"登录"按钮,管理员首次登录请修改密码。

所有用户修改密码的方法如下:

登录成功后点击左侧导航的"设置",即可修改密码。

二、数字签名

在供应链金融系统和发票系统的导航最下侧均有一个"数字签名"功能,用于进行数字签名和验签的实验。

(一) 生成公私钥

点击"生成",系统会生成一个全新的 ED25519 密钥对。

(二) 数字签名

需要私钥进行签名,复制 1 生成的私钥,粘贴到"私钥"中,输入待签名数据,点击生成"数字签名",即可在数字签名栏中生成对应的数字签名数据。

（三）数字签名验签

复制 2 中使用的私钥对应的公钥，粘贴到"公钥"中，复制 2 待签名数据，粘贴到本栏目的"待签名数据"中，复制 2 的数字签名贴入本栏目的数字签名中，点击"验证签名"。

可以尝试生成新的公钥，使用其他公钥进行验签，或者修改待签名数据等。

思政小课堂

鲁班，中国建筑鼻祖、木匠鼻祖，中国古代劳动人民智慧的象征，千百年来受到广大人民的崇敬。在今天实现中华民族伟大复兴的中国梦的征途中，需要大量的爱国、敬业、精益求精的大国工匠。

【课后作业】
1. 根据导入的项目进行注册操作。
2. 收看中央电视台综合频道 2016 年、2017 年和 2018 年纪录片《大国工匠》。

任务二 区块链发票管理系统操作

一、环境准备

未购买软件,试用请访问地址:http://124.232.152.146:8080/#/user/login。

购买了软件,本地安装可联系实验员,如 http://172.16.154.11:8080/#/user/login。

使用前准备:

(1) 通过后台管理,创建了组,每组里包括银行、核心企业、供应商企业等组织机构;

(2) 用户注册了账号,选择了对应的组合机构,假设银行账号:Jacky,核心企业账号:Backy,一级供应商账号:alice,二级供应商账号:bob。

二、发票管理角色及业务流程

(一) 发票管理系统业务流程

点击左侧知识点,可以看到发票主要业务流程和知识点如下:

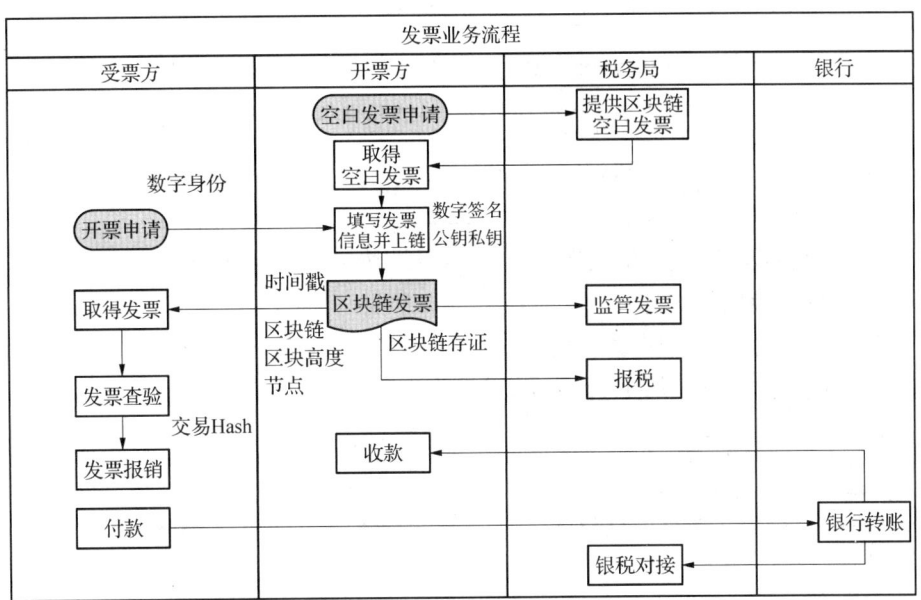

点击文字知识点,即可查看对应的知识点信息。

(二) 普通用户

发票管理分为2个角色,普通用户和管理员;

普通用户可以申请其他单位为其开具发票,并在本单位申请报销;

管理员可以为其他单位开具发票,处理本单位普通用户的报销申请以及报税等。

普通用户登录后界面如下:

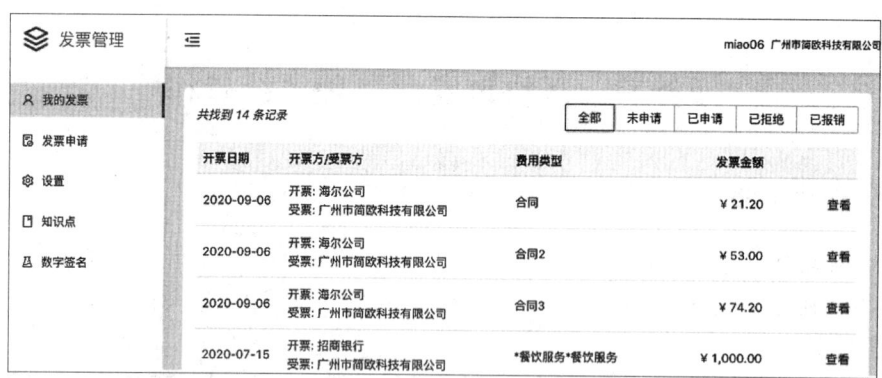

"我的发票"显示状态分别为已申请(已经提交报销申请,但是管理员尚未回应)、未申请(尚未申请报销)、已拒绝(拒绝报销)、已报销(已经在自己公司申请报销)。

发票"报销"操作,选择"未申请"。

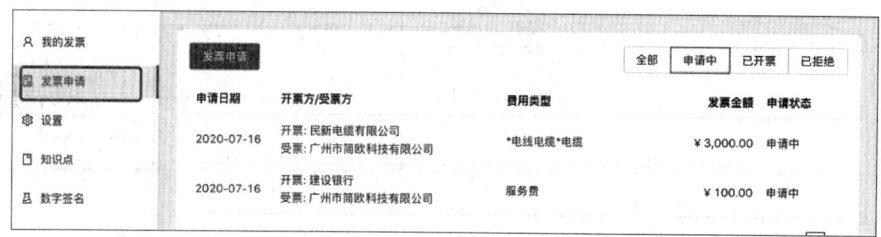

勾选要报销的发票,填写报销理由,点击"报销"按钮,即可提交报销申请,管理员处可以看到发票报销的申请。

"发票申请"为普通用户向其他公司申请开具发票的界面。

申请分为三个状态:申请中、已开票、已拒绝。

点击"发票申请",即可申请开票。

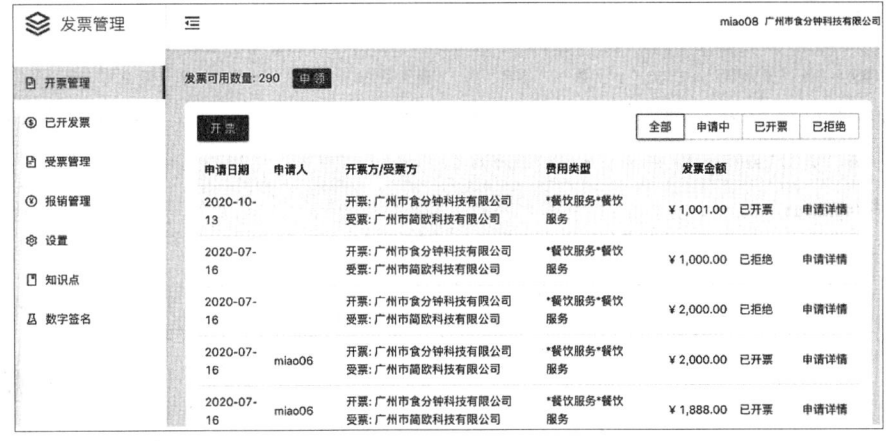

点击开票公司后的选择框,选择开票公司,填写价税合计数、开票类别和电话,点击"确定"后申请提交。

点击"申请中"标签页即可查看刚刚提交的发票申请。

如果对方已开票,则在"已开票"标签页中可以查看。

如果对方已拒绝开票,则在"已拒绝"标签页中可以查看。

(三) 管理员

管理员登录后的界面如下:

三、操作流程

（一）开票管理

点击左侧导航"开票管理"进入如下界面：

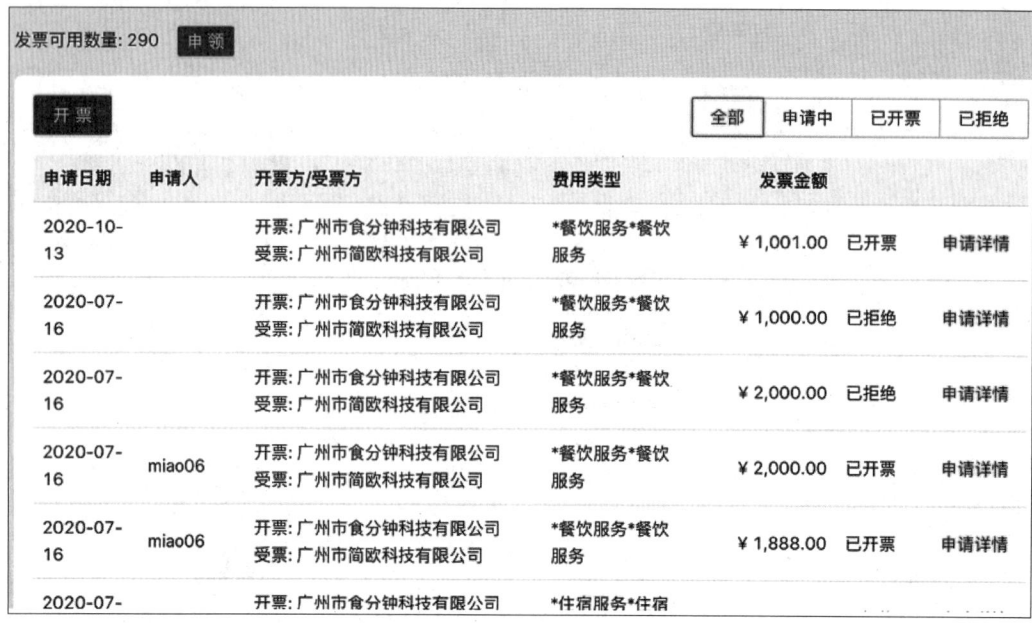

如果可用发票为0，则需要点击"申领"按钮领取空白发票。

点击"开票"可以为其他公司开具发票。

已开发票可以在如下界面中查看：

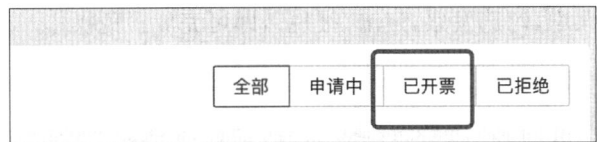

处理其他公司的开票申请可以在如下界面中查看并操作：

对方的发票申请可根据实际情况开具发票或者拒绝。

（二）已开发票（报税）

点击左侧导航栏"已开发票"，在此栏中可以查看已开发票和报税操作：

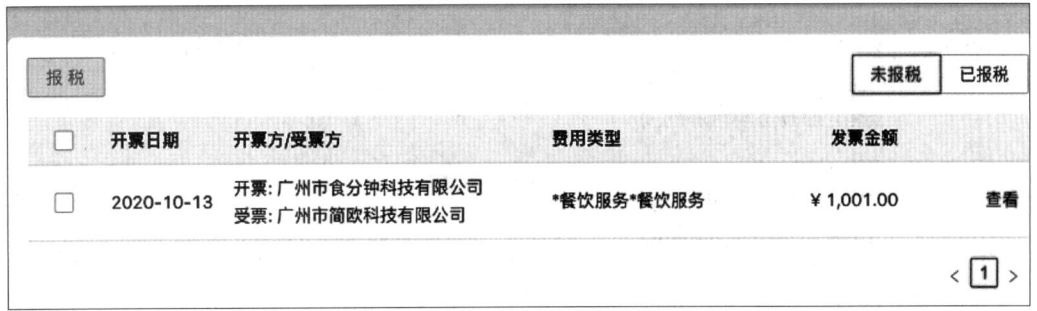

点击"查看"，即可查看具体的某张已开发票。

在未报税的发票中,勾选发票,点击"报税",即可完成报税操作。

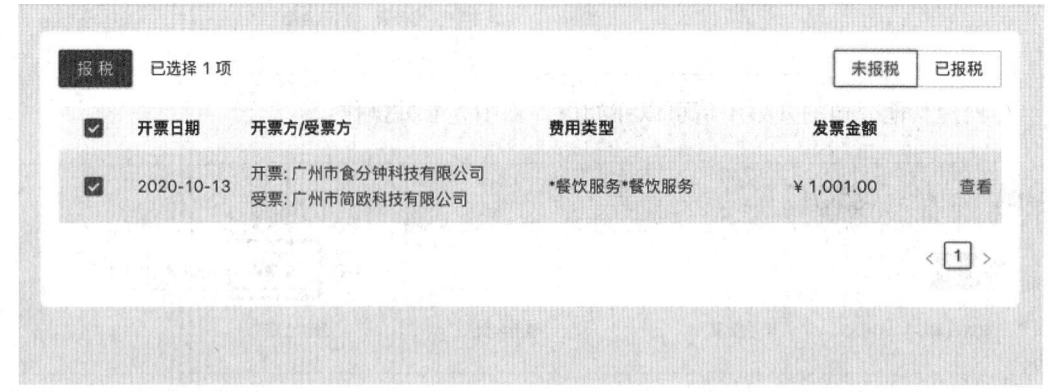

(三) 受票管理

点击左侧导航栏"受票管理",在此栏中可以查看其他公司为自己开具的发票。

开票日期	开票方/受票方	费用类型	发票金额	
2020-07-02	开票: 招商银行 受票: 广州市食分钟科技有限公司	技术服务费,餐费	¥ 1,395.46	查看
2020-06-21	开票: 长城电力 受票: 广州市食分钟科技有限公司	技术服务费,餐费	¥ 1,395.46	查看
2020-06-24	开票: 广州市十分钟科技有限公司 受票: 广州市食分钟科技有限公司	技术服务费,餐费	¥ 1,395.46	查看

共找到 7 条记录

(四) 报销管理

点击左侧导航栏"报销管理",在此栏中可以查看报销申请和已经处理的申请。

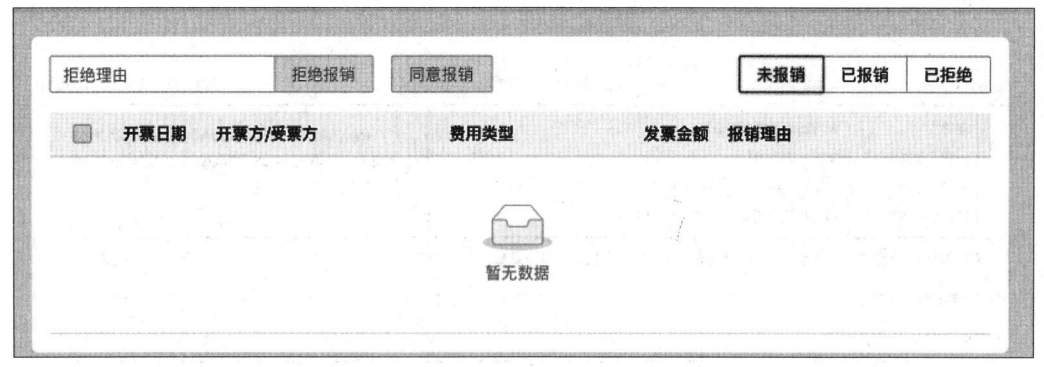

在未报销中,勾选报销申请,可以根据实际情况,同意报销或者拒绝报销,如果拒绝报销需要填写拒绝理由。

 **思政小课堂**

2019年首批"共和国勋章"获得者共有8人:于敏、申纪兰、孙家栋、李延年、张富清、袁隆平、黄旭华、屠呦呦。他们都是共和国的英雄,其中有5位科学家。2020年抗疫英雄科学家钟南山获得"共和国勋章"。

> 70年峥嵘岁月
> 有这样一群人
> 他们坚守爱国心、心怀报国志
> 将个人梦想与国家命运紧密相连
> 为了中国的强盛
> 他们情愿燃烧自己的一生
> 今天他们接受党和人民的最高礼赞!

习近平总书记指出,崇尚英雄才会产生英雄,争做英雄才能英雄辈出。党和国家历来高度重视对英雄模范的表彰。以最高规格褒奖英雄模范,弘扬他们身上展现的忠诚、执着、朴实的鲜明品格。

——忠诚,就是英雄模范们都对党和人民事业矢志不渝、百折不挠,坚守一心为民的理想信念,坚守为中国人民谋幸福、为中华民族谋复兴的初心使命,用一生的努力谱写了感天动地的英雄壮歌。

——执着,就是英雄模范们都在党和人民最需要的地方冲锋陷阵、顽强拼搏,几十年如一日埋头苦干,为国为民奉献的志向坚定不移,对事业的坚守无怨无悔,为民族复兴拼搏奋斗的赤子之心始终不改。

——朴实,就是英雄模范们都在平凡的工作岗位上忘我工作、无私奉献,不计个人得失,舍小家顾大家,具有功成不必在我、功成必定有我的崇高精神,其中很多同志都是做隐姓埋名人、干惊天动地事的典型,展现了一种伟大的无我境界。

这个时代的主要英雄是科学家,崇尚科学,崇尚科学家,大力弘扬科学家精神。科学家精神是科技工作者在长期科学实践中积累的宝贵精神财富。大力弘扬胸怀祖国、服务人民的爱国精神,勇攀高峰、敢为人先的创新精神,追求真理、严谨治学的求实精神,淡泊名利、潜心研究的奉献精神,集智攻关、团结协作的协同精神,甘为人梯、奖掖后学的育人精神。

特别要弘扬科学家爱国精神和创新精神。科学无国界,科学家有祖国。科技创新特别是原始创新要有创造性思辨的能力、严格求证的方法,不迷信学术权威,不盲从既有学说,敢于大胆质疑,认真实证,不断试验。原创一般来自假设和猜想,是一个不断观察、思考、假设、实验、求证、归纳的复杂过程,而不是简单的归纳。假设和猜想的创新性至关重要。

【课后作业】

根据导入的项目进行发票操作。

任务三 区块链供应链金融系统操作

一、供应链金融业务流程

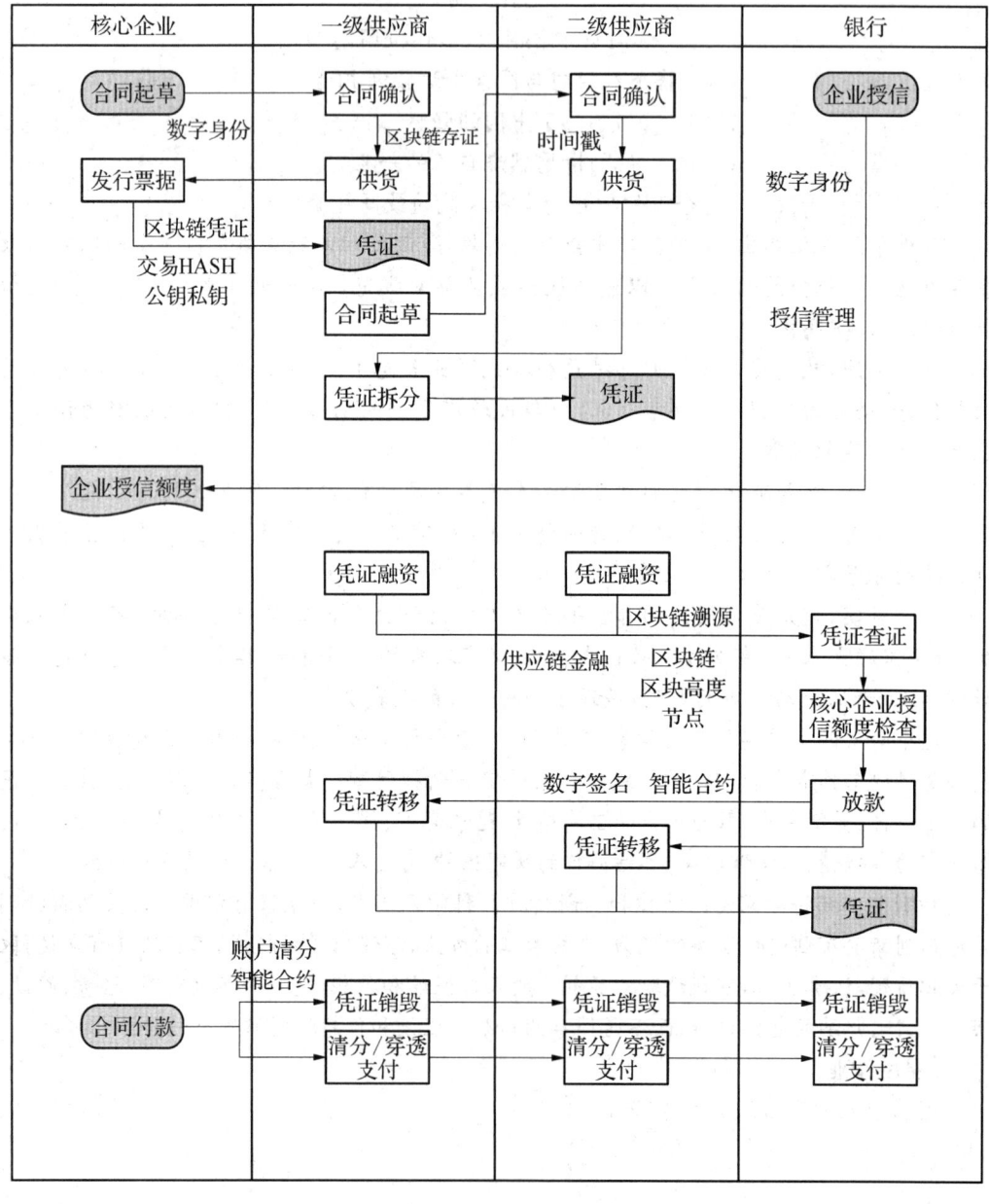

二、环境准备

(1) 未购买软件,试用请访问地址:http://124.232.152.146:8080/#/user/login。
① 通过后台管理,创建了组,每组里包括银行、核心企业、供应商企业等组织机构;
② 用户注册了账号,选择了对应的组合机构。
(2) 购买了软件,本地安装可联系实验员,如 http://172.16.154.11:8080/#/user/login。

智慧职链(校园网)
管理员账号:admin;密码:123456。

(一) 创建机构与分组

按学号顺序分组,组名:班级名@0××组。四人一组,自由分组。
机构名由同学们自己取名,并选角色。

(二) 注册

账号:st×××××(st+班级 3 位+学号后 2 位);密码:123456。

三、操作流程

(一) 授信管理

以银行账号登录系统,点击左侧授信管理入口,点击右侧界面新增授信,为核心企业授信。

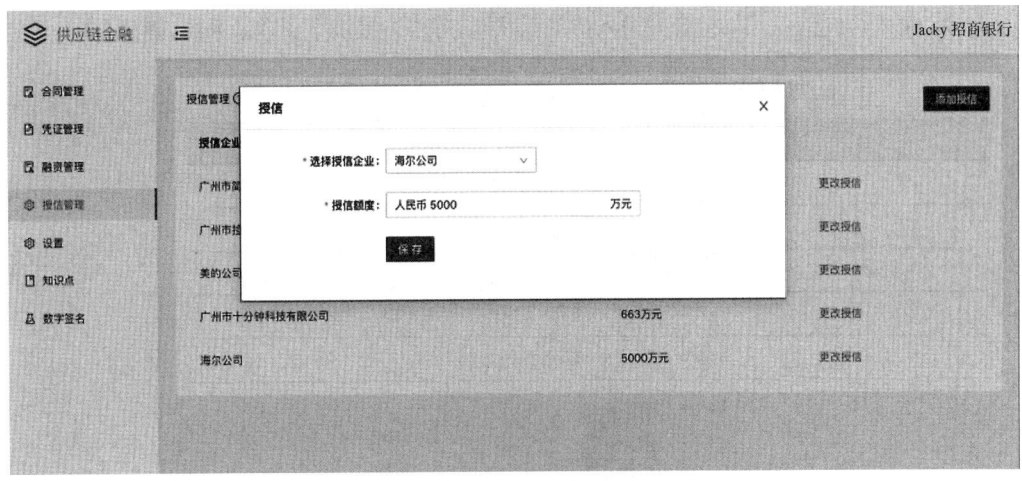

(二) 合同管理

(1) 以核心企业账号登录系统。

区块链财会应用

（2）点击左侧功能导航，进入合同管理，点击"创建合同"。

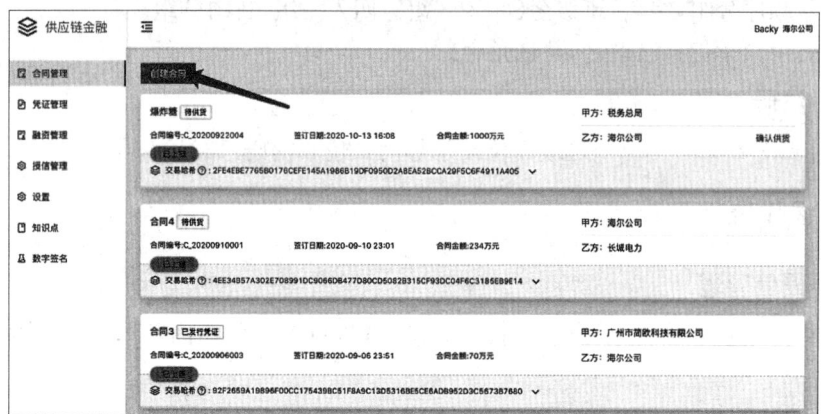

（3）输入合同信息，提交，合同进入待确认状态，等待一级供应商登录系统，确认合同。

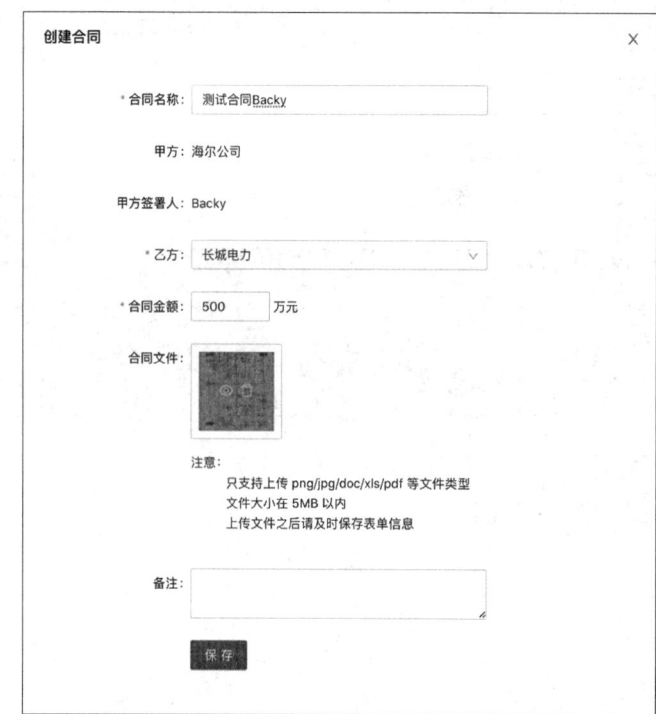

238

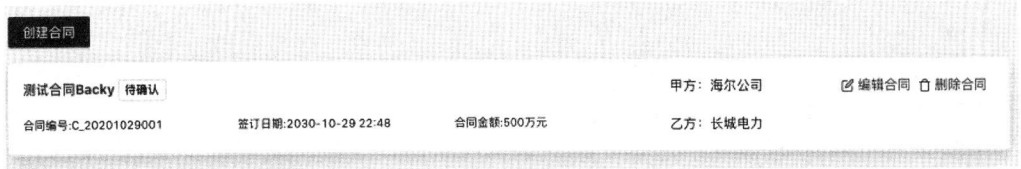

（4）以一级供应商账号登录系统，在合同管理界面，看到刚才的待确认合同，可以查看详情，点击"确认"，完成合同的签订。

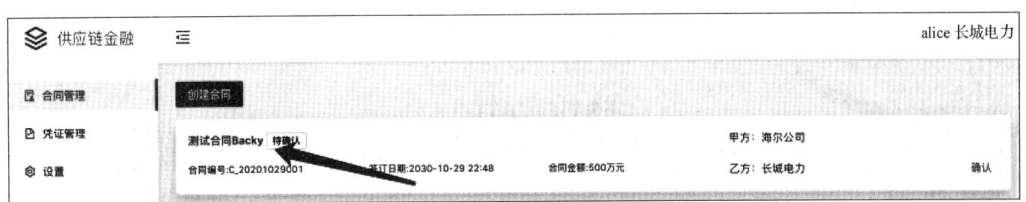

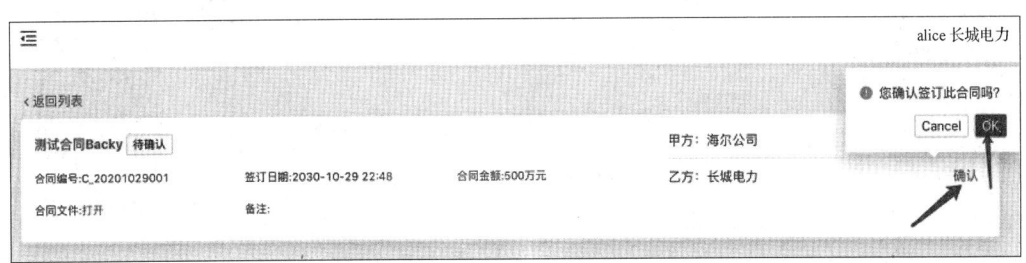

（5）确认完成的合同，以核心企业账号和一级供应商账号登录系统都可以看到上链的合同，在合同列表和合同详情里，分别可以查看合同内容、链上信息、区块链浏览器、上链相关知识点等。

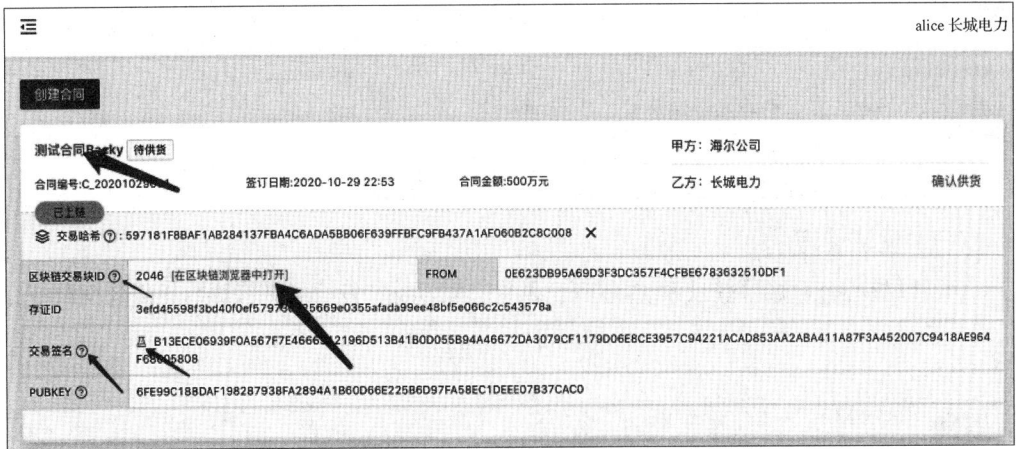

(6)一级供应商货物生产完毕,向核心企业供货后,登录系统点击"供货"按钮,合同进入已供货状态。

(三) 凭证管理

(1)以核心企业账号登录系统,看到已供货合同,点击"发行凭证",填写凭证到期时间。

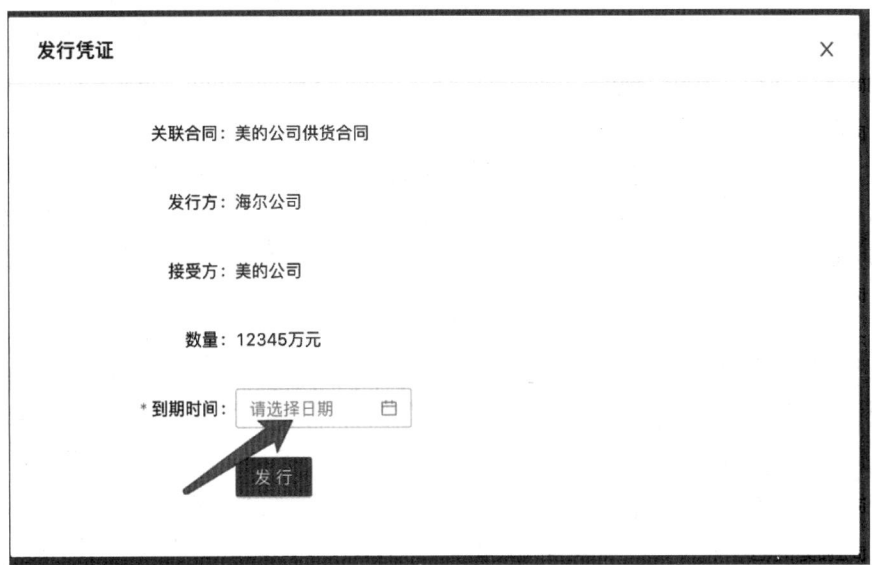

(2) 以一级供应商账号登录系统,在左侧凭证管理入口进去,可以看到自己收到的凭证,可以查看详情、链上信息、区块链浏览器、上链相关知识点等。

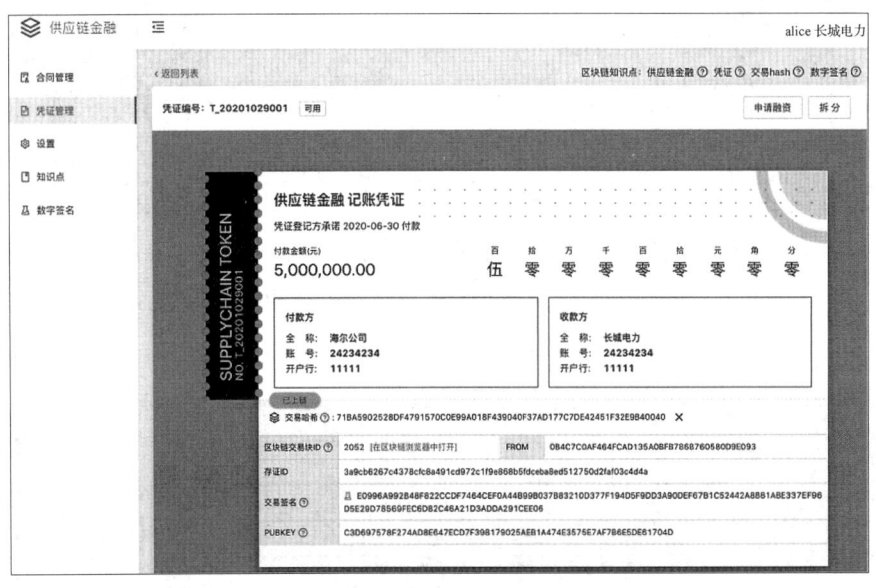

（3）此时一级供应商可以选择使用凭证进行融资，也可以拆分凭证用于支付其他合同应付款项，对于拆分凭证流程，一级供应商账号需要新建一个跟二级供应商的合同，待二级供应商完成供货后，一级供应商即可拆分凭证。一级供应商跟二级供应商的合同，由一级供应商起草，二级供应商确认、供货。

（4）凭证拆分，一级供应商看到二级供应商已经供货后，可以在"合同管理"里看到合同，直接点击"发行凭证"，也可以在"凭证管理"里找到自己拥有的凭证，直接点"凭证拆分"，填写有效期后，凭证自动按合同金额拆分，合同额部分支付给二级供应商，剩余部分自己保留。

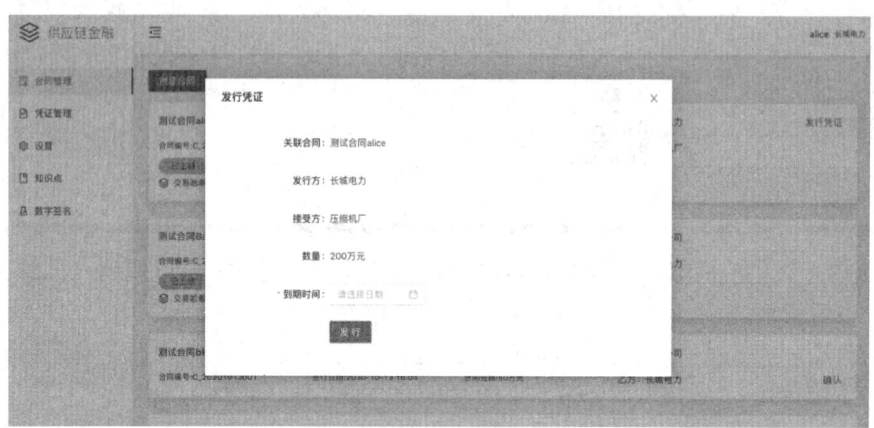

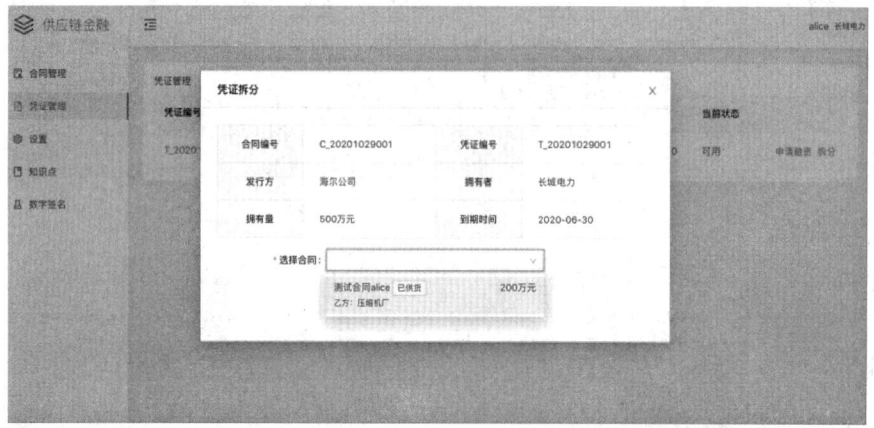

拆分后，alice 剩余 300 万元，bob 增加 200 万元。

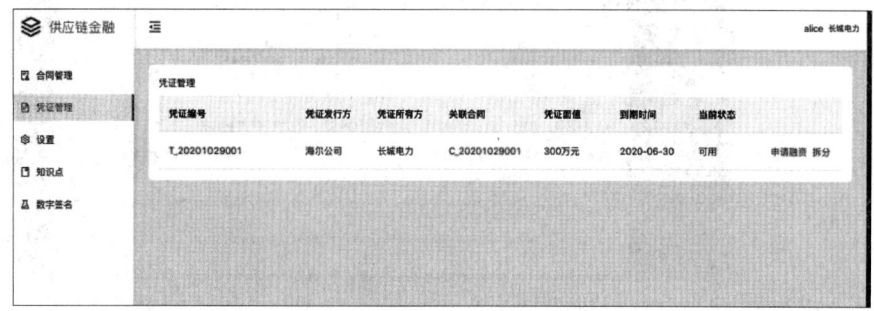

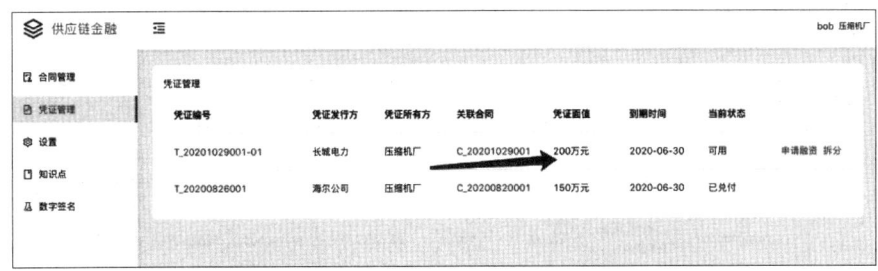

(四) 融资管理

(1) 二级供应商收到凭证后,在凭证列表中可以选择"申请融资",选择申请的银行、融资利率,发出申请后,凭证被冻结,等待银行审批。

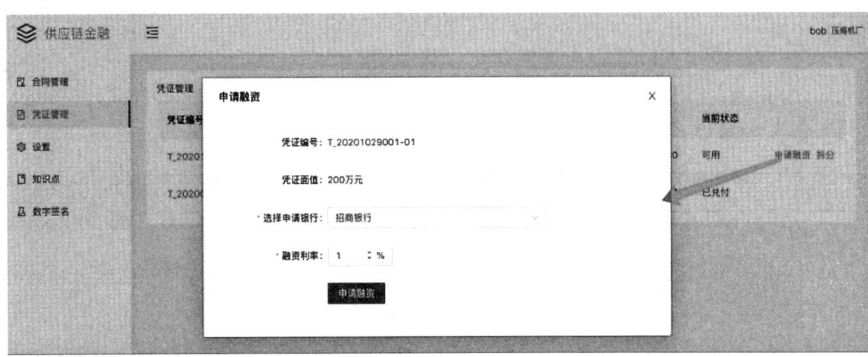

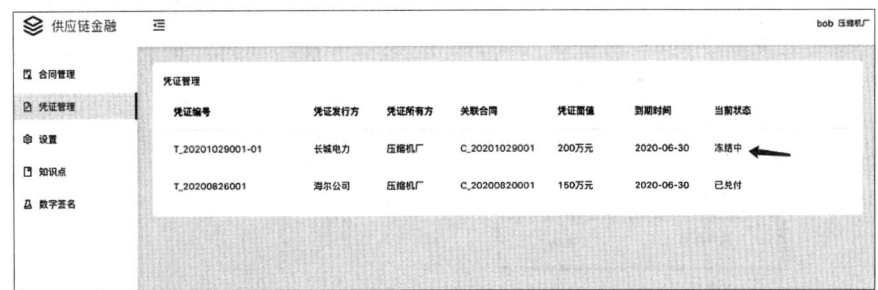

(2) 以银行账号登录系统后,在融资管理界面,可以看到所有融资申请,银行可以选择同意放款和拒绝,拒绝后,二级供应商的凭证解冻,同意后,凭证转移至银行,二级供应商收到贷款。

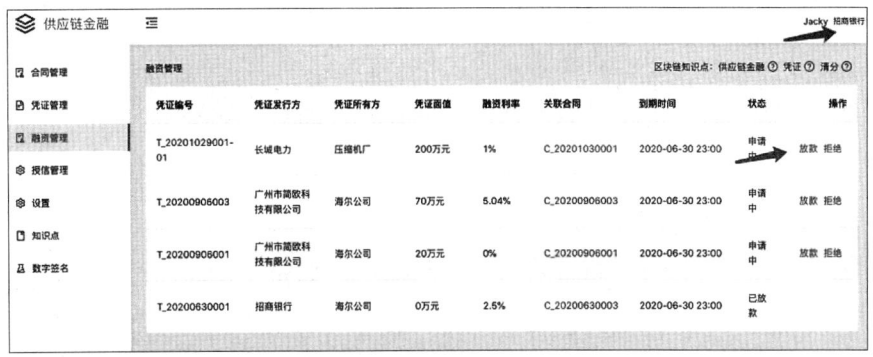

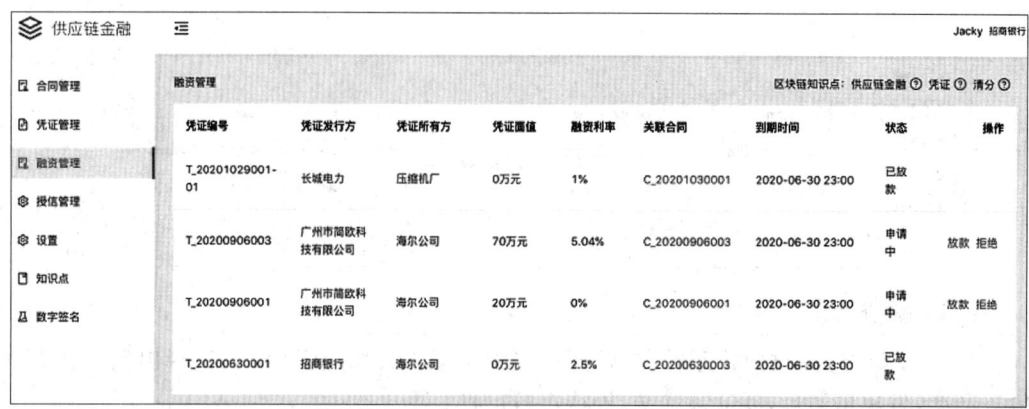

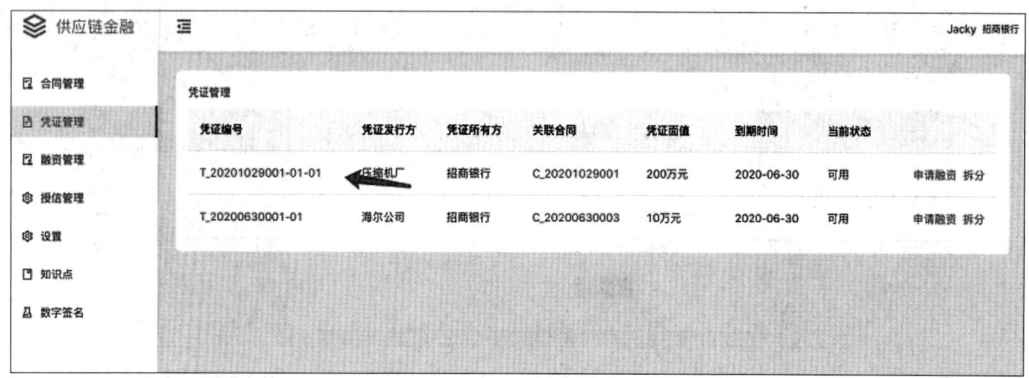

（3）核心企业放款，核心企业在"合同管理"里选中合同，点击"放款"，所有凭证将自动销毁，资金按照凭证流转历史，自动逐级穿透放款，清分。

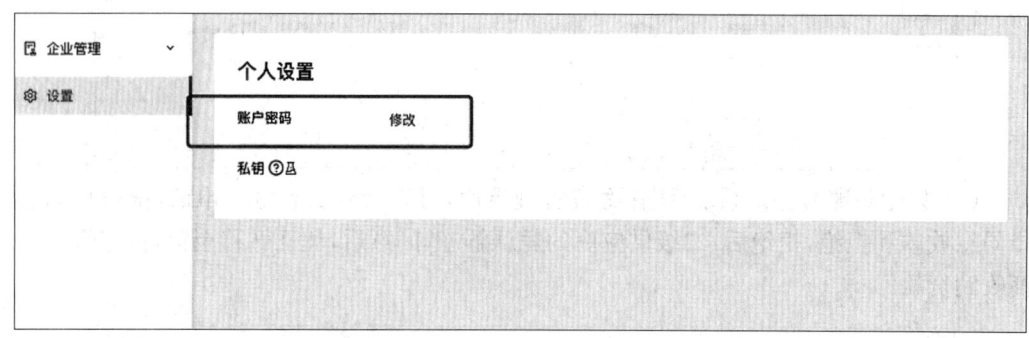

附录2　区块链应用操作员职业资格简介

2020年7月6日,人社部联合国家市场监管总局、国家统计局发布新职业:区块链应用操作员。根据人社部工信部《区块链应用操作员国家职业技能标准(2021年版)》区块链应用操作员共设四个等级,分别为四级(中级工)、三级(高级工)、二级(技师)、一级(高级技师),技能要求和相关知识逐级递升。包括职业概况、基本要求、工作要求和权重表四个方面的内容。

作为一项专业性较强的职业技能等级认定,对报考对象有一定要求,如需具有相关专业毕业证书(含在校应届毕业生),或累计从事本职业或相关职业工作达一定年限。

一、区块链应用操作员的职业定位

区块链应用操作员,是指运用区块链技术及工具,从事政务、金融、医疗、教育、养老等场景系统应用操作的人员。

二、区块链应用操作员的工作内容

(1)分析、研究在区块链应用场景下的用户需求;
(2)设计系统应用的方案、流程、模型等;
(3)运用相关应用开发框架协助完成系统开发;
(4)测试系统的功能、安全、稳定性等;
(5)操作区块链服务平台上的系统应用;
(6)负责系统应用的监控、运维工作;
(7)收集、汇总系统应用操作中的问题。

三、鉴定方式

分为理论知识考试、技能考核以及综合评审。理论知识考试以笔试、机考等方式为主,主要考核从业人员从事本职业应掌握的基本要求和相关知识要求;技能考核主要采用现场操作、模拟操作等方式进行,主要考核从业人员从事本职业应具备的技能水平;综合评审主要针对技师和高级技师,通常采取审阅申报材料、答辩等方式进行全面评议和审查。

理论知识考试、技能考核和综合评审均实行百分制,成绩皆达60分(含)以上者为合格。

参考文献

1. 宋华.供应链金融[M].北京:中国人民大学出版社,2015.
2. 段伟常.区块链供应链金融[M].北京:电子工业出版社,2018.
3. 段伟常,梁超杰.供应链金融5.0—自金融+区块链票据[M].北京:电子工业出版社,2019.
4. 同盾科技.供应链金融创新发展报告2019[C].金融科技50人论坛(CFT50),2019.
5. Satoshi Nakamoto.Bitcoin: A Peer-to-Peer Electronic Cash System.
6. 中国国家标准.GB/T 42752-2023 区块链和分布式记账技术参考架构;GB/T 42570-2023 信息安全技术区块链技术安全框架;GB/T42571-2023 信息安全技术区块链信息服务安全规范.
7. 人社部 工信部.区块链应用操作员国家职业技能标准(2021年版).
8. 中国信息通信研究院.全球数字经济白皮书(2023).
9. 中国信息通信研究院.中国数字经济发展白皮书(2017—2023).
10. 中国信息通信研究院.中国数字经济发展研究报告(2023年).
11. 中国人民银行.中国数字人民币的研发进展白皮书,2021.
12. IEEE计算机协会.基于区块链的供应链金融标准.
13. 人社部联合工信部.区块链应用操作员国家职业技能标准(2021年版本).
14. 北京百度网讯科技有限公司.区块链系统应用与设计职业技能等级标准(2021年1.0版).
15. 新道云.区块链大会计,https://cloud.seentao.com/.
16. http://x.educhainx.com/#/index.
17. http://www.educhainx.com/#/.
18. 信通院.广东省数字经济规模已达4.9万亿,产业数字化转型从业人员广东最多_详细解读_最新资讯_热点事件_36氪.https://36kr.com/p/983257932860809.
19. 数字经济成广东发展新引擎 力争2022年数字经济增加值超6万亿.https://baijiahao.baidu.com/s?id=1689863217556050727.
20. 2020年中国数字经济产业链生态图谱及发展前景深度剖析(附图表).https://baijiahao.baidu.com/s?id=1676512777059665304&wfr=spider&for=pc.
21. 2020:数字经济如何破题.https://baijiahao.baidu.com/s?id=1654958453083455231&wfr=spider&for=pc.
22. 漫画生动解读区块链技术(图文).https://xueqiu.com/3352015665/124603804.
23. 区块链技术发展现状及面临的挑战.https://m.thepaper.cn/baijiahao_4818825.

24. 国务院关于印发促进大数据发展行动纲要的通知.

25. 国发〔2015〕50号. http://www.gov.cn/zhengce/content/2015-09/05/content_10137.htm.

26. 数字经济｜工信部：全面落实《大数据纲要》做大做强数字经济. http://www.cbdio.com/BigData/2017-05/12/content_5516558.html.

27. 北京市经信局局长张劲松.加快全球数字经济标杆城市建设.新浪财经. https://baijiahao.baidu.com/s? id＝1736927014104551548＆wfr＝spider＆for＝pc.

28. 区块链技术架构及组件-腾讯云开发者社区-腾讯云. https://cloud.tencent.com/developer/news/52611.

29. 腾讯区块链的底层 Trust SQl 平台介绍- 21ic 电子网. https://www.21ic.com/article/785657.html.

30. 百度、阿里、腾讯的区块链技术与布局对垒，谁更胜一筹？—电商动态_ECShop 新零售商城系统.https://news.ecshop.com/archives/1649.html.

31. 中国信通院.可信区块链推进计划. http://trustedblockchain.cn/#/index.

32. 中国数字经济区域版图：广东稳居第一！相当于整个俄罗斯,财经,宏观经济,好看视频（baidu.com）. https://haokan.baidu.com/v? pd＝wisenatural＆vid＝7052847989600725781.

33. 广东数字经济规模达 4.9 万亿，占 GDP 比重超 4 成湾区（sohu.com）.

34. https://www.sohu.com/a/434160687_161795.

35. 封面可视｜数字经济会让你的生活多方便？听我来"数"说.

36. https://haokan.baidu.com/v? pd＝wisenatural＆vid＝4964116586385351354.

37. 4.5G＋智慧应用？来看世界数字经济大会.

38. https://haokan.baidu.com/v? pd＝wisenatural＆vid＝5628638285481597633.

39. 漫画生动解读区块链技术（图文）. https://xueqiu.com/3352015665/124603804.

40. 读懂发展数字经济的"123".

41. https://haokan.baidu.com/v? pd＝wisenatural＆vid＝14414058303937211848.

42. 比特币的创造者中本聪到底是何许人也？

43. https://haokan.baidu.com/v? pd＝wisenatural＆vid＝7099330689935789724.